Zum Verhältnis von Anstiftung und Beihilfe

Strafrecht und Rechtsphilosophie in Geschichte und Gegenwart

Herausgegeben von Wolfgang Schild

Band 6

PETER LANG
Frankfurt am Main · Berlin · Bern · Bruxelles · New York · Oxford · Wien

Markus Welz

Zum Verhältnis von Anstiftung und Beihilfe

Überlegungen insbesondere zur Abgrenzung von Anstiftung und psychischer Beihilfe sowie zur Durchführung einer Wahlfeststellung zwischen den Teilnahmeformen

PETER LANG
Internationaler Verlag der Wissenschaften

Bibliografische Information der Deutschen Nationalbibliothek
Die Deutsche Nationalbibliothek verzeichnet diese Publikation in der Deutschen Nationalbibliografie; detaillierte bibliografische Daten sind im Internet über http://dnb.d-nb.de abrufbar.

Zugl.: Berlin, Freie Univ., Diss., 2009

D 188
ISSN 1614-399X
ISBN 978-3-631-59881-8

www.peterlang.de

Danksagung

Ich danke meinem Doktorvater, Herrn Universitätsprofessor Dr. Klaus Geppert für das mir entgegengebrachte Vertrauen sowie für die wertvolle Unterstützung bei der Erstellung dieser Dissertation, insbesondere für die interessanten Literaturtipps und die regelmäßigen Besprechungen. Prof. Geppert hat mich von der allerersten Vorlesung im Wintersemester 2002/2003 bis zum Universitätsrepetitorium im Sommersemester 2006 begleitet und dabei mein Interesse am Strafrecht durch seine didaktisch gut aufbereiteten Vorlesungen geweckt.

Mein Dank gilt ebenso den Mitarbeiterinnen und Mitarbeitern der Bibliothek des Deutschen Bundestages und der Bibliothek der rechtswissenschaftlichen Fakultät der Freien Universität Berlin für die Bereitstellung bzw. den Ankauf der relevanten Literatur.

In besonderer Weise möchte ich meinen Eltern, meiner Freundin und meinen Freunden danken, die mich auf dem Weg der Erstellung dieser Arbeit in unterschiedlicher Weise unterstützt und begleitet haben. Namentlich möchte ich Birgit Richter, Barbara Gerke, Daniel Benighaus, Dirk Clausmeier, Ennid Roberts, Kora Koch, Michael Scharbert, Svenja Schmidt und meinen Bruder Martin Welz nennen.

Inhaltsübersicht

Inhaltsverzeichnis

Abkürzungsverzeichnis

a.A.	andere Ansicht
aaO.	am angegebenen Ort
a.E.	am Ende
a.F.	alte Fassung
Anh.	Anhang
Art.	Artikel
AT	Allgemeiner Teil
Aufl.	Auflage
Az.	Aktenzeichen
BGBl.	Bundesgesetzblatt
BGE	Entscheidungen des Schweizerischen Bundesgerichts
BGH	Bundesgerichtshof
BGHE	Entscheidung des Bundesgerichtshofs
BGHR	Sammlung der Entscheidungen des Bundesgerichtshofes
BGHSt.	Amtliche Sammlung der Entscheidungen des Bundesgerichtshofes in Strafsachen
BT-Drucks.	Deutscher Bundestag Drucksache
BVerfGE	Entscheidung des Bundesverfassungsgerichts
bzw.	beziehungsweise
etc.	et cetera
d. h.	das heißt
ders.	derselbe
dies.	dieselbe
DM	Deutsche Mark
E 1960	Entwurf eines Strafgesetzbuches 1960
E 1962	Entwurf eines Strafgesetzbuches 1962
ebd.	ebendort
EMRK	Europäische Menschenrechtskonvention
f	folgend
ff	folgende

Fn.	Fußnote
FS	Festschrift
GG	Grundgesetz der Bundesrepublik Deutschland
h.M.	herrschende Meinung
i.d.F.	in der Fassung
i.S.v.	im Sinne von
i.V.m.	in Verbindung mit
JA	Juristische Arbeitsblätter (Zeitschrift)
Jmdm.	Jemandem
Jmdn.	Jemanden
Jura	Juristische Ausbildung (Zeitschrift)
JuS	Juristische Schulung (Zeitschrift)
JR	Juristische Rundschau (Zeitschrift)
JZ	Juristenzeitung (Zeitschrift)
lit.	litera
MDR	Monatsschrift für Deutsches Recht (Zeitschrift)
m.E.	meines Erachtens
m.w.N.	mit weiteren Nachweisen
NJW	Neue Juristische Wochenschrift
Nr.	Nummer
NStZ	Neue Zeitschrift für Strafrecht
o.ä.	Oder ähnliche[s]
ÖJZ	Österreichische Juristen-Zeitung
OLG	Oberlandesgericht
OwiG	Gesetz über Ordnungswidrigkeiten
pStGB	Strafgesetzbuch für die Preußischen Staaten
resp.	respektive
RG	Reichsgericht
RGBl.	Reichsgesetzblatt
Rn.	Randnummer
scil	scilicet
sog.	sogenannte[r]
StGB	Strafgesetzbuch
StRRG	Strafrechtsreformgesetz
StV	Strafverteidiger (Zeitschrift)

u.	und
u.a.	unter anderem
Var.	Variante
vgl.	vergleiche
Vorbem.	Vorbemerkungen
wistra	Zeitschrift für Wirtschaft Steuer Strafrecht (bis 1996)
ZStW	Zeitschrift für die gesamte Strafrechtswissenschaft

Einführung

Kantorowicz stellte Anfang des 20. Jahrhunderts fest, dass die Teilnahmelehre das dunkelste und verworrenste Kapitel der deutschen Strafrechtswissenschaft sei; die wahrhaft betäubende Fülle verwickelter Streitfragen, die hier aufgesproßt sei, hätte einen nur allzu begreiflichen Widerwillen gegen die heutige Regelung erzeugt und in Gesetzgebung und Wissenschaft den Wunsch hervorgerufen, sich durch eine „Vereinfachung des Strafrechts" im künftigen Gesetze von der ganzen Last zu befreien.[1] Knapp hundert Jahre nach dieser Aussage widmet sich die hier vorliegende Arbeit jedenfalls einem Teil jener „verwickelten Streitfragen".

Die Abgrenzung einzelner Mitwirkungsformen an einer Straftat ist Gegenstand zahlreicher akademischer Streitstände sowie gerichtlicher Entscheidungen. Auch in der Lehre bildet insbesondere die Abgrenzung zwischen Täterschaft und Teilnahme einen der wichtigen Ausbildungsschwerpunkte in der Strafrechtswissenschaft. Trotz dieser umfangreichen Behandlung der Thematik bleiben Fragen bezüglich des Verhältnisses von Anstiftung und Beihilfe offen. Die geringe Betrachtung des Verhältnisses der Teilnahmeformen zueinander mag daran liegen, dass beide Teilnahmeformen als Gegensatz zur Täterschaft zusammengefasst werden, um Täterschaft und Teilnahme voneinander abgrenzen zu können.[2]

In dieser Abhandlung geht es um das Verhältnis zwischen den beiden Teilnahmeformen des dualistischen Beteiligungssystems. Die Unterscheidung der Teilnahmeformen stellt nicht ausschließlich ein abstraktes und dogmatisches Problem dar. Vielmehr sollte ein genauer Blick auf die Tatsache gerichtet werden, dass der Anstifter gemäß § 26 StGB[3] gleich dem Täter bestraft wird, dem Gehilfen hingegen gemäß § 27 II 2 eine obligatorische Strafmilderung[4] zugute kommt. Auch ist ausweislich § 30 nur die ver-

---

1 *Kantorowicz*, Monatsschrift für Kriminalpsychologie und Strafrechtsreform, 1910/11, 306. Es ist zu bemerken, dass unter Teilnahme zur damaligen Zeit sämtliche Beteiligungsformen verstanden wurden. *Zimmerl*, ZStW 49 (1929), 39 meint, dass die Teilnahmelehre zu den vielen heissumstrittenen und ziemlich hoffnungslosen Kapiteln der dogmatischen Strafrechtswissenschaft gehöre.

2 Vorneweg ist festzuhalten, dass nicht beabsichtigt ist, einen weiteren Beitrag zum Themenkomplex Abgrenzung Täterschaft und Teilnahme zu leisten. Dieser Bereich wird in der gebotenen Kürze behandelt.

3 Alle §§ ohne Gesetzesangabe sind solche des Strafgesetzbuches in der Fassung der Bekanntmachung vom 13. November 1998 (BGBl. I S. 3322).

4 Denkbar ist sogar eine dreifache Strafmilderung, falls Beihilfe zu einer versuchten Haupttat geleistet wird (§ 23 II) und der Gehilfe überdies vermindert schuldfähig ist (§ 21); vgl. dazu *Bau-*

suchte Anstiftung strafbar, die versuchte Beihilfe ist es hingegen nicht. Die Unterscheidung von Anstiftung und Beihilfe ist insofern von entscheidender Bedeutung.

Bei der Abhandlung stehen deshalb zwei große Themenkomplexe im Mittelpunkt der Ausarbeitung: Zum einen die Abgrenzung zwischen der Anstiftung und insbesondere der sogenannten psychischen Beihilfe, zum anderen das allgemeine Verhältnis von Anstiftung und Beihilfe, welches anhand einer Wahlfeststellung dargestellt wird.

Im *ersten Teil* werden die dogmengeschichtlichen und rechtstheoretischen Grundlagen der Untersuchung sowie die Streitstände der für die Dissertation relevanten Fragen dargelegt. Begonnen wird mit einer Darstellung der rechtshistorischen Entwicklung der Teilnahme. Dazu werden die Anfänge von Anstiftung und Beihilfe der frühgermanischen Zeit bis hin zu den Änderungen an den beiden Teilnahmenormen durch die Strafrechtsreformgesetze nach dem Zweiten Weltkrieg dargestellt.
Die weiteren Kapitel des ersten Teils dienen nicht nur als Ausgangspunkt für die Bearbeitung der weiteren Problemstellungen, sondern zudem als Argumentationshilfe für die beiden Hauptteile: Für das Verhältnis der beiden Teilnahmeformen zueinander ist wichtig zu wissen, welcher Täterbegriff hinter den §§ 25ff steckt. Gleichsam kann man wichtige Erkenntnisse aus dem Strafgrund der Teilnahme sowie aus der Streitfrage, inwieweit bei der Beihilfe Kausalität im Sinne der conditio sine qua non-Formel gegeben sein muss, gewinnen. All diese teils heftig umstrittenen dogmatischen Fragen werden mit Hilfe der Meinungen von Literatur und Rechtsprechung dargelegt und sodann in einer eigenen Stellungnahme entschieden.

Im Anschluss an den Grundlagenteil wird im *zweiten Teil* [5] auf die Abgrenzung von Anstiftung und voluntativ-wirkender psychischer Beihilfe eingegangen. Hierfür werden nacheinander drei Untersuchungsschwerpunkte bearbeitet. Erstens ist die Tathandlung des § 27 I („Hilfeleisten“) auszulegen und zu fragen, ob die Rechtsfigur der psychischen Beihilfe überhaupt unter diese Tathandlung subsumiert werden kann. Daran anschließend soll zweitens Licht in die dogmatische „Dunkelheit“ zwischen psychischer Beihilfe, Beihilfe durch Unterlassen sowie Beihilfe durch aktives Tun gebracht werden. Nachdem diese Grundlagen gelegt worden sind, kann drittens die Abgrenzung zwischen Anstiftung und psychischer Beihilfe vorgenommen werden.

---

mann/Weber/Mitsch, § 31, Rn. 5.

5 Zu finden ab Seite 46.

Neben den Lösungswegen anderer Autoren wird dabei eine eigene Lösung entwickelt. Mittels dieser werden sodann ebenfalls die Fälle im Bereich der Umstimmungsproblematik gelöst.

Im *dritten Teil* [6] geht es um das abstrakte Verhältnis von Anstiftung und Beihilfe, das mit Hilfe eines Judikats dargelegt wird. Dem BGH lag ein Sachverhalt vor, bei dem die Angeklagte entweder Anstiftung oder (psychische) Beihilfe begangen haben könnte.[7] Ein Problem unvollständiger Sachverhaltsaufklärung vor Gericht also, welches im Rahmen einer Wahlfeststellung gelöst werden kann. Damals entschied der BGH, die Angeklagte unter analoger Anwendung des in dubio pro reo-Grundsatzes wegen Beihilfe zu verurteilen.
Um einen solchen Fall dogmatisch begründet lösen zu können, ist es wichtig zu wissen, in welchem Verhältnis die Sachverhaltsalternativen zueinander stehen. Es gilt daher zu untersuchen, ob zwischen der Anstiftung und der Beihilfe ein Einschließ-lichkeitsverhältnis (sei es ein Stufenverhältnis, sei es eine Konstruktion eines Auffangtatbestands) oder aber ein Exklusivitätsverhältnis besteht. Zur Lösung dieser Problematik wird u.a. auf die Wortlautauslegungen der Tathandlungen aus dem *zweiten Teil* sowie auf Aspekte der Konkurrenzlehre zurückgegriffen. Am Ende dieses Teils ist sodann eine eigene Lösung des genannten BGH-Urteils darzulegen.

---

6 Zu finden ab Seite 159.

7 BGH NStZ 1983, 165ff.

Erster Teil: Dogmengeschichtliche und rechtstheoretische Grundlagen

Der nachfolgende erste Teil dieser Dissertation bildet die Grundlage für die weitere Untersuchung. Er beginnt mit einem geschichtlichen Exkurs durch die deutsche Strafrechtsgeschichte mit dem Fokus auf der historischen Entstehung der beiden Teilnahmeformen. Um das dualistische Beteiligungssystem besser verstehen zu können, wird in diesem ersten Kapitel dieses Beteiligungssystem dem Einheitstäterprinzip gegenübergestellt. Aus dem Vergleich sind die Vor- und Nachteile dieser beiden diametral zueinanderstehenden Systeme aufzuzeigen. Das zweite Kapitel des ersten Teils geht der Frage nach, worin der Strafgrund der Teilnahme liegt. Im dritten Kapitel wird das Problem der Kausalität der Beihilfe anhand der unterschiedlichen Ansichten in der Rechtsprechung und der Literatur dargestellt.

1. Kapitel: Die Entwicklung des dualistischen Beteiligungssystems

Das Strafgesetzbuch hat eine Dreiteilung[8] der Mitwirkungsformen in Täterschaft, Anstiftung und Beihilfe in den §§ 25-27 vorgenommen und jeder dieser Mitwirkungsformen eine eigene Norm gewidmet. Die Täterschaft wird mit den unterschiedlichen Formen (unmittelbare) Alleintäterschaft, mittelbare Täterschaft und Mittäterschaft in § 25, die Anstiftung in § 26, die Beihilfe in § 27 sanktioniert. Da aber Anstiftung und Beihilfe als Teilnahme zusammengefasst werden[9], stehen diese der Täterschaft gegenüber. Man spricht daher im deutschen Strafrecht vom dualistischen Beteiligungssystem.[10]

1. Zeithistorische Rechtsquellen

In diesem Abschnitt werden beispielhaft Normen dargestellt, die in den letzten Jahrzehnten die Anstiftung und Beihilfe sanktioniert haben bzw. noch heute sanktionieren.

---

8 So *Maiwald*, F.-C. Schroeder-Festschrift, 283.

9 Legaldefinition der Teilnahme in § 28 I.

10 Vgl. statt vieler *Heinrich*, Allgemeiner Teil, Rn. 1174; *Wessels/Beulke*, Allgemeiner Teil, Rn. 505ff.

§ 34 Auszug aus dem pStGB[11]	**§ 34 Auszug aus dem pStGB**
Als Theilnehmer eines Verbrechens oder Vergehens wird bestraft: 1) wer den Thäter durch Geschenke oder Versprechen, durch Drohungen, Mißbrauch des Ansehenes oder der Gewalt, durch absichtliche Herbeiführung oder Beförderung eines Irrthums oder durch andere Mittel zur Begehung des Verbrechens oder Vergehens angereizt, verleitet oder bestimmt hat; 2) [...]	Als Theilnehmer eines Verbrechens oder Vergehens wird bestraft: [...] 2) wer dem Thäter zur Begehung des Verbrechens oder Vergehens Anleitung gegeben hat, ingleichen wer Waffen, Werkzeuge oder andere Mittel, welche zu der That gedient haben, wissend, daß sie dazu dienen sollten, verschafft hat, oder wer in den Handlungen, welche die That vorbereitet, erleichertert oder vollendet haben, dem Thäter wissentlich Hülfe geleistet hat.
§ 48 [Anstiftung] Auszug aus dem StGB für den Norddeutschen Bund[12]	**§ 49 [Beihilfe] Auszug aus dem StGB für den Norddeutschen Bund**
Als Anstifter wird bestraft, wer einen Anderen zu der von demselben begangenen strafbaren Handlung durch Geschenke oder Versprechen, durch Drohung, durch Mißbrauch des Ansehens oder der Gewalt, durch absichtliche Herbeiführung oder Beförderung eines Irrthums oder durch andere Mittel vorsätzlich bestimmt hat. Die Strafe des Anstifters ist nach demjenigen Gesetz festzusetzen, welches auf die Handlung Anwendung findet, zu welcher er wissentlich angestiftet hat.	Als Gehülfe wird bestraft, wer dem Thäter zur Begehung des Verbrechens oder Vergehens durch Rath oder That wissentlich Hülfe geleistet hat. Die Strafe des Gehülfen ist nach demjenigen Gesetz festzusetzen, welches auf die Handlung Anwendung findet, zu welcher er wissentlich Hülfe geleistet hat, kann jedoch nach den über die Bestrafung des Versuches aufgestellten Grundsätzen zu ermäßigen.

11 Abgedruckt bei *Stenglein*, 3. Band, pStGB, 53f.

12 Abgedruckt mit Motiven, vgl. StGB für den Norddeutschen Bund, 72f.

§ 48 [Anstiftung] Auszug aus dem StGB vom 25. August 1953 (BGBl I S. 1083, 1954 I S. 33) i.d.F. des 1. StrRG v. 25. Juni 1969 (BGBl I S. 645ff); Strafgesetzbuch für das Deutsche Reich i.d.F. vom 15. Mai 1871 (1) Als Anstifter wird bestraft, wer einen anderen zu der von demselben begangenen mit Strafe bedrohten Handlung durch Geschenke oder Versprechen, durch Drohung, durch Missbrauch des Ansehens oder der Gewalt, durch absichtliche Herbeiführung oder Beförderung eines Irrtums oder durch andere Mittel vorsätzlich bestimmt hat. (2) Die Strafe des Anstifters ist nach demjenigen Gesetz festzusetzen, welches auf die Handlung Anwendung findet, zu welcher er wissentlich angestiftet hat.	§ 49 [Beihilfe] Auszug aus dem StGB vom 25. August 1953 (BGBl I S. 1083, 1954 I S. 33) i.d.F. des 1. StrRG v. 25. Juni 1969 (BGBl I S. 645ff); Strafgesetzbuch für das Deutsche Reich i.d.F. vom 15. Mai 1871 (1) Als Gehilfe wird bestraft, wer dem Täter zur Begehung einer als Verbrechen oder Vergehen mit Strafe bedrohten Handlung durch Rat oder Tat wissentlich Hilfe geleistet hat. (2) Die Strafe des Gehilfen ist nach demjenigen Gesetz festzusetzen, welches auf die Handlung Anwendung findet, zu welcher er wissentlich Hilfe geleistet hat, kann jedoch nach den über die Bestrafung des Versuches aufgestellten Grundsätzen ermässigt werden.
§ 26 [Anstiftung] Als Anstifter wird gleich einem Täter bestraft, wer vorsätzlich einen anderen zu dessen vorsätzlich begangener rechtswidriger Tat bestimmt hat.	**§ 27 [Beihilfe]** (1) Als Gehilfe wird bestraft, wer vorsätzlich einem anderen zu dessen vorsätzlich begangener rechtswidriger Tat Hilfe geleistet hat. (2) Die Strafe für den Gehilfen richtet sich nach der Strafdrohung für den Täter. Sie ist nach § 49 Abs. 1 zu mildern.

2. Streifzug durch die deutsche Strafrechtsgeschichte

Greift man auf frühere Rechtsquellen der germanischen Rechtsgeschichte zurück, so ist davon auszugehen, dass in jener Zeit Beihilfe und Anstiftung straflos waren.[13] Unterscheidungen, wie moderne Rechtssysteme zwischen Mittäterschaft, Anstiftung und Beihilfe differenzieren, sind jenem frühen Rechtsdenken folglich unbekannt.[14] Dass Beihilfe und Anstiftung ursprünglich als nicht strafbar angesehen wurden, hatte im Wesentlichen zwei Gründe: Soweit eine Tat von fremdem Willen hervorgerufen oder gefördert wurde, war eine Bestrafung kaum denkbar, da ein solcher Wille nicht selbstständig in einem äußeren Geschehen sichtbar wurde.[15] Die Strafbarkeit einer Handlung setzte nach der damaligen Rechtsauffassung folglich einen äußerlich wahrnehmbaren Erfolg voraus.[16] Ein weiterer Grund für die Straflosigkeit der Teilnahme wurde darin erblickt, dass ein freier Mann, der eine „Missetat" beging, die volle und alleinige Verantwortung trug, sodass die neben ihm Beteiligten unberücksichtigt blieben.[17]

Die Differenzierung der Beteiligungsformen, insbesondere der Gegensatz von Täterschaft und Teilnahme wurde erst durch das Naturrecht geschaffen.[18] Dies begann damit, dass die Anstiftung als selbstständiges Delikt gewertet wurde. Exemplarisch seien die Anstiftung eines Knechtes zu einem Diebstahl (in der „Lex Baiuvariorum", zwischen dem 6. bis 8. Jahrhundert nach Christus entstanden), Anstiftung zum Totschlag (im „Edictus Rothari", etwa im 6. Jahrhundert nach Christus entstanden) oder das „Dingen" zur Tötung eines anderen (in der „Lex Salica", etwa im 6. Jahrhundert nach Christus entstanden) genannt.[19] Diesbezüglich ist allerdings zu beachten, dass der Teilnehmer nicht in dem gleichem Umfang wie der Täter bestraft wurde. So wurde nur ein Bruchteil des „Wergeldes" für das „Dingen" eines Totschlägers (so zu finden in der „Lex Salica") festgesetzt.[20] Der Anstifter eines Totschlages ist darüber hinaus der

13 *His*, Geschichte des deutschen Strafrechts, 25.

14 Vgl. *Eberhard Schmidt*, Einführung, 36.

15 *Eberhard Schmidt*, Einführung, 36.

16 *Conrad*, Deutsche Rechtsgeschichte Band I, 173. Dies dokumentieren u.a. Quellen aus fränki scher Zeit; Die strafbare Anstiftung war aufgrund des fehlenden unmittelbaren äußerlich sichtli chen Erfolgs eine Ausnahmeregelung, so auch *Bloy*, Beteiligungsform, 49.

17 Vgl. *Bloy*, Beteiligungsform, 49 m.w.N.

18 Vgl. *Lampe*, ZStW 77 (1965), 283.

19 *Conrad*, Deutsche Rechtsgeschichte Band I, 173.

20 Vgl. *Eberhard Schmidt*, Einführung, 36.

Fehde der verletzten Sippe ausgesetzt. Daraus hat sich dann bei einigen Fällen eine Bußpflicht des Anstifters entwickelt.[21]

Auch die heutzutage Beihilfe genannte Beteiligungsform fand zu dieser Zeit ihre Gestalt.[22] Selbstständige Beihilfedelikte, wie das Verleihen einer Waffe in Kenntnis der beabsichtigten Übeltat (im „Edictus Rothari") oder das Aufhalten eines vor seinen Verfolgern Fliehenden (in der „Lex Baiuvariorum"), wurden geschaffen.[23] Die Beihilfe konnte ebenfalls bei Bandenverbrechen berücksichtigt werden, bei denen der Haupttäter im Allgemeinen eine schwerere Strafe erlitt als die Gehilfen.[24]

Noch bis in das Mittelalter war eine gewisse Höchstzahl von Beteiligten einer bestimmten Beteiligtenkategorie festgelegt worden. *Bloy* dokumentiert ein Beispiel aus der „Lex Salica"[25]: Wird ein freier Mann in seinem Haus von einer Bande überfallen und getötet, dann zahlt nach diesem Gesetz jeder Täter das dreifache Wergeld. Täter können aber niemals mehr als drei Personen sein. Von den übrigen Bandenmitgliedern müssen die ersten die 90 Schillinge, drei weitere 45 Schillinge zahlen. Weitere Beteiligte gehen straffrei aus.

Im Hochmittelalter sah man ein Problem der Bestrafung von mehreren Beteiligten darin, dass bei Körperverletzung die Zahl der Wunden der der Beteiligten oftmals nicht entsprach.[26] Interessant ist, dass der „Sachsenspiegel", der Anfang des 13. Jahrhunderts kodifiziert wurde, das Problem der Nicht-Erkennbarkeit der Wunden explizit in seinem Text aufgreift: „Umb eine wunden en mac man nicht den einen man beclagen, doch mac man râtes unde hulfe mêr lûte schuldigen."[27] Auch im „Schwabenspiegel" (entstanden gegen Ende des 13. Jahrhunderts) findet sich eine Norm, die denjenigen als

21 *His*, Geschichte des deutschen Strafrechts, 24. Die nordgermanischen Rechtssysteme berücksichtigten die Anstiftung nur in bestimmten Fällen: Der Anstifter zahlt eine Buße, die geringer ist als die Täterbuße, aber dennoch kein Friedensgeld darstellt, ebenso *His*, Geschichte des deutschen Strafrechts, 24.

22 Laut *Conrad* ist davon auszugehen, dass sich der Begriff der Beihilfe aus den Bandenverbrechen entwickelt hat, bei dem man den Haupttäter vom Gehilfen (Folger) unterschied, so *Conrad*, Deutsche Rechtsgeschichte Band I, 443 und weiter: unter Beihilfe verstand man meist „Rat und Hilfe" oder „Rat und Tat", wobei sich eine feste Abgrenzung zur Mittäterschaft nicht ziehen lässt . Die ältere Sprache gebraucht meist die Bezeichnung „Volleist", eigentlich „Vervollständigung"; der Ausdruck Beihilfe ist erst um das 18. Jahrhundert belegt, dazu *His*, Geschichte des deutschen Strafrechts, 25.

23 Dokumentiert bei *Conrad*, Deutsche Rechtsgeschichte Band I, 174 m.w.N.

24 *Conrad*, Deutsche Rechtsgeschichte Band I, 173.

25 *Bloy*, Beteiligungsform, 52.

26 Vgl. *Eberhard Schmidt*, Einführung, 73.

27 Zitiert bei *Eberhard Schmidt*, Einführung, 73. „Wegen *einer* Wunde kann man nicht mehr als *einen* Mann anklagen, doch kann man wegen Rates und Hilfe mehr Leute beschuldigen".

Mittäter bestrafte, der das Opfer festgehalten hatte, selbst wenn er keine Wunde gestoßen oder geschlagen hatte.[28]
Sowohl der „Sachsenspiegel“ als auch der „Schwabenspiegel“ sahen eine tätergleiche Bestrafung des Teilnehmers vor. So findet man im Sachsenspiegel eine Regelung, welche den Gehilfen bei schweren Straftaten wie den Haupttäter bestraft: „Wer Diebesgut hütet oder Raub oder wer Hilfe dazu leistet, wird er dessen überführt, über den soll man richten wie über die anderen.“[29] Der „Schwabenspiegel“ enthielt eine Regelung zur Anstiftung zum Diebstahl, wobei der Anstifter und der Täter in gleicher Weise – wie zur heutigen Zeit – bestraft wurden.[30]

Die (moderne) Beteiligungslehre im deutschen Rechtswesen samt den noch heute verwendeten Beteiligungsformen entstammen dem italienischen Strafrecht des ausgehenden Mittelalters, welches seinerseits auf einer Verarbeitung des römischen Rechts nach Wiederentdeckung der Digesten beruhte.[31] Diese fanden als Mittäterschaft und mittelbare Täterschaft einerseits und Anstiftung und Gehilfenschaft andererseits Aufnahme in den Artt. 148, 107, 177 der „Peinlichen Gerichtsordnung Kaiser Karls V.“ von 1532 („Constitutio Criminalis Carolina“).[32] Mit der „Peinlichen Gerichtsordnung Kaiser Karls V.“ wurde ein einheitliches, subsidiär geltendes Reichsrecht etabliert, welches noch auf Jahrhunderte wirken sollte.[33]
Große Bedeutung erlangte ebenso die „Bambergische Halsgerichtsordnung“ von 1507 („Constituio Criminalis Bambergensis“) von *Schwarzenberg.*[34] Diese kommt diesem Rechtstext deshalb zu, da dort erstmals, also noch vor der „Constitutio Criminalis Carolina“, von Delikten losgelöste Teilnahmevorschriften enthielt. So lautete Art. 203 der „Bambergischen Halsgerichtsordnung“[35]: „Item so jemandt einen missethatter zu vbung einer Missenthat wissenntlichen vnnd gefeierlicher weise einicherley Hilff, beistand oder furderunge, wie das alles namen hatt, thut: jst peinlich zu straffen, als aber vorstehet, in einem fall anders dan in dem andern: Darumb sollen jnn dissen fellen die vrtheiler mit berichtung der verhanndlunge, auch wie solliches ann leib oder leben soll

28 Näheres dazu bei *Conrad*, Deutsche Rechtsgeschichte Band I, 443.
29 *Conrad*, aaO., 443.
30 *Conrad*, aaO., 444.
31 Dazu LK-*Schünemann*, Vor § 25, Rn. 1.
32 MüKo-*Joecks*, Vor § 25, Rn. 3.
33 *Baumann*, Strafrechtsreform, 56.
34 So *Radbruch*, Gesamtausgabe Band 11, 318; inzwischen umstritten, vgl. Hilgendorf/Weitzel, Strafgedanke, *Jerouschek*, Strafrechtsgeschichte, 98f.
35 Nahezu identisch im Übrigen Art. 177 der „Peinlichen Gerichtsordnung Kaiser Karls V.“.

gestraft werden, alls obsteet, Raths pflegen".[36] Dieser Ansatz, einen Allgemeinen Teil zu bilden, bleibt unübertroffen. Die „Constituio Criminalis Bambergensis", die als Vorbild der „Constitutio Criminalis Carolina" gedient hat[37], kann zweifellos als die Kodifikation bezeichnet werden, welche den Weg des deutschen Strafrechts aus dem Mittelalter in die Neuzeit geebnet hat.

Im Anschluss an diese beiden Gesetzestexte begann die Zeit, in welcher die Teilnahme in sämtlichen Neukodifikationen enthalten war. Exemplarisch sei der „Codex Juris Bavarici Criminalis" von 1751[38] genannt, in welcher die einzelnen Beteiligungsarten gar kategorisiert wurden. Der Durchbruch dieser Gesetzgebung ist darin zu sehen, dass sich die Trennung der Teilnahmevorschriften von den einzelnen Delikten endgültig durchgesetzt hat.[39]

Die dogmengeschichtliche Entwicklung der Teilnahmelehre geht jedoch weiter: Im 18. Jahrhundert unterschied man nur zwischen dem Urheber (auctor delicti) und dem Gehilfen (socius delicti). Die Urheberschaft wurde um die Wende zum 19. Jahrhundert durch die Unterscheidung zwischen dem physischen und dem intellektuellen Urheber weiter ausdifferenziert.[40] Unter einem physischem Urheber verstand man diejenige Person, die „unmittelbar durch eigene Kräfte die Handlung, die den Begriff der Übertretung ausmacht, begangen hat"; unter einem intellektuellen Urheber diejenige Person, die „dadurch direct auf die Hervorbringung der That gewirkt" hat, „dass sie aus eigenem Interesse an der That den Willen eines anderen zur Hervorbringung des rechtswidrigen Effects determinirt hat".[41]

Um die Wende zum 19. Jahrhundert begann die weitere Ausdifferenzierung der Beteiligung. Dies lässt sich insbesondere an einer Kodifikation festmachen, nämlich am „Allgemeinen Landrecht für die preußischen Staaten" von 1794, in welchem im 2. Teil, 20. Titel, §§ 64ff „Urheber" einerseits und „Beystand" anderseits getrennt von-

---

36 Zitat bei *Eberhard Schmidt*, Einführung, 120. Infolgedessen behandelt die zitierte Norm nur die Beihilfe und Begünstigung, jedoch nicht die Anstiftung, mehr hierzu bei *Radbruch*, Gesamtausgabe Band 11, 335.

37 Hilgendorf/Weitzel, Strafgedanke, *Jerouschek*, 84; *Jerouschek* nennt die „Constitutio Criminalis Bambergensis" ebd. Mater Carolinae.

38 Vgl. dort Erster Teil, 12. Kapitel, §§ 1, 5-8.

39 Vgl. *Bloy*, Beteiligungsform, 65.

40 LK-*Schünemann*, Vor § 25, Rn. 1.

41 *Feuerbach*, Zitat zu finden bei *Hruschka*, ZStW 110 (1998), 595,

einander normiert wurden. Weiterhin wurde zwischen dem „physischen Urheber“ (§ 64) und dem „intellectuellen Urheber“ (§ 67), sowie dem „unentbehrlichen Beystand“ (§ 71) und dem „nicht nothwendigen Beystand“ (§§ 72, 76) unterschieden.[42]

Die Unterscheidung zwischen dem physischen und dem intellektuellen Urheber wurde später von den Wissenschaftlern *Mittermaier* und *Bauer* durch andere, noch heute verwendete Begriffe ersetzt[43]: *Mittermaier* schlug 1820 vor, „den sonst so genannten physischen Urheber mit dem Worte: Thäter“ zu bezeichnen und „den Ausdruck: Urheber, blos für den sonst noch mit dem Beiworte: intellektueller Urheber, bezeichneten Theilnehmer sparen, da der richtige Sprachgebrauch dies rechtfertigt“.[44] Es ist also der Verdienst *Mittermaiers*, den Begriff Thäter in die Strafrechtswissenschaft eingeführt zu haben. *Mittermaier* ist es auch, der damals schrieb: „Jeder solche Urheber setzt voraus, dass eine verbrecherische Handlung (gleichgültig ist es, ob sie versucht oder vollendet ist) verübt wurde“.[45] Dies war eines der ersten Dokumente, in welchem der Grundsatz der Akzessorietät niedergeschrieben wurde.
Der Ausdruck „Anstifter“, der sich in Art. 64 des „Entwurfs eines Strafgesetzbuches für Hannover“ wiederfand, sei – so der Begriffschöpfer *Bauer* - weit entsprechender als der Ausdruck „intellektueller Urheber“.[46] Von Hannover aus findet der Begriff „Anstifter“ Eingang in das „Württembergische Strafgesetzbuch“ von 1839, das „Braunschweigische Strafgesetzbuch“ von 1840 und das „Hessen-Darmstädtische Strafgesetzbuch“ von 1841.[47]
Im „Strafgesetzbuch für die preußischen Staaten“ von 1851 gab es im Zuge der Weiterentwicklung veränderte Teilnahmevorschriften, was teilweise Art. 60 des französischen „Code Pénal“ von 1810 entliehen zu sein scheint.[48] In § 34 pStGB wurden die Anstiftung und Beihilfe als zwei zusammengehörige Formen der Teilnahme erkannt. Das Element der Akzessorietät wurde eingefügt. Durch das preußische StGB wurde ferner erstmals die mittelbare Täterschaft von der Anstiftung abgetrennt.[49] Eine letzte weitere Besonderheit ist darin zu erblicken, dass § 35 pStGB den Täter und den Teil-

---

42 *Bloy*, Beteiligungsform, 70.
43 LK-*Schünemann*, Vor § 25, Rn. 1.
44 *Mittermaier*, Strafbarkeit des Urhebers, 125f.
45 *Mittermaier*, aaO., 126.
46 Nachzulesen bei *Hruschka*, ZStW 110 (1998), 596.
47 *Hruschka*, ZStW 110 (1998), 596.
48 Vgl. *Jescheck/Weigend*,§ 61 II 2a; MüKo-*Joecks*, Vor § 25, Rn. 3.
49 Vgl. *Lampe*, ZStW 77 (1965), 284 m.w.N.

nehmer hinsichtlich der Strafbarkeit gleichstellt, es sei denn, dass die Beihilfe „keine wesentliche Beihilfe“ war.[50]

Das deutsche Strafgesetzbuch von 1871, welches ab dem 1. Januar 1872 auch für die süddeutschen Staaten galt[51], enthielt dann in §§ 48ff die Passagen, die in abgewandelter Form bis zum Zweiten Strafrechtsreformgesetz vom 2. Januar 1975 Bestand hatten. Mittäterschaft, Anstiftung und Beihilfe standen zusammen unter dem Oberbegriff „Teilnahme“.[52] Eine Regelung zur mittelbaren Täterschaft bestand jedoch nicht, da deren Herausbildung dem Gewohnheitsrecht überlassen werden sollte. Dies führt zu der jahrzehntelangen (und noch immer andauernden) Rechtsunsicherheit bei der Abgrenzung von Täterschaft und Teilnahme.[53]
Sowohl das Preußische Strafgesetzbuch von 1851 als auch das Reichsstrafgesetzbuch von 1871 beruhten zwar völlig auf der Gedankenwelt des liberalen Rechtsstaates des 19. Jahrhundert.[54] Trotz alledem wurde die Teilnahme nicht wieder von der Täterschaft gelöst, wie es der liberalen Gesinnung angemessen wäre, sondern im Gegenteil: Die Akzessorietät der Teilnahme wurde endgültig – und das bis heute – Teil des Strafgesetzbuches.
Zur Akzessorietät der Teilnahme ist ferner zu bemerken, dass bis 1943 das Gesetz bei der Anstiftung von der „Bestimmung zu einer strafbaren Handlung“ und bei der Beihilfe von der „Hilfeleistung zur Begehung eines Verbrechens oder Vergehens sprach.[55]
Die Strafrechtsangleichungsverordnung vom 29. Mai 1943 in Verbindung mit der Durchführungsverordnung vom selben Tag hat diese sogenannte *strenge* Akzessorietät aufgehoben und die sogenannte *limitierte* Akzessorietät in das Gesetz geschrieben.[56]
Seit 1870/71 gab es zahlreiche Ansätze, das Strafgesetzbuch zu reformieren. Die Überlegungen begannen mit einer umfassenden wissenschaftlichen vergleichenden Darstellung des deutschen und ausländischen Strafrechts.[57] Nicht näher beleuchtet werden

---

50 So auch Art. 52 I des Strafgesetzbuches für das Königreich Bayern von 1861, nachzulesen bei *Bloy*, Beteiligungsform, 71.

51 *Kohlrausch*, StGB, 26. Auflage, 15.

52 MüKo-*Joecks*, Vor § 25, Rn. 2.

53 MüKo-*Joecks*, Vor § 25, Rn. 2.

54 *Eberhard Schmidt*, Einführung, 344.

55 Dazu auch *Roxin*, AT 2, § 26, Rn. 32.

56 RGBl. I 339 sowie im RGBl. I 341. Andere Akzessorietätsformen wie die Hyperakzessorietät oder die minimale Akzessorietät fanden keinen Eingang ins Strafgesetzbuch; Zu diesen Begrifflichkeiten in aller Ausführlichkeit *Roxin*, AT 2, § 26, Rn. 32 m.w.N..

57 Hierzu *Gropp*, Allgemeiner Teil, § 3, Rn. 4.

sollen in diesem Zusammenhang der „Vorentwurf zu einem neuen deutschen Strafgesetzbuch“ von 1909, der sogenannte „Gegenentwurf“ von 1911, die Entwürfe der Strafrechtskommission vom 1913 und 1919, der sogenannte „Entwurf 1919“.[58] Diese Arbeiten konnten - bedingt durch den Ausbruch und das Fortdauern des Ersten Weltkrieges – nicht erfolgreich beendet werden.
Erst einige Jahre nach dem 2. Weltkrieg begann die Reform des Strafgesetzbuches. Ab 1954 begannen die Arbeiten der „Großen Kommission für die Strafrechtsreform“, welche aus Wissenschaftlern, Praktikern, Mitgliedern der Justizministerien sowie Abgeordneten bestand.[59] Ihre Arbeit war Grundlage für den vom Bundesjustizministerium vorgelegten „E 1960“[60], welcher unter Verwertung der Beratungsergebnisse einer Länderkommission für die Strafrechtsreform schließlich zur Vorlage des „E 1962“[61] führte.[62] Dieser „E 1962“ wurde in der 5. Wahlperiode in den Deutschen Bundestag eingebracht, aber nicht beschlossen.
Kurze Zeit später, nämlich 1966, erschien der „Alternativ-Entwurf eines Strafgesetzbuches"[63], welcher von mehreren deutschen und schweizerischen Professoren (darunter *Claus Roxin, Walter Stree* und *Werner Maihofer*) zur inhaltlichen Ergänzung der Strafrechtsreform vorgelegt wurde. Dieser fußte in erster Linie auf den Vorarbeiten, die schon dem „E 1962“ zugrunde lagen.[64]
Inhaltlich sind zwei Regelungsabsichten des Alternativ-Entwurfs besonders hervorzuheben: Wie auch im „E 1962“ verzichtete der Alternativ-Entwurf auf die bisherigen aufgeführten Anstiftungsmittel. Zum damaligen Zeitpunkt waren bestimmte Anstiftungsmittel aufgeführt ([...]„durch Geschenke oder Versprechen, durch Drohung, durch Missbrauch des Ansehens oder der Gewalt, durch absichtliche Herbeiführung oder Beförderung eines Irrtums oder durch andere Mittel [...]). Außerdem sah der Alternativ-Entwurf eine fakultative Strafmilderung für die Anstiftung vor. Begründet wurde dies mit dem Umstand, dass eigentlich der Täter derjenige ist, der die maßgebliche Entscheidung über die Tat fällt.[65] Eine Begründung also, die auf die fehlende

58 Eine nähere Erläuterung zu den Texten findet sich bei *Eberhard Schmidt*, Einführung, 394ff. Zu den nationalsozialistischen Kodifikationsversuchen, ebd., 449ff.

59 Hilgendorf/Weitzel, Strafgedanke, *Zieschang*, 176.

60 BT-Drucks. III/2150, vgl. insbesondere die §§ 30 und 31 auf S. 15.

61 BT-Drucks. IV/650. Bedenken zum E 1962 nachzulesen bei *Baumann*, Strafrechtsreform, 58ff.

62 Nachzulesen bei *Sturm*, Dreher-Festschrift, 514.

63 Die vorgeschlagenen Straftatbestände u. Erläuterungen finden sich bei Alternativ-Entwurf-*Baumann*, 7ff.

64 Alternativ- Entwurf-*Baumann*, 3.

65 Alternativ- Entwurf-*Baumann*, 69.

Tatherrschaft des Anstifters hinweist. Auch der Alternativ-Entwurf wurde in den Bundestag eingebracht.[66]
Aufgrund der Vorlage des „Alternativentwurfs“ und aufgrund der damals regierenden Großen Koalition kam rasch Bewegung in die Reform des Strafrechts.[67] Ein Sonderausschuss des Bundestags für die Strafrechtsreform arbeitete die ersten beiden Strafrechtsreformgesetze sodann aus.[68] Mit dem Zweiten Gesetz zur Reform des Strafrechts vom 4. Juli 1969 wurde der Allgemeine Teil des Strafgesetzbuches durch einen neuen Allgemeinen Teil – mit den veränderten Vorschriften der Beteiligung – ersetzt. Dieser trat am 1. Januar 1975 in Kraft.[69]

3. Das Einheitstäterprinzip

Im StGB gilt das dualistische Beteiligungssystem, welches zwischen Täterschaft und Teilnahme unterscheidet. Im Gegensatz dazu steht das Einheitstäterprinzip, welches besagt, dass jeder, der für die Tatbestandsverwirklichung in zurechenbarer Weise (mit-)ursächlich wird, als Täter eingestuft wird. Die Intensität des Tatbeitrags wird im Bereich der Sanktionsbemessung berücksichtigt.[70] Derjenige, der dem Mörder die Tatwaffe zur Verfügung gestellt hat, verdient eine geringere Strafe als der Tatausführende selbst. Beide werden jedoch wegen eines täterschaftlich begangenen Mordes verurteilt.[71] Dadurch entstehe, so *Kienapfel*, ein ebenso elastisches wie ausgefeiltes System der Strafbemessung. Ein Vorteil kann schließlich auch darin gesehen werden, dass es im vollständigen Ermessen des Gerichts steht, ob überhaupt bestraft werden muss und ggf. wie hoch das Strafmaß ausfällt.[72]
Die Strafgesetzbücher Österreichs, Dänemarks, Italiens und Liechtensteins haben das Einheitstäterprinzip normiert.[73] Andere europäische Länder, wie Spanien, Finnland, die

---

66 Hilgendorf/Weitzel, Strafgedanke, *Zieschang*, 176.

67 Nachzulesen bei *Sturm*, Dreher-Festschrift, 516.

68 Vgl. zur Arbeit des Sonderausschusses für die Strafrechtsreform die beiden schriftlichen Berichte, abgedruckt in der BT-Drucks. V/4094 sowie in der BT-Drucks. V/4095. Die §§ 25-30 stammen dem Wortlaut nach weitgehend mit den Vorschlägen überein, die die Sachbearbeiter des Bundesjustizministeriums schon für die erste Erörterung des Themas „Täterschaft und Teilnahme“ in der Großen Strafrechtskommission unterbreitet hatten, dazu auch LK-*Schünemann*, Vor § 25, Rn. 3.

69 *Sturm*, Dreher-Festschrift, 517.

70 *Baumann/Weber/Mitsch*, § 28, Rn. 10ff m.w.N.; *Kühl*, Allgemeiner Teil, § 20, Rn. 8 m.w.N.

71 *Heinrich*, Allgemeiner Teil, Rn. 1175.

72 Vgl. *Kienapfel*, JuS 1974, 1ff.

73 *Engert*, Einheitstäter, 19 m.w.N. Exemplarisch soll Österreichs Strafgesetzbuch zitiert werden. Dieses normiert in § 12 des Strafgesetzbuches, dass nicht nur der unmittelbare Täter die straf-

Schweiz, Griechenland und Polen, haben sich gegen das Einheitstätermodell entschieden.[74]

Im Zuge der Reform des StGB wurde über das Einheitstätermodell diskutiert. Jedoch sprach sich in den Beratungen der Großen Strafrechtskommission eine Mehrheit gegen das Einheitstätermodell aus. Die Minderheit[75], welche sich vehement für die Einheitstäterschaft einsetzte, gründete ihre Argumentationen auf die Abgrenzungsschwierigkeiten zwischen den Mitwirkungsformen. Diese Schwierigkeiten würden durch das Einheitstäterprinzip ausgeräumt.[76]
Eberhard Schmidt brachte vor, dass sich die Strafe für sämtliche Beteiligungsformen ohnehin am Täterstrafrahmen orientiert.[77] *Bockelmann*, ein Vertreter der Mehrheitsmeinung, hält dem Argument *Eberhard Schmidts* die historisch bedingte Differenzie-

---

bare Handlung begeht, sondern auch jeder, der einen anderen dazu bestimmt, sie auszuführen oder der sonst zu ihrer Ausführung beiträgt. Ein interessanter Einblick in die Unterschiede und Parallelitäten zwischen den reformierten Strafgesetzbüchern Österreichs und Deutschlands findet sich bei *Jescheck*, Richard Lange-Festschrift, 365ff. Der norwegische Gesetzgeber hat - am Rande bemerkt – neben der Grundform der meisten Straftatbestände zugleich auch mögliche Beteiligungsformen in den jeweiligen Delikten geregelt; nachzulesen bei *Engert*, Einheitstäter, 19; ausführliche Darstellung der Thematik bei *Schöberl*.

74 Zum polnischen Strafrecht vgl. den Beitrag von *Herzberg*, ZStW 99 (1987), 61ff. Sogar auf supranationaler Ebene wird zwischen Tätern, Anstiftern und Gehilfen unterschieden. Beispielhaft soll hierbei das völkerrechtliche Übereinkommen über den Schutz der finanziellen Interessen der EU vom Juli 1995 genannt werden. Es darf wohl unterstellt werden, dass das Übereinkommen die Handschriften der Gründungsstaaten der Europäischen Gemeinschaft Frankreich und Deutschland, beides Anhänger des dualistischen Beteiligungssystems, tragen.

75 Zustimmend zur Einheitstäterschaft *Schwalm*, Engisch-Festschrift, 552 sowie *Schwalm*, Niederschriften über die Sitzungen der Großen Strafrechtskommission, 2. Band - Allgemeiner Teil -14.-25. Sitzungen, Bonn 1958, 90. Auch Eberhard *Schmidt* tendierte zu einem modifizierten Einheitstätermodell, welches die Beihilfe als eine besondere Erscheinungsform ausklammert. Seine dem Grunde nach erteilte Zustimmung zum Einheitstätermodell beruht darauf, dass er Anhänger des extensiven Täterbegriffs ist, vgl. Eberhard *Schmidt*, Niederschriften über die Sitzungen der Großen Strafrechtskommission, 2. Band - Allgemeiner Teil -14.-25. Sitzungen, Bonn 1958, 94f sowie 122. *Krille*, Niederschriften über die Sitzungen der Großen Strafrechtskommission, 2. Band - Allgemeiner Teil -14.-25. Sitzungen, Bonn 1958, 98f und *von Stackelberg*, Niederschriften über die Sitzungen der Großen Strafrechtskommission, 2. Band - Allgemeiner Teil -14.-25. Sitzungen, Bonn 1958, 100, äußern sich zustimmend zum Modell der Einheitstäterschaft. Zu den weiteren Vorzügen der Einheitstäterschaft, *Kienapfel*, JuS 1974, 1ff; *Kienapfel, ÖJZ 1979*, 92ff.

76 Dazu *Krille*, Niederschriften über die Sitzungen der Großen Strafrechtskommission, 2. Band - Allgemeiner Teil -14.-25. Sitzungen, Bonn 1958, 99.

77 Eberhard *Schmidt*, Niederschriften über die Sitzungen der Großen Strafrechtskommission, 2. Band - Allgemeiner Teil -14.-25. Sitzungen, Bonn 1958, 94; so auch *Krille*, Niederschriften über die Sitzungen der Großen Strafrechtskommission, 2. Band - Allgemeiner Teil -14.-25. Sitzungen, Bonn 1958, 98.

rung der Beteiligtenformen entgegen.[78] Im Übrigen wurde auf die Ausdehnung der Strafbarkeit hingewiesen, welche sich insbesondere beim Versuch einer Straftat niederschlagen würde.[79] Die Reform des StGB führte bekanntermaßen dazu, dass die Einheitstäterschaft abgelehnt wurde und stattdessen die §§ 25ff eingefügt wurden.

Jedoch sprechen weitere Argumente gegen das Einheitstätermodell: Nach dem Einheitstätermodell müssten bei eigenhändigen und Sonderdelikten auch außenstehende Beteiligte wegen der bloßen Kausalität ihrer Beiträge als Täter angesehen werden, obwohl sie gerade nicht eigenhändig gehandelt haben bzw. nicht als Täter qualifiziert sind.[80]
Ebenso steht der Vorwurf im Raum, wonach der Einheitstäterbegriff zu einer „Vergröberung der Maßstäbe" führen würde[81]. Dieser Vorwurf muss jedoch differenziert werden. Zwar werden möglicherweise mehr Personen in den Kreis der „Beteiligung" einbezogen, jeder Einzelne dieses Kreises wird aber im Rahmen der Sanktionsebene entsprechend seiner Beteiligung bestraft. Die Vergröberung der Maßstäbe bezieht sich also nur auf die erste Ebene [scil: die Tatbestandsebene]. Jedoch reicht schon diese „Vergröberung" aus, um das Einheitstätermodell abzulehnen. Bis zur Sanktionsebene besteht die Gefahr, dass zu viele Personen erst in den „Kreis der Beteiligten" aufgenommen wurden, da „die Vergröberung" mögliche (auch straflose) Tatbeiträge nicht ausreichend auf der Tatbestandsebene würdigen kann. Es ist insofern richtig, die Tatbeiträge schon auf der Tatbestandsebene zu gewichten. Nur dadurch wird eine unzulässige Ausdehnung der Straftatbestände ausgeschlossen.
Anknüpfend an das eingangs beschriebene Problem der Erweiterung des „Kreises der Beteiligten", dürften auch verfassungsrechtliche Bedenken gegen die Einheitstäterschaft vorzubringen sein. So ist es kaum möglich, die Tatbeiträge des Einzelnen hinreichend zu würdigen. Wie *Schünemann* festhält, hebt „die Gleichstellung auch der entferntesten kausalen Beiträge die rechtsstaatlich wohlerwogenen Tatbestandsgrenzen" auf.[82] Man muss nicht gleich davon sprechen, dass die Einführung des Einheitstä-

78 Überdies könne das Strafmaß für die einzelnen Beteiligten wegen § 50 ganz verschieden ausfallen, so *Bockelmann*, Niederschriften über die Sitzungen der Großen Strafrechtskommission, 2. Band - Allgemeiner Teil -14.-25. Sitzungen, Bonn 1958, 95. Er bezog sich auf § 50 a.F.

79 So *Welzel*, Niederschriften über die Sitzungen der Großen Strafrechtskommission, 2. Band – Allgemeiner Teil -14.-25. Sitzungen, Bonn 1958, 99.

80 So *Jescheck/Weigend*, Allgemeiner Teil, § 61 II 1. Zur Problematik der Einheitstäterschaft bei Sonderdelikten, *Sauer*, Allgemeine Strafrechtslehre, 207.

81 So *Jescheck/Weigend*, Allgemeiner Teil, § 61 II 1.

82 LK-*Schünemann*, Vor § 25, Rn. 8.

termodells gegen Art. 103 II GG verstößt, aber der Gedanke, der hinter diesem Artikel steckt, würde konterkariert werden.[83] Auch aus anderer verfassungsrechtlicher Perspektive ist das Einheitstätermodell abzulehnen. Aus Art. 3 I GG ergibt sich das Gleichheitsgebot. Damit ist das Gebot verbunden, Ungleiches nicht gleich zu behandeln.[84] Wenn der Staat also die strukturell unterschiedlichen Beteiligungsformen, sprich Beihilfe, Anstiftung, Mittäterschaft, mittelbare Täterschaft und Alleintäterschaft tatbestandsmäßig gleich behandelt, so widerspricht dies dem Gleichheitssatz des Art. 3 I GG.

Aber auch die Möglichkeit der Differenzierung, wie sie andere Normen des StGB annehmen, sprechen gegen das Einheitstätermodell. Das StGB legt im Umkehrschluss zu § 30 und ausweislich § 22[85] ausdrücklich fest, dass eine versuchte Beihilfe nicht strafbar ist. Ebenso ist in dieser Norm niedergelegt, dass versuchte Anstiftung nur zu einem Verbrechen strafbar ist, jedoch nicht zu einem Vergehen. Wendet man das Einheitstäterprinzip an, so kann diese Differenzierung überhaupt nicht vorgenommen werden. Es gibt im Grunde genommen keinen Gehilfen oder Anstifter, sondern pauschal nur den *einen* Beteiligten. Die eigentlich gedachte Strafbeschränkungsfunktion des § 30 würde durch das Einheitstäterprinzip aufgehoben.[86]

Wer jedoch denkt, dass das Einheitstätermodell gänzlich keinen Eingang in das Strafgesetzbuch gefunden hat, irrt. In § 129 (Bildung krimineller Vereinigungen) wird beispielsweise jeder als Täter bestraft, einerlei ob er eine Vereinigung gründet, sich an einer solchen Vereinigung als Mitglied beteiligt, für sie um Mitglieder oder Unterstützer wirbt oder sie unterstützt. Eine Trennung in Täterschaft, Anstiftung und Beihilfe wird dadurch unmöglich.[87]

Auch bei den Fahrlässigkeitsdelikten bedient man sich dieses Modells, was schon daran liegt, dass sowohl Anstiftung als auch Beihilfe eine *vorsätzlich* begangene Tat

---

83 Bloy kritisert zudem, dass das Einheitstäterprinzip maßgeblich auf dem alten Erfolgsunrechtsbegriff fuße, obwohl sich die Einheitstäterlehre selbst als das gegenüber dem dualistischen System fortschrittlichere Konzept begreife, welche er für überwunden hält, vgl. Bloy, R. Schmitt-Festschrift, 55.

84 BVerfGE 3, 135f. Ausführlich zu diesem Willkürverbot und der sogenannten neuen Formel des Bundesverfassungsgerichts Münch/Kunig-*Gubelt*, Art. 3, Rn. 10ff.

85 Sch/Sch-*Cramer/Heine*, Vor §§ 25ff Rn. 9.

86 Eindeutig erklärt die Begründung zum Entwurf eines Strafgesetzbuches (StGB) E 1962 die Ablehnung der Einheitstäterschaft und verweist auf die Vergröberung der Straftatbestände, abgedruckt in der BT-Drucks. IV/650 auf Seite 147.

87 Vgl. zu hierzu *Roxin*, AT 2, § 25, Rn. 7.

voraussetzen.[88] Eine Unterscheidung von fahrlässig handelnden Tätern und Teilnehmern gibt es folglich nicht. Im Geltungsbereich der deutschen Gesetze wird zudem im Gesetz über Ordnungswidrigkeiten (OWiG)[89] die Einheitstäterschaft angewandt.

4. Der Täterbegriff des StGB

Eine der scheinbar „verwickelten Streitfragen" der §§ 25ff ist die Frage nach dem hinter den Normen steckenden Täterbegriff. Dabei werden zwei unterschiedliche Meinungen vertreten: Der restriktive Täterbegriff einerseits und der extensive Täterbegriff andererseits.

a. Restriktiver Täterbegriff

Zuvorderst soll der sogenannte restriktive Täterbegriff vorgestellt werden. Diese Begriffsschöpfung wird *Zimmerl* zugeschrieben.[90] Der unter anderem von *Joecks*[91] und *Roxin*[92] vertretene restriktive Täterbegriff geht davon aus, dass Täter nicht schon derjenige ist, der für den tatbestandlichen Erfolg mitursächlich wird. Der Terminus „Wer" in den einzelnen Tatbeständen des Besonderen Teil umfasst nur denjenigen, der den tatbestandlichen Erfolg als Täter herbeiführt. Was nichts anderes bedeutet, als dass die Tatbestandsbeschreibung gleichzeitig eine Beschreibung des Täters ist.[93]. Nach dem restriktiven Täterbegriff sind die Deliktstatbestände nur auf den anwendbar, der alle Deliktsvoraussetzungen in seiner Person erfüllt, sodass die Teilnahmevorschriften des Allgemeinen Teils Erweiterung der Strafbarkeit, sogenannte Strafausdehnungsgründe, darstellen.[94]

---

88 Der Alternativ-Entwurf eines Strafgesetzbuches sah keine „vorsätzliche begangene rechtswidrige" Tat bei Anstiftung und Beihilfe vor, vgl. dazu Alternativ-Entwurf-*Baumann*, 62; eine Begründung hierzu findet sich auf S. 63f.

89 Vgl. § 14 OWiG, der die Beteiligung mehrerer an einer Ordnungswidrigkeit regelt.

90 *Zimmerl*, ZStW 49 (1929), 45. Er spricht von der restriktiven Interpretation der Tatbestände. Die Tatbestände seien – laut *Zimmerl* – so gefasst, dass sie nur den Täter treffen würden, die Tätigkeit des Anstifters und des Gehilfen erfassen sie hingegen nicht.

91 MüKo-*Joecks*, Vor § 25, Rn. 15.

92 LK-*Roxin*, 11. Aufl., Vor § 25, Rn. 12.

93 LK-*Schünemann*, Vor § 25, Rn. 14.

94 Vgl. dazu *Bottke*, Täterschaft, 18ff; *Kretschmer*, Jura 2008, 265; *Lackner/Kühl*, StGB, Vor § 25, Rn. 3; *Renzikowski*, Täterbegriff, 11 m.w.N.

Mit anderen Worten: Die §§ 26 und 27 enthalten Ausweitungen gegenüber dem restriktiven Täterbegriff.[95] Würde man also die Normen § 26 und § 27 ersatzlos streichen, wären sowohl der Anstifter als auch der Gehilfe in vollem Umfang straflos.[96]

b. Extensiver Täterbegriff

Neben dem restriktiven Täterbegriff wird ein extensiver Täterbegriff vertreten. Letzterer Terminus geht ebenso auf *Zimmerl* zurück, der von der „Auffassung von der extensiven Interpretation der Tatbestände" spricht.[97]
Für die Anhänger des extensiven Täterbegriffs beschreiben die Tatbestände das unrechte Verhalten als *jegliche* Art der Verursachung einer Rechtsgutsverletzung.[98] Legt man den extensiven Täterbegriff dem Strafgesetzbuch zugrunde, so ist *jeder* Täter, der an der Erfüllung eines Straftatbestandes beteiligt ist; sprich den tatbestandsmäßigen Erfolg (mit-)verursacht hat.[99] Nach dieser Überlegung sind auch Anstifter und Gehilfe Täter.
Die Funktion der §§ 26 und 27 ist mithin als Einschränkungen zu diesem extensiven Täterbegriff zu interpretieren.[100] Würde man also diese „Einschränkungen" ersatzlos streichen, dann wären sowohl der Anstifter als auch der Gehilfe in vollem Umfang als Täter strafbar.[101]

Der extensive Täterbegriff ist jedoch mannigfaltiger Kritik ausgesetzt: Dieser Täterbegriff sei grundsätzlich mit den §§ 26, 27 unvereinbar. Es bleibe kein Platz für eigene Teilnehmer, weil sie – materiell (von ihrem Handeln her) betrachtet – Täter sind. Die §§ 26, 27 laufen daher leer[102] und werden nicht gebraucht. Im StGB habe jedoch der Gesetzgeber die §§ 26f eindeutig normiert. Sie dienen zur Begrenzung der Beteiligung. Die Einfügung der §§ 26f durch den Gesetzgeber wäre sinnlos, sollte jeder Akt der Erfolgsherbeiführung als gleichwertig angesehen werden.[103]

---

95 *Fischer*, Vor § 25, Rn. 1.

96 *Heinrich*, Allgemeiner Teil, Rn. 1181.

97 *Zimmerl*, ZStW 49 (1929), 40 und weiter „Sie besagt: Die gesetzlichen Tatbestände sind so aufzufassen, dass jeder, welcher für die Verwirklichung eines Tatbestandes kausal wird, tatbestandsmäßig handelt und daher, soweit sein Verschulden reicht, bestraft werden kann."

98 So *Renzikowski*, Täterbegriff, 11 m.w.N.

99 *Roxin*, AT 2, § 25, Rn. 4.

100 Vgl. dazu *Fischer*, Vor § 25, Rn. 1.

101 *Heinrich*, Allgemeiner Teil, Rn. 1180.

102 NK-*Schild*, § 25, Rn. 22.

103 Dazu *Roxin*, Täterschaft und Tatherrschaft, 29.

Zu dieser Argumentation kann noch hinzugefügt werden, dass der extensive Täterbegriff nicht darlegen kann, weswegen § 26 die tätergleiche Strafe vorsieht. Im Grunde müsste die Funktion des § 26 doch sein, die Strafbarkeit einzuschränken.

Laut *Cramer/Heine* ist der extensive Täterbegriff überdies nicht mit den im StGB normierten Sonderdelikten vereinbar.[104] In der Tat hängt die Bestrafung wegen eines Sonderdelikts von einer bestimmten Qualifikation des Täters ab. Es soll dazu ein kleines Beispiel gebildet werden: Gemäß § 331 (Vorteilsannahme) wird „ein Amtsträger [...], der für die Dienstausübung einen Vorteil für sich oder einen Dritten fordert, sich versprechen lässt oder annimmt, [...] bestraft". Dieses Delikt kann folglich nur ein Amtsträger i.S.d. § 11 I Nr. 2 begehen. Dieses besondere persönliche Merkmal könnte jedoch beim extensiven Täterbegriff nicht adäquat in dem Sinne berücksichtigt werden, so dass sich nur dieser „Amtsträger" strafbar macht. Nach dem extensiven Täterbegriff müssten schließlich all diejenigen in den „Kreis der Beteiligten" einbezogen werden, die an der Verwirklichung dieses Straftatbestandes mitgewirkt haben. Dies führt jedoch zu einer völlig undifferenzierten Betrachtung.

Laut *Renzikowski* führt die Zugrundelegung des extensiven Täterbegriffs ferner zu einer Ausdehnung der Strafbarkeit im Bereich der versuchten Teilnahme. Wenn jede Verursachung einer Rechtsgutsverletzung grundsätzlich tatbestandsmäßiges Unrecht sei, ließe sich eine Unwertdifferenz zwischen verschiedenen Verursachungsformen kaum plausibel erklären. Diese Unwertdifferenz sei aber Voraussetzung dafür, die versuchte Beihilfe anders zu behandeln als den Versuch der Haupttat.[105]
Zimmerl bemerkt, dass der Sprachgebrauch ein weiteres Argument gegen die extensive Auslegung des Begriffs bereithält: „Es wird dem Laien niemals einleuchten, daß derjenige [....] Einbrecher ist, der die Werkzeuge hierzu zur Verfügung stellt, und derjenige ein Mörder, der die Mordwaffe liefert."[106]

---

104 Sch/Sch-*Cramer/Heine*, Vor §§ 25ff, Rn. 9.

105 Nachzulesen bei *Renzikowski*, Täterbegriff, 14.

106 *Zimmerl*, ZStW 49 (1929), 45.

Unverkennbar ist, dass das StGB den Anstifter und Gehilfen über §§ 26 und 27 bestrafen möchte. Das StGB hat sich damit für das dualistische Beteiligungssystem entschieden. *Roxin* stellt in diesem Zusammenhang fest, dass „mit dem Einheitstäterbegriff [...]auch der extensive Täterbegriff abzulehnen“ sei.[107] Es gilt also der restriktive Täterbegriff.

107 *Roxin*, AT 2, § 25, Rn. 4. Zudem kann sich diese Auffassung auf die Motive für die Novellierung des Strafgesetzbuches stützen, die sich eindeutig für den restriktiven Täterbegriff ausgesprochen haben. BT-Drucks. IV/650 auf Seite 147. Ein weiteres Argument für den restriktiven Täterbegriff leitet *Hruschka* aus der Akzessorietät der Anstiftung ab, vgl. *Hruschka*, ZStW 110 (1998), 593 m.w.N; Kritiker an diesem Täterbegriff bringen vor, dass die restriktive Interpretation dazu nötigt, die Anstiftung auf Kosten der mittelbaren Täterschaft ins Unermessliche zu erweitern. Überdies muss bei Sonderdelikten eine Lösung mit Hilfe der sinnwidrigen und innerlich ungerechtfertigten Konstruktion einer „Anstiftung ohne Tat“ gefunden werden, vgl. diesbezüglich *Richard Lange*, Täterbegriff, 19. Zur Kritik am restriktiven Täterbegriff vgl. ebenso *Sánchez Lázaro*, GA 2008, 306f.

2. Kapitel: Der Strafgrund der Teilnahme

Die Straftatbestände des Besonderen Teils sind nicht auf den Teilnehmer, sondern vielmehr auf den Täter zugeschnitten. Aufgrund dessen hat § 25 eine rein deklaratorische Funktion, da dieser nur den aus den Tatbeständen des Besonderen Teils heraus abstrahierten Täterbegriff verdeutlicht. Die Teilnahmevorschriften hingegen besitzen eine strafbegründende Funktion. Gäbe es keine Bestimmungen im Allgemeinen Teil, müssten Anstifter und Gehilfen straflos bleiben.[108] Über den restriktiven Täterbegriff werden die §§ 26f also zu Strafausdehnungsgründe und somit dem Grundsatz „nullum crimen sine lege" gerecht.[109]

Es ist zu klären, weswegen die Teilnahme an einer Straftat überhaupt sanktioniert wird. Zu der Streitfrage „Strafgrund der Teilnahme" gibt es zahlreiche Lösungsansätze, die nachfolgend dargestellt werden.

1. Die Solidarisierungstheorie

Nach der von *Schumann* vertretenen Solidarisierungstheorie liegt der Strafgrund der Teilnahme darin, dass der Teilnehmer sich mit dem Täter solidarisiert. Diese Solidarisierung mit fremdem vorsätzlichen Unrecht begründet einen sozial unerträglichen Handlungsunwert und ist für die Rechtsgemeinschaft ein unerträgliches Beispiel.[110] Die Sozialschädlichkeit der Teilnahmehandlung liegt weiterhin darin, dass sie eine sozialpsychologische Gefahr für die Geltungskraft des Rechts bildet und geeignet ist, das Gefühl gesicherten Rechtsfriedens zu erschüttern.[111] *Schumann* stellt mit dieser Theorie folglich auf das Handlungsunrecht des Teilnahmeunrechts ab.

An dieser Auffassung wird Kritik geübt, da das Gesetz an sich die bloße Solidarisierung nicht bestrafe; Sie könne selbst als psychische Beihilfe nur dann erfasst werden, soweit sie sich auf den Erfolg auswirke.[112]

Der Begriff der Solidarisierung wirkt zudem farblos. Die Anstiftung kann durch das Solidarisierungselement nicht nachhaltig erklärt werden. Bei dieser Beteiligungsform

---

108 Vgl. *Herzberg*, GA 1971, 2.

109 Legte man den extensiven Täterbegriff zugrunde, unterschiede sich das Teilnehmerunrecht qualitativ nicht vom Täterunrecht, vgl. *Renzikowski*, Täterbegriff, 34. Man müsse sich schließlich Gedanken darüber machen, aus welchem Grund der Teilnehmer gegenüber dem Täter privilegiert werde, vgl. *Heinrich*, Allgemeiner Teil, Rn. 1270.

110 *Schumann*, Selbstverantwortung, 49f.

111 Eben dort *Schumann*, Selbstverantwortung, 49f.

112 So *Roxin*, Stree/Wessels-Festschrift, 68.

setzt schließlich der Anstifter die Kausalkette in Bewegung: Sprich er ist es, der die Tat anregt. Die Solidarisierung kann jedoch erst vorgenommen werden, wenn die Haupttat begangen wurde, also später. Ebenso ist an Konstellationen zu denken, bei der jemand bei einer Straftat nur aus enormer Geldnot Hilfe leistet, obgleich er tief in sich mit der Begehung der Tat gar nicht einverstanden ist oder sogar Abneigung empfindet und sich für seine eigene Tat schämt. *Nikolidakis*[113] fragt deshalb, ob es zuträfe, dass sich dieser Gehilfe mit fremden Unrecht solidarisiere. Da *Schumann* ebenso explizit das Selbstverantwortungsprinzip betont[114], wirft *Nikolidakis* ihm auch Widersprüchlichkeiten vor. Jemand, der für seine Handlungen allein verantwortlich ist, könne sich nicht damit rechtfertigen, dass er dem Beispiel eines anderen gefolgt ist.[115]
Ferner übersieht diese Lehre, dass das Gesetz in bestimmten Fällen eine Solidarisierung mit dem Täter überhaupt nicht unter Strafe stellt (z.B. Umkehrschluss zu § 258 VI).

Roxin fasst die Kritik zusammen, indem er betont, dass nicht ein so vages Rechtsgut wie die Störung des Rechtsfriedens durch Schaffung eines unerträglichen Beispiels vom Teilnehmer verletzt werde, sondern eine ganz konkrete Tatbestandsverwirklichung vorläge.[116] *Schumanns* Theorie ist mithin abzulehnen.

2. Die Schuldteilnahmetheorie

Von der Selbstständigkeit des Teilnahmeunrechts geht die Schuldteilnahmetheorie aus. Diese sieht den Strafgrund der Teilnahme ausgehend vom kanonischen Recht sowie der gemeinrechtlichen Lehre[117] darin, dass der Teilnehmer den Täter in Schuld und Strafe verstrickt.[118] Demnach tue der Verführer dem Verführten ein besonderes Unrecht an, nämlich einen „Seelenmord".[119] Insbesondere der Anstifter mache nicht nur das Verbrechen, sondern „mache auch den Verbrecher". *H. Mayer* stellt dazu fest: „Mag der Angriff des Anstifters auf das Rechtsgut nicht so intensiv sein, dass man sagen könnte,

113 *Nikolidakis*, Anstiftung, 34.

114 *Schumann*, Selbstverantwortung, 100.

115 *Nikolidakis*, Anstiftung, 36.

116 LK-*Roxin*, 11. Aufl., Vor § 26, Rn. 21.

117 Dokumentiert bei *Less*, ZStW 69 (1957), 44.

118 *H. Mayer*, Rittler-Festschrift, 254ff.

119 *Nikolidakis*, Anstiftung, 19 m.w.N. Beachte hierzu die interessante Entscheidung des Schweizer Bundesgerichts: „Art. 24 I StGB, der die Anstiftung mit der Strafe des Täters bedroht, beruht nicht auf der Fiktion, der Anstifter habe die Tat selbst begangen, sondern auf dem Gedanken, dass er grundsätzlich die gleiche Strafe verdiene, wie der, den er zur Begehung eines Verbrechen verleitet und damit ins Verderben geschickt hat" (BGE 73, IV, S. 240).

er hat den Mord gemacht, so hat er doch jedenfalls den Mörder gemacht. Deshalb haftet er gleich dem Täter.[120]" Ferner stellt er fest, dass der Anstifter nicht weniger, sondern mehr als der Täter wolle. Er wolle nämlich wie jeder Täter sowohl die Tat bewirken und außerdem noch den Täter schuldig machen.[121] Die geringe Erfolgsnähe gegenüber der Täterschaft werde laut *Perten* durch das Moment der Korruption kompensiert.[122]

Die Schuldteilnahmelehre ist schon deshalb nicht mehr vertretbar (und wird daher nur noch vereinzelt erwähnt), da die §§ 26, 27 und 29 nicht notwendigerweise eine schuldhafte Begehungsweise des Täters verlangen.[123] Ein „Verstricken in Schuld und Strafe" ist de lege lata keine Voraussetzung für die Bestrafung des Teilnehmers. Dieser Ansatz verkennt überdies den im Strafgesetzbuch verankerten Grundsatz der *limitierten* Akzessorietät. Die Schuld des Täters bestimmt eben nicht mehr die Strafbarkeit des Teilnehmers. Folglich ist diese Theorie seit der letzten großen Novellierung des Strafgesetzbuches nicht mehr haltbar.[124]

Ein weiteres Argument gegen diese Lehre findet sich in der Bestrafung des „agent provocateurs". Dieser wäre zu bestrafen, weil er den Täter korrumpiert hat. Es bliebe ohne Berücksichtigung, dass der agent provocatuer keine vollendete Rechtsgutsverletzung will.

3. Die modifizierte Schuldteilnahmetheorie

Die als modifizierte Schuldteilnahmetheorie oder auch als Desintegrationstheorie bezeichnete Auffassung geht davon aus, dass der Teilnehmer die soziale Desintegration des Täters voraussetze, ihn also nicht in Schuld führe.[125] Damit wurde ein Weg eingeschlagen, der die Vorgabe der limitierten Akzessorietät berücksichtigt, da der Teilnehmer den Täter nicht (wie bei der Schuldteilnahmetheorie) in Schuld verstrickt. Nach dieser Theorie ist vielmehr entscheidend, dass dem Anstiftervorsatz die Absicht wesent-

---

120 *H. Mayer*, Strafrecht des Deutschen Volkes, 334; so noch einmal H. Mayer, Rittler-Festschrift, 255.

121 *H. Mayer*, Rittler-Festschrift, 271.

122 Vgl. *Perten*, Beihilfe, 146f.

123 Vgl. *Otto*, Lange-Festschrift, 203, vgl. ebenso *Geppert*, Jura 2008, 34.

124 Außerdem kann die Schuldteilnahmelehre die in § 28 I vorgesehene Strafmilderung nicht erklären, MüKo-*Joecks*, Vor §§ 26, 27, Rn. 5.

125 *Trechsel*, Strafgrund der Teilnahme, 55.

lich ist, auch dem Angestifteten ein Unrecht zuzufügen. Allein in der Person des Anstifters sei der Strafgrund zu suchen.[126]

Diese Theorie verkennt, dass Täter derjenige ist, der handelt. Er entscheidet, ob er sich auf die Seite des Unrechts stellt. Mit diesem theoretischen Ansatz kann ebensowenig erklärt werden, wieso die abstrakte Gefährdung des Rechtsguts „soziale Integration" im Rahmen der Anstiftung denselben Strafrahmen zur Folge haben soll, wie die Verletzung des durch die Haupttat angegriffenen, ganz andersartigen Rechtsguts.[127] *Roxin* vertritt die Auffassung, dass ohnehin ein Strafschutz gegen schlechte Einflüsse unserer Rechtsordnung fremd sei.[128] Im Allgemeinen hat jeder seine soziale Integration selbst zu verantworten.[129]
Überdies ist nicht ersichtlich, wie diese Theorie die Teilnahmeform der Beihilfe erklärt. Der Täter, auch wenn ihm bei seiner Tat geholfen wird, hat sich vor dieser Hilfeleistung bereits dazu entschieden, dass er sich desintegriert. Die Beihilfehandlung verstärkt – wenn überhaupt – die Desintegration.
Auch diese Theorie ist damit im Zusammenhang mit der Suche nach dem Strafgrund der Teilnahme zu vernachlässigen.

4. Die reine Verursachungstheorie

Das Unrecht der Teilnahme ist selbstständig. Diese Hypothese vertritt die sogenannte reine Verursachungstheorie, welche auch Lehre vom Teilnehmerdelikt genannt wird. Danach liegt das Unrecht der Teilnahme gegenüber dem Täterunrecht in der Verursachung *eigenständigen* Unrechts.[130] Die Teilnahme stellt folglich ein eigenständiges Delikt dar (Teilnehmerdelikt); Der Unrechtsgehalt der Teilnahme wird allein darin gesehen, dass der Teilnehmer einen ursächlichen Beitrag zu einer Rechtsgutsverletzung setzt.[131] Der Teilnehmer ist laut *Lüderssen* nicht wegen seines Beitrages zur fremden Tat, sondern für sein eigenes tatbestandliches Unrecht verantwortlich. Nach dieser Auffassung hat der Akzessorietätsgedanke eine rein faktische Natur.[132] Demgemäß lie-

126 *Trechsel*, Strafgrund der Teilnahme, 54.
127 MüKo-*Joecks*, Vor §§ 26, 27, Rn. 6.
128 LK-*Roxin*, 11. Aufl., Vor § 26, Rn. 11.
129 *Rainer Keller*, Grenzen der Provokation, 164.
130 Maßgeblicher Vertreter ist *Lüderssen*, Strafgrund der Teilnahme, 119ff.
131 *Lüderssen*, aaO., 119ff.
132 *Lüderssen*, aaO., 137.

gen bei der Deliktsverwirklichung durch Täter und Teilnehmer zwei selbstständige Taten in Bezug auf dieselbe Rechtsgutsverletzung vor.

Nach *Lüderssens* Auffassung besteht folglich kein notwendiger, gegenseitiger Bezug zwischen dem „Täterdelikt“ und dem „Teilnehmerdelikt“. *Lüderssen* möchte deshalb auch den Teilnehmer an einem Selbstmord bestrafen, da das Leben des Selbstmörders gegenüber Außenstehenden geschützt sei. Niemand dürfe zur Verletzung des Lebens beitragen, was er unter anderem aus § 216 ableitet.[133]

Diese Auffassung *Lüderssens* zur Teilnahme am Selbstmord ist jedoch mit dem deutschen Strafgesetzbuch unvereinbar. Der Selbstmord an sich stellt keinen Straftatbestand im Strafgesetzbuch dar und ist somit keine beteiligungsfähige Haupttat. Ausweislich von §§ 26f benötigt es jedoch eine solche. Falls *Lüderssen* seine Auffassung von der Teilnahme an einem Selbstmord aufrecht erhalten möchte, so müsste er möglicherweise auf die Konstruktion der mittelbaren Täterschaft zurückgreifen. Dann geht es allerdings nicht mehr um die Frage nach dem Strafgrund der Teilnahme.

Es gibt zahlreiche weitere Kritikpunkte, die in der gebotenen Kürze dargelegt werden sollen. Nach dieser Verursachungstheorie ist die versuchte Anstiftung nur eine Vorbereitungshandlung im Hinblick auf die intendierte Rechtsgutsverletzung. Damit verlöre § 30 I teilweise seine Existenzberechtigung.[134] Dies ist ein weiterer Punkt, weswegen die Theorie isoliert betrachtet mit dem aktuellen Strafgesetzbuch inkompatibel ist.[135] Auch wegen der vollständigen Loslösung vom Akzessorietätsprinzip ist diese Theorie also de lege lata abzulehnen. Wie *Ingelfinger* zu Recht bemerkt, ist die Akzessorietät keine faktische, sondern eine rechtliche Beziehung. Das Erfordernis der Akzessorietät könne daher nur contra legem umgangen werden.[136] Jahre später rückt auch *Lüderssen* von seiner ursprünglichen Auffassung ab.[137] Diese Theorie wird daher nicht weiter untersucht.

---

133 *Lüderssen*, aaO., 168, nochmals 214.

134 Dazu *Nikolidakis*, Anstiftung, 22.

135 Auch kann diese Lehre nicht darlegen, warum Teilnahme an einem echten Amtsdelikt und Sonderdelikt strafbar ist, wie es § 28 I im Umkehrschluss ausweislich vorsieht, so *Geppert*, Jura 2008, 35.

136 *Ingelfinger*, Anstiftervorsatz, 116 mit weiteren Argumenten gegen diese Theorie.

137 *Lüderssen*, Jura 1985, 119; *Lüderssen*, Miyazawa-Festschrift, 451f, 457, 461. Die aufgegriffene Idee, die Haupttat als objektive Bedingung der Strafbarkeit zu werten (455), hat weder eine gesetzliche Legitimation noch entspricht sie dem Wortlaut.

5. Die Meyer´sche Theorie der selbstständigen Teilnahmetatbestände

Nach der von *M. K. Meyer* begründeten Theorie sind die §§ 26f selbstständige Tatbestände. Demnach ist ihrer Meinung nach auch das Unrecht der Teilnahme selbstständig. Dies begründet sie mit zwei Ansätzen: Sie versteht unter einem „Tatbestand" die abschließende gesetzliche Beschreibung eines bestimmten Verhaltens, welches zunächst nur eine gesetzlich typisierte Handlung sei.[138] Entsprechend sind die §§ 26f für sie Tatbestände, da darin Handlungen sanktioniert werden (das Bestimmen und das Hilfeleisten).

Dazu ist sogleich zu bemerken, dass dieses Argument die Systematik des Strafgesetzbuches verkennt. Dieses unterscheidet zwischen dem Allgemeinen und dem Besonderen Teil, wohingegen nur der Besondere Teil Straftatbestände enthält. Würde man mit der Herangehensweise *M. K. Meyers* den Allgemeinen Teil durchsuchen, so würden zahlreiche vermeintliche „Tatbestände" gefunden, die eigenständiges Unrecht normieren. Beim Strafgrund der Teilnahme geht es jedoch um den Strafgrund der Teilnahme an den Straftatbeständen des Besonderen Teils.[139] Andernfalls wird nicht nur die Systematik des StGB außer Kraft gesetzt, sondern ebensowenig weder der extensive noch der restriktive Täterbegriff anerkannt.

Die Selbstständigkeit des Teilnahmeunrechts leitet *M. K. Meyer* zweitens aus § 30 her. Sie spricht konsequent von einer Teilnehmertat. Demgemäß ließe sich aus § 30 ableiten, dass der rechtsgutsverletzende Charakter der Teilnahme unabhängig von der Existenz der Haupttat sei. Der Gesetzgeber habe die versuchte Teilnahme unter Strafe gestellt. Dies könne der Gesetzgeber jedoch auch im Hinblick auf bloße Vergehen regeln.[140]

Damit fixiert sich diese Auffassung zu einseitig auf § 30. Diese Norm hat ausschließlich eine strafbarkeitslückenfüllende Funktion. Auch verkennt diese Auffassung damit, dass der Teilnehmer eine Haupttat angestrebt hat, diese aber nicht eingetreten ist. Die versuchte Anstiftung, so *Roxin*, sei eben keine Teilnahme, sondern nur der Versuch einer solchen.[141]

Diese Theorie wird nicht weiter verfolgt.

---

138 *M.K. Meyer*, GA 1979, 256.

139 Der Gesetzgeber hat bei den §§ 26f das Tempus Perfekt gewählt, was ebenfalls darauf schließen lässt, dass er im Gegensatz zu den Straftatbeständen des Besonderen Teils keine Straftatbestände in den §§ 26f positivieren wollte.

140 *M.K. Meyer*, GA 1979, 255.

141 *Roxin*, Stree/Wessels-Festschrift, 366.

6. Die akzessorietätsorientierte Förderungs- bzw. Verursachungstheorie

Nach der akzessorietätsorientierten Förderungs- bzw. Verursachungstheorie liegt der Strafgrund der Teilnahme darin, dass der Teilnehmer ursächlich für die Haupttat wird, sei es durch die Erweckung des Tatentschlusses oder durch eine physische wie psychische Unterstützung des Täters. Das Unrecht der Teilnahme wird aus dem Unrecht der Haupttat abgeleitet.[142] Auf der Grundlage dieses Standpunkts ist erklärbar, dass der Teilnehmer nicht selbst die im Deliktstatbestand liegende Norm verletzt, sondern sein Unrecht darin besteht, dass er an der Normverletzung des Täters mitwirkt.[143] Der Teilnehmer übertritt folglich nicht *selbst* die im Besonderen Teil des Strafgesetzbuches geschützten Normen, sondern das daraus abgeleitete, in den §§ 26 und 27 formulierte Verbot, einen anderen zu solcher Übertretung zu veranlassen bzw. ihn dabei zu unterstützen.

Desgleichen vertritt die Rechtsprechung einen akzessorischen Ansatz.[144] Der Anstifter – so das Reichsgericht in einer früheren Entscheidung – müsse durch die vorsätzliche Bestimmung des Täters die Ursache der von diesem begangenen strafbaren Handlung geworden sein, sodass die Begehung beziehungsweise mindestens der Versuch der Haupttat seitens des Angestifteten die notwendige Bedingung für die Strafbarkeit des Anstifters sei. Die Anstiftung erhält mithin ihren strafrechtlichen Charakter durch die Tat des Täters.[145] Nach der Rechtsprechung des Bundesgerichtshofs greift der Anstifter also das geschützte Rechtsgut durch seine Einwirkung auf den Täter mittelbar an.[146] Mit diesem Ansatz kann begründet werden, warum sich der Extraneus, der sich am echten Sonderdelikt eines Intraneus beteiligt, strafbar macht, nicht aber der Intraneus, der an der Begehung eines echten Sonderdelikts durch einen Extraneus teilnimmt.[147]

Jedoch ist auch diese (wohl noch) herrschende Ansicht Kritik ausgesetzt: Die Theorie wird kritisch gesehen, da sie reflexartig die Akzessorietät als Begründung der Theorie heranzieht, jedoch keine nähere dogmatische Begründung dazu liefert. Gerade durch den Verzicht auf die Begründung des Akzessorietätserfordernisses nähert sich diese Lehre laut *Nikolidakis* dem extensiven Täterbegriff.[148] Auch *Renzikowski* kritisiert die

142 Statt vieler m.w.N. Sch/Sch-*Cramer/Heine*, Vorbem §§ 25ff, Rn. 17; MüKo-*Joecks*, Vor §§ 26, 27, Rn. 15; *Kudlich/Pragal*, JuS 2004, 794; *Nowak*, JuS 2004, 198.

143 Sch/Sch-*Cramer/Heine*, Vorbem §§ 25ff, Rn. 17; MüKo-*Joecks*, Vor §§ 26, 27, Rn. 15.

144 Vgl. u.a. RGSt 5, 282; 8, 153; 9, 10; 11, 56; 14, 102; 19, 147; BGHSt 4, 358.

145 So RGSt 5, 228, so später auch BGHSt 4, 358.

146 BGHSt 37, 217.

147 MüKo-*Joecks*, Vor §§ 26, 27, Rn. 10.

148 *Nikolidakis*, Anstiftung, 45 m.w.N., der sich im Verlauf seiner Schrift zu dieser Lehre bekennt.

Überbetonung der Akzessorietät. Dies führe zu einer Vernachlässigung der Bestimmungsfunktion der Verhaltensnorm für den Teilnehmer, indem die Rechtswidrigkeit von Umständen abhängig gemacht werde, die erst nach Abschluss des Teilnehmerverhaltens eintreten. Ex post sei eine Verhaltenssteuerung aber sinnlos.[149]

Die akzessorietätsorientierte Förderungs- bzw. Verursachungstheorie ist jedoch auch deswegen zu kritisieren, da sie beispielsweise bei Konstellationen der notwendigen Teilnahme in Erklärungsnot gerät. Da in diesen Fällen an einer vorsätzlichen rechtswidrigen Tatbestandsverwirklichung mitgewirkt wurde, müsste der notwendige Teilnehmer folgerichtig wegen Anstiftung bestraft werden. Ein Ergebnis, welches sehr wahrscheinlich auch die Anhänger dieser Theorie beunruhigt.

Dazu kommt ebenfalls, dass die Theorie die Straflosigkeit des sogenannten agent provocateurs nicht erklären kann. *Roxin* spricht davon, dass auch der Versuch des Täters ein Erfolg im Rechtssinne sei.[150] Auch in diesem Fall müsste diese Theorie den agent provocateur konsequent bestrafen. Es besteht jedoch auch bei den Anhängern dieser Lehre Einigkeit darüber, dass der agent provocatuer nicht zu bestrafen ist.[151]

Wie *Roxin* feststellt, müsste das überlebende Opfer einer versuchten Tötung auf Verlangen wegen Anstiftung für strafbar erklärt werden.[152] Schließlich hat das überlebende Opfer einen anderen zu einer vorsätzlichen und rechtswidrigen Tat angestiftet. Es ist jedoch unbestritten, dass der Anstifter seine eigenen Rechtsgüter nicht angreifen kann. Auch dieses letzte Argument spricht gegen diese Theorie. Es wird also nicht deutlich, dass die Rechtswidrigkeit der Teilnahme voraussetzt, dass das vom Haupttäter verletzte Rechtsgut auch dem Teilnehmer gegenüber geschützt sein muss.[153]

7. Die Lehre vom akzessorischen Rechtsgutsangriff

Eine gemischte Theorie zwischen der akzessorietätsorientierten Verursachungstheorie und der reinen Verursachungstheorie begründete *Roxin* mit der sogenannten Lehre vom akzessorischen Rechtsgutangriff, die er selbst präziser als „akzessorischen

---

149 *Renzikowski*, Täterbegriff, 42. Der schlagwortartige Verweis auf das Kausalitätserfordernis der Teilnahme und die Akzessorietät läuft letzten Endes auf eine bloße Gesetzesparaphrase hinaus, die eine materielle Begründung des Unrechts der Teilnahme schuldig bleibt, so *Renzikowski*, aaO., 42 mit Verweis auf andere Stimmen im Schrifttum.

150 LK-*Roxin*, 11. Aufl., Vor § 26, Rn. 18.

151 Vgl. nur Sch/Sch-*Cramer/Heine*, § 26, Rn. 20.

152 LK-*Roxin*, 11. Aufl., Vor § 26, Rn. 2.

153 Ebenfalls *Renzikowski*, Täterbegriff, 42.

Angriff auf das tatbestandlich geschützte Rechtsgut" bezeichnet.[154] Diese Theorie stellt mithin eine Synthese dar.[155]

Roxin leitet den Strafgrund der Teilnahme teils aus der Zurechnung des Täterunrechts, teils aus selbstständigen Elementen her.[156] Grundlage seiner Überlegung ist die These, dass Teilnahme i.S.d. Gesetzes nur vorliegen kann, wenn der Teilnehmer ein auch ihm gegenüber geschütztes Rechtsgut verletzt. Dementsprechend ist das überlebende Opfer einer versuchten Tötung auf Verlangen nicht wegen Anstiftung strafbar.[157] Dass die Teilnahme aber auch einen eigenen Unwert verkörpert, also in ihr sowohl Elemente des Erfolgs- wie des Handlungsunwertes enthalten sind, zeigt sich darin, dass bei der Anstiftung zum untauglichen Versuch der Anstifter, der die Vollendung wollte, nach § 26 bestraft werden kann, wenngleich auf Seiten des Haupttäters nur Handlungsunrecht vorliegt.[158]

Bloy kritisiert die Lehre *Roxins*, indem er diesem vorwirft, er würde das Teilnahmeunrecht de facto aus zwei heterogenen Teilen additiv zusammensetzen und deshalb gelänge er nicht zu einer „Einheit höherer Ordnung".[159] Es bliebe bei einem in der Binnenstruktur letztlich beziehungslosen Nebeneinander zweier Prinzipien, wobei die Berechtigung, diese unter ein gemeinsames Dach zu bringen, nicht nachgewiesen würde.[160] *Nikolidakis* hält daran anknüpfend fest, dass es nicht gleichzeitig akzessorisches *und* selbstständiges Unrecht gäbe.[161]

Keller bringt gegen die Lösung *Roxins* zum Strafgrund der Teilnahme vor, dass der Provokateur selbst eine Rechtsgutsgefährdung vornehme. Das Aufstellen des Erfordernisses eines eigenen Rechtsgutsangriffs des Teilnehmers sei unspezifisch. Sei die Geltung einer Norm durch eine angesetzte Übertretung dieser Norm erschüttert, so sei die

---

154 LK-*Roxin*, 11. Aufl., Vor § 26, Rn. 7. Im Verlauf nennt er diese Auffassung auch gemischte Verursachungstheorie, dazu LK-*Roxin*, 11. Aufl., Vor § 26, Rn. 22. Ein weiterer Vertreter ist *Geppert*, vgl. dazu die jüngste Stellungnahme in *Geppert*, Jura 2008, 35.

155 So LK-*Roxin*, 11. Aufl., Vor § 26, Rn. 22.

156 *Roxin*, AT 2, § 26, Rn.11; ebenso *Geppert*, Jura 1997, 300.

157 LK-*Roxin*, 11. Aufl., Vor § 26, Rn. 2.

158 Sch/Sch-*Cramer/Heine*, Vor §§ 25ff, Rn. 17a. Die Lehre findet inzwischen Zustimmung, auch von den (ehemaligen) Anhängern der wohl noch herrschenden Auffassung, z.B. *Krey*, Allgemeiner Teil, 208 und 215.

159 *Bloy*, Beteiligungsform, 253.

160 *Bloy*, Beteiligungsform, 254. Jahre später zeigt er sich gegenüber der Lehre vom akzessorischen Rechtsgutsangriff aufgeschlossen, *Bloy*, JA 1987, 492.

161 *Nikolidakis*, Anstiftung, 48.

soziale Anerkennung des Rechtsguts gefährdet. Insofern bewirke der Provokateur, der einen Versuch vorsätzlich fördert, eine Rechtsgutsgefährdung.[162]
Dem hält *Roxin* entgegen, dass der Provokateur in den Augen eines Außenstehenden ein Verteidiger der Normgeltung ist, welcher das tatbestandlich Rechtsgut nicht gefährdet, sondern vor Gefährdungen schützen will.[163]

8. Differenzierender Ansatz Heghmanns

Heghmanns vertritt wiederum die Auffassung, dass Anstiftung und Beihilfe im Grunde völlig andersartige Strukturen aufweisen.[164] Die Beihilfe ist die Mitwirkung an der Tat, die Anstiftung ist die Initiierung der Tat ohne weitere Mitwirkung an ihr.[165] Demgemäß unterscheidet sich das Unrecht der Beihilfe von dem der Anstiftung. Nach seiner Auffassung steigert die Beihilfe nur die Gefährlichkeit der Tat und verursacht eine zusätzliche Rechtsgutsgefährdung.[166] Erhöht die Beihilfe die konkrete Gefahr für das Rechtsgut, so schafft die Anstiftung diese, indem sie den Täter überhaupt erst dazu bringt, seinen rechtsgutsgefährdenden Angriff zu unternehmen.[167] Der Gehilfe durchbricht durch sein Handeln die über den Täter verhängte gesellschaftliche Isolierung.[168] Der Gehilfe werde nach der Auffassung *Heghmanns´* also dafür bestraft, dass er die Täterisolierung durchbrochen hat (Handlungsunrecht) und sich dies als Gefahrensteigerung bei einer konkreten Haupttat erwiesen hat (Erfolg).[169]
Dem Unrechtscharakter der Beihilfe stellt er das Unrecht der Anstiftung gegenüber. Zum einen wird der Anstifter für den Tatentschluss im Moment der Tatausführung ursächlich, indem er die dahin führende Kausalkette zu einem früheren Zeitpunkt in Gang gesetzt hat.[170] Zum anderen bestehen zwei Gefährdungseffekte. Bei der Beihilfe ist der potenzielle Täter selbst gezwungen, den Tatentschluss zu fassen, bei der Anstiftung hingegen nicht. Verstößt der Anstifter gegen das Verbot der Kontaktaufnahme mit einem Dritten, um ihn zu einer rechtswidrigen Tat zu motivieren, so verursacht er die

---

162 *Rainer Keller*, Grenzen der Provokation, 172.
163 LK-*Roxin*, 11. Aufl., Vor § 26, Rn. 8.
164 *Heghmanns*, GA 2000, 475; einen differenzierenden Ansatz zum Strafgrund der Teilnahme vertritt *Neidlinger*, Abgrenzung, 81ff.
165 *Heghmanns*, aaO., 475f.
166 *Heghmanns*, aaO., 477.
167 *Heghmanns*, aaO., 482.
168 *Heghmanns*, aaO., 488.
169 *Heghmanns*, aaO., 478.
170 *Heghmanns*, aaO., 483f.

sich im Rechtsgutangriff des Täters manifestierende Gefahr. Diese dokumentiert ihrerseits dann als zurechenbaren Erfolg die Strafwürdigkeit und die Gefährlichkeit der Anstiftung für ein geschütztes Rechtsgut.
Ein weiterer Gefährdungseffekt ergebe sich nach *Heghmanns* aus der bestehenden Exzessgefahr: Im Anschluss an die Desintegrationstheorie vertritt *Heghmanns* die Auffassung, dass weitere Rechtsgutsverletzungen durch den zum Normbruch überredeten Täter nicht ausgeschlossen seien. Die beiden genannten Gefährdungseffekte seien zwar zum Zeitpunkt der Anstiftung abstrakter Natur, aber dem Anstifter bekannt und zurechenbar.[171]

9. Eigene Stellungnahme

Heghmanns erweckt Sympathien mit seinem differenzierten Ansatz. Tatsächlich ist aus Sicht des Strafrahmens der Anstiftung ein Straf*erhöhungs*grund gegenüber der Beihilfe gegeben. Gegen diese Theorie lassen sich indes drei grundlegende Argumente vorbringen. Erstens kann im Hinblick auf die teilweise Anlehnung an die Desintegrationstheorie auf die bereits dort ausgeführten kritischen Argumente verwiesen werden.[172] Zweitens versteift sich *Heghmanns* auf die Gefahrschaffung, die durch die Teilnahme entsteht oder besser entstehen könnte. Dies erweckt den Anschein von Versuchsstrafbarkeit, was jedoch dem Grundsatz nach nicht vorgesehen ist. Damit erweckt diese Lehre aber auch den Anschein, dass das Unrecht der Teilnahme vollumfänglich selbstständig sei. Die Teilnahme ist aber de lege lata eine Handlung, die an eine Haupttat angeknüpft (Grundsatz der Akzessorietät). Nur indem man auch die Akzessorietät der Teilnahme berücksichtigt, interpretiert man den Strafgrund der Teilnahme richtig.
Auch der unterschiedliche Strafrahmen rechtfertigt eine differenzierte Lösung nicht. Ausgangspunkt für jede Theorie muss der eigentliche Inhalt eines Straftatbestandes im Besonderen Teil sein, an welchem der Teilnehmer mitwirkt. Daran anknüpfend stellen die §§ 26f nach dem auch von *Heghmanns* vertretenen restriktiven Täterbegriff nur Strafausdehnungsgründe dar. Der Vorwurf, der dem Angestifteten gemacht wird, ist derselbe wie der, der dem Gehilfen gemacht wird. Die Teilnahme, sei es Anstiftung oder sei es Beihilfe, unterstützt in jeder Hinsicht eine rechtswidrige Haupttat.
Was die Rechtsfolgenseite angeht, ist die Begründung der tätergleichen Bestrafung des Anstifters eben nicht aus einer unterschiedlichen Herleitung des Strafgrundes der Anstiftung abzuleiten. Vielmehr verfolgt die Rechtsfolge das Ziel der Generalpräven-

---

171 *Heghmanns*, aaO., 484.
172 Vgl. nochmals Seite 24f.

tion. Es ist mithin nicht die Frage, *warum* bestraft wird, sondern *wie* bestraft wird. Derjenige, der die Kausalkette in Bewegung gesetzt hat, muss anders bestraft werden, als derjenige, der erst später Teil der Kausalkette geworden ist. Die Sanktionsebene muss also vom Strafgrund der Teilnahme losgelöst werden.

Die dargelegte Kritik an der Lehre vom akzessorischen Angriff kann wiederum nicht nachvollzogen werden. Der Vorwurf, die Theorie wurde vom (wünschenswerten) Ergebnis her entwickelt[173], indem man die jeweiligen Vorteile rivalisierender Theorien verbindet, trägt nicht. Es erscheint geradezu Aufgabe strafrechtlicher Theorien zu sein, Lösungen für strittige Fragen gerade dadurch zu entwickeln, dass man dabei Schwächen anderer Lehren ausräumt und dabei im Rahmen der Gesetzmäßigkeit bleibt.

Grundlegend bei der Beurteilung des Strafgrundes ist die eigenständige bzw. selbstständige Komponente bei der Verwirklichung von Unrecht. Exemplifiziert durch den „suicidium" lässt sich dies gut veranschaulichen: Aus Sicht des Teilnehmers handelt es sich nicht um einen Rechtsgutsangriff, wenn er einen anderen auffordert, ihn zu töten – schließlich kann das Gesetz nicht das schützen, was der Mensch durch eine freiverantwortliche Entscheidung disponiert und was über seine eigene Grenze hinweg niemanden beziehungsweise nichts beschädigt. Das Rechtsgut des eigenen Lebens steht zur Disposition des Teilnehmers.[174] Selbstmord ist nun einmal nicht strafbar. Den überlebenden Selbstmörder zu bestrafen, widerspräche dem Gedanken des Strafgesetzbuches.[175]

Der Teilnehmer muss somit *auch* einen eigenen Unwert verwirklichen. Er muss einen selbstständigen Angriff auf ein ihm gegenüber geschütztes Rechtsgut vornehmen. Hinzu tritt aufgrund des Erfordernisses der in den §§ 26 und 27 positivierten limitierten Akzessorietät die Verbindung zur Haupttat.

10. Ergebnis zum 2. Kapitel

Die Auseinandersetzung mit den unterschiedlichen Auffassungen zum Strafgrund der Teilnahme hat gezeigt, dass der differenzierte Ansatz *Heghmanns* abzulehnen ist. Tragfähig ist hingegen die Lehre des akzessorischen Rechtsgutsangriffes.

---

173 *Nikolidakis*, Anstiftung, 48.

174 So SK-*Samson*, Vor § 26, Rn. 17 (22. Lieferung).

175 Exemplifiziert werden kann dies auch anhand eines Sachverhalts, den *Kretschmer* vorstellt: Wer einen anderen, den er auf seine Ehrlichkeit überprüfen will, dazu anstiftet, etwas zu stehlen, was im Eigentum des Anstifters steht, mache sich eben nicht wegen Anstiftung strafbar, *Kretschmer*, Jura 2008, 266.

3. Kapitel: Zum Kausalitätserfordernis bei der Beihilfe

Widerstreitende Positionen lassen sich im Zusammenhang mit dem Streitstand zum Kausalitätserfordernis bei der Beihilfe finden.[176] Dabei ist umstritten, ob Kausalität für den Deliktserfolg notwendig ist. Da die versuchte Beihilfe[177] ausweislich des Strafgesetzbuches nicht unter Strafe gestellt ist, muss eine Abgrenzung zur vollendeten Beihilfe gelingen.[178]

1. Position der Rechtsprechung und von Teilen der Literatur

Die Rechtsprechung lässt es genügen, dass die Handlung des Täters durch die Handlung des Gehilfen in irgendeiner Weise erleichtert oder gefördert wird, wohingegen der Gehilfe den Erfolg der Haupttat nicht nach den Regeln der Äquivalenztheorie conditio sine qua non verursachen muss.[179] Dabei zieht die Rechtsprechung eine Grenze zu den Handlungen, die sich im Ergebnis objektiv tatfördernd ausgewirkt haben.[180] Der Tatbestand der einmal geleisteten Beihilfe wird seit der Rechtsprechung des Reichsgerichts folglich nicht dadurch ausgeschlossen, dass die Tätigkeit des Gehilfen für den mit ihr beabsichtigten und tatsächlich eingetretenen Erfolg einflusslos blieb.[181]
Entsprechend wird von der Judikatur auch derjenige als Gehilfe bestraft, der dem Täter ein Werkzeug überlässt, welches der Täter bei seiner Tat möglicherweise überhaupt nicht verwendet.[182] Beispielsweise ist dem Reichsgericht der Sachverhalt vorgelegt worden, bei welchem eine Person dem Einbrecher einen Nachschlüssel zur Verfügung gestellt hat, dieser sich aber am Tatort als untauglich erwies. Der Täter musste den Diebstahl durch Einsteigen begehen.[183] Trotzdem wurde diese Person als Gehilfe bestraft, da sie schließlich „zur Begehung der Strafthat durch Rat und That Hilfe geleistet hat".[184]

---

176 Dieser Streitstand ist bereits bei *Kohlrausch*, StGB, 26. Auflage, 75 dokumentiert.

177 Die versuchte Beihilfe zu einem Verbrechen war nach § 49a StGB i.d.F. der Verordnung vom 29. Mai 1943 so lange strafbar, bis das 3. StÄG diese Erweiterung wieder beseitigte, dazu *Dreher*, MDR 1972, 553.

178 Vgl. dazu auch *Class*, Stock-Festschrift, 115.

179 Siehe u.a. BGH NStZ 1985, 318; BGHSt 48, 301; BGH NJW 2008, 1461; BGH NJW 2008, 2276.

180 RGSt 58, 114f; 75, 112f mit Verweis auf andere ähnlich gelagerte Fälle; BGH NJW 1950, 119; BGH NStZ 1983, 462; BGHSt 42, 135f; OLG Hamburg JR 1953, 27.

181 RGSt 58, 114f.

182 Vgl. die Entscheidung BGHSt 8, 391.

183 RGSt 6, 170. Dieses und weitere Beispiele an Judikaten zu finden bei *Samson*, Kausalverläufe, 56ff.

184 RGSt 6, 170.

Die Auffassung der Rechtsprechung wird auch teilweise in der Literatur vertreten[185], wobei allgemein Einigkeit darin besteht, dass die Beihilfe nicht als bloße „Handlung mit Hilfstendenz“ verstanden werden kann.[186] H. *Mayer*[187] führt das Beispiel des Schmierestehens an. Oftmals sei dieses in keiner Weise eine notwendige Bedingung für die Verbrechensverübung. Er stellt die Frage, ob man im Ernst daran denken könne, die Diebesgesellen freizusprechen, weil ihre Mitwirkung nicht kausal war.[188]
Dreher ergänzt in diesem Zusammenhang, dass die nach § 49 a.F. strafbare Beihilfe nicht in dem Sinne für die Tat kausal sein brauche, dass sie conditio sine qua non für die Verwirklichung des Tatbestandes wäre. Jedoch müsse sie diese Verwirklichung fördern, d.h. bei Tätigkeitsdelikten die Tathandlung erleichtern, bei Erfolgsdelikten durch Erleichterung der Tathandlung zur Erreichung des Erfolges beitragen.[189]
Auch *Coenders* unterstützt die Position der Rechtsprechung, schwächt das Förderungselement jedoch ab und verlangt stattdessen nur eine *Beeinflussung* des konkreten Verbrechensvorgang.[190] Diese Beeinflussung muss seiner Meinung nach in nachweisbarer Weise erfolgen.[191]

Gegen die Auffassung der Rechtsprechung und die vergleichbaren Auffassungen in der Literatur lassen sich zahlreiche Kritikpunkte anbringen: Erstens führt der Verzicht auf das Kausalitätserfordernis dazu, dass der ohnehin „farblose Begriff des Hilfeleistens“[192] kaum greifbar wird. Bedenken hinsichtlich des Gebotes von Art. 103 II GG bleiben ebenfalls bestehen, würde man auf die Kausalität gänzlich verzichten. Dies lässt sich schon daran zeigen, dass bei Verzicht auf das Kausalitätserfordernis grundsätzlich die Gefahr besteht, die Beihilfe in ein konkretes bzw. abstraktes Gefährdungsdelikt zu verwandeln.[193] Auch dass gerade keine einheitliche Definition für den

185 H. *Mayer*, Strafrecht AT, 160; *Wessels/Beulke*, Allgemeiner Teil, Rn. 582; Sauer, Allgemeine Strafrechtslehre, 223; *Binding*, Abhandlungen Band I, 311.

186 *Vogler*, Dreher-FS, 418; einzig bekannte a.A. – allerdings im Hinblick auf § 257 – *Seelmann*, JuS 1983, 34.

187 H. *Mayer*, Strafrecht des Deutschen Volkes, 336.

188 Anders sieht dies im Übrigen bei einem ähnlichen Sachverhalt *Heimberger*, der das Dienstmädchen, welches das Fenster für den Dieb geöffnet hat, nicht bestrafen möchte, falls der Dieb das offen stehende Fenster nicht bemerkt. Es liegt für ihn keine Beihilfe vor, da die Tat des Diebes nicht gefördert wurde, vgl. dazu *Heimberger*, Strafrecht, 86.

189 *Dreher*, MDR 1972, 553.

190 *Coenders*, ZStW 46 (1926), 7. Nichtsdestotrotz ist *Coenders* ein Anhänger der Äquivalenztheorie.

191 *Coenders*, ZStW 46 (1926), 7.

192 So Sch/Sch-*Cramer/Heine*, § 27, Rn. 6; so *Geppert*, Jura 1999, 268.

193 Dazu mehr bei Sch/Sch-*Cramer/Heine*, § 27, Rn. 10.

Begriff des Förderns bei der Rechtsprechung und Teilen der Literatur besteht, unterstreicht die rechtsstaatlichen Bedenken.[194]
Zweitens ist dieser Meinung inkonsequent, wenn man ihr ihre eigene Auffassung zu dem Problem des Strafgrundes der Teilnahme vorhält. Die Rechtsprechung hat sich der akzessorietätsorientierten Förderungs- bzw. Verursachungstheorie angeschlossen. Deren These zum Strafgrund der Teilnahme besagt, dass der Teilnehmer *ursächlich* für die Haupttat wird, sei es durch Erweckung des Tatentschlusses oder auch durch physische oder psychische Unterstützung des Täters.[195] Es ist daher unverständlich, dass die Rechtsprechung in der Frage des Kausaliätserfordernisses bei der Beihilfe ihre Meinung ändert. Wenn sie beim Strafgrund der Teilnahme auf die Ursache zurückgreift, dann doch folgerichtig auch bei dieser Problematik.
Besondere und an dritter Stelle zu nennende Kritik ist an dieser Auffassung zu üben, da ohne das Kausalitätserfordernis die straflose versuchte Beihilfe an Bedeutung verliert. Die eigentlich vom Gesetzgeber getroffene Entscheidung, nur die versuchte *Anstiftung* gemäß § 30 zu sanktionieren, jedoch nicht die versuchte Beihilfe, wird durch die Auffassung der Rechtsprechung nämlich konterkariert.[196] Eine Abgrenzung von versuchter zur vollendeter Beihilfe wäre so nicht möglich. Erst recht muss deshalb die Meinung *Coenders* abgelehnt werden, welcher die bloße Beeinflussung ausreichen lässt.
Es ist mehr als erstaunlich, warum gerade die Rechtsprechung, die bei der Frage nach der Kausalität einer Handlung in ständiger Judikatur nicht auf Ersatzursachen zurückgreift[197], auf die die Strafbarkeit konstituierende Anwendung der conditio sine qua non-Formel verzichtet.
Die Meinungen, die gänzlich auf die Kausalität verzichten, werden nicht weiter beachtet.

2. Literaturmeinung: Solidarisierung mit dem Haupttäter

Vogler geht davon aus, dass die Beihilfe nur eine mittelbare Rechtsgutsverletzung sei. Der Gehilfe führe seiner Meinung nach den Rechtsgutsangriff über den Täter aus,

---

194 Vgl. auch *Samson*, Hypothetische Kausalverläufe, 83.

195 Vgl. dazu die Ausführungen zum Strafgrund der Teilnahme.

196 Vgl. dazu auch MüKo-*Joecks*, § 27, Rn. 23 m.w.N. Eine Entscheidung des BGH zum Kriterium der Ernstlichkeit/Ernsthaftigkeit, welches von Literatur und insbesondere von der Rechtsprechung zur restriktiven Auslegung von § 30 zusätzlich gefordert wird, findet sich zusammen mit einer Anmerkung von *Bloy* in der JZ 1999, 156ff.

197 *Samson*, Hypothetische Kausalverläufe, 55 m.w.N.

indem er sich mit diesem solidarisiert. Diese Solidarisierung mache die „Tat des Täters“ erst rechtlich missbilligenswert, wobei es gleichgültig sei, in welchem Stadium des mehr oder weniger langen Weges („iter criminis“) die Beihilfe erfolge.[198]

Vogler geht davon aus, dass jede Beihilfehandlung die Gefahr der konkreten Tatausführung erhöhe. Dieser Auffassung kombiniert damit konkrete und abstrakte Gefährdungsansätze. Wie *Sering* richtig feststellt, ist dies schon nach dem beendeten Versuch des Haupttäters nicht mehr zu erwarten, da in der Regel keine weitere Tatausführung mehr erforderlich sei.[199]
Mit dieser Auffassung stellt sich *Vogler* zudem direkt in eine Reihe mit *Schumann*, welcher den Strafgrund der Teilnahme in der Solidarisierung mit dem Haupttäter sieht. Wie bereits gesehen, reicht eine bloße tätige Solidarisierung mit dem Täter indes nicht aus.[200] Die Auffassung der Solidarisierung im Zusammenhang mit dem Strafgrund der Teilnahme wurde an anderer Stelle abgelehnt. Aufgrund der dort schon vertretenen Argumente wird diese Ansicht nicht weiter untersucht.

3. Literaturmeinung: Gedanke der Risikoerhöhung

Eine weitere Meinung möchte den Gedanken der Risikoerhöhung nutzbar machen. Das Erfordernis der Risikoschaffung bzw. Risikoerhöhung folgt aus der Erwägung, dass auch im Rechtsverhältnis zwischen Gehilfen und Opfer der Anspruch besteht, die Freiheitssphäre des anderen zu achten. Dies bedeutet, dass diese Sphäre gewissen Risiken nicht ausgesetzt werden darf.[201] Der Gehilfe hat jedoch durch sein Verhalten die Tat des Haupttäters sicherer gemacht, d. h. die in der Haupttatbegehung liegende Gefahr für das Opfer erhöht.[202]
Ob eine solche Risikoerhöhung vorliegt oder nicht, bemisst sich nach einer im Nachhinein anzustellenden Prognose, bei der der Richter ausschalten müsse, „was erst hinterdrein bekannt wurde“.[203] Ferner müsse bei der Entscheidung das Urteil eines

---

198 *Vogler*, Heinitz-Festschrift, 309.

199 So *Sering*, Beihilfe, 125.

200 Dazu *Jakobs*, Allgemeiner Teil, Abschnitt 22, Rn. 36.

201 *Murmann*, JuS 1999, 550.

202 *Murmann*, JuS 1999, 551; vergleichbare Auffassung bei *Salamon*, Beihilfe, 140ff, der auf das „Wahrscheinlichermachen“ des Erfolgs abstellt.

203 *Salamon*, Beihilfe, 151.

objektiven, sachkundigen Beurteilers in der Lage des Täters zur Zeit der Tat berücksichtigt werden.[204]
Salamon verweist in seinen Ausführungen darauf, dass die Kausalität auch beim Versuch, bei den abstrakten Gefährdungsdelikten und reinen Tätigkeitsdelikten nicht das einzige Kriterium sei. Bestimmte Sachverhalte, die allein mit Hilfe einer auf Kausalitätsgesichtspunkte abstellenden Betrachtungsweise gelöst werden sollen, könnten damit nicht zufriedenstellend gelöst werden.[205]
Salamons Lehrer *Schaffstein* bildet zur Illustration der Thesen zum Risikogedanken das Leiterbeispiel:[206] Der Gehilfe hilft dem Haupttäter, indem er ihn unterstützt, eine schwere Leiter zum Tatort zu schleppen. Mit dieser Leiter steigt der Haupttäter dann in die fremde Wohnung ein. Laut *Schaffstein* lässt sich daran im buchstäblichen Sinne erkennen, dass der Gehilfen dem Haupttäter die Tat „erleichtert".[207] Es kommt nun aber – zugespitzt formuliert - darauf an, wie schwer die Leiter ist. Wenn der Haupttäter sie nicht hätte allein zum Tatort tragen können, so liegt vollendete Beihilfe vor. Bestünden Zweifel, ob die Leiter so schwer war, als dass sie der Täter hätte alleine tragen können, so habe der Gehilfe das Risiko des Gelingens erhöht. Damit läge ebenfalls vollendete Beihilfe vor.
Nur wenn „von Anfang an klar war", dass die Leiter vom Haupttäter auch alleine zum Tatort hätte getragen werden können, sei eine vollendete Beihilfe ausgeschlossen.[208] Letzteres sei eine reine „Erleichterung", welche eine bloße Solidarisierung mit dem Haupttäter darstellt, die als solche – außerhalb des Gesinnungsstrafrechts – nicht strafbar sei.[209]

Diese Thesen kann man aus fünf Gründen ablehnen: Erstens ist der Begriff der Solidarisierung viel zu unbestimmt und verwischt die Grenzen des Strafrechts. Das Tragen einer Leiter zum Tatort muss unter den Begriff des Hilfeleistens subsumiert werden und nicht unter den „Schein"-Begriff der Solidarisierung. Wie eine Tathandlung des „Solidarisierens" aussehen soll, stellen die Autoren im Übrigen nicht dar. In diesem Zusammenhang ist erneut auf die Kritik zu verweisen, die schon gegen die Solidarisierungstheorie beim Strafgrund der Teilnahme vorgebracht wurde.

204 *Salamon*, aaO., 151, der damit die Beihilfe als konkretes Gefährdungsdelikt einstuft.
205 *Salamon* aaO., 130ff. Mithin stellt er auf die zentrale Bedeutung des Handlungsunwertes ab.
206 Vgl. *Schaffstein*, Honig-Festschrift, 182.
207 Die Anführungszeichen sind im Originaltext zu finden, *Schaffstein*, aaO., 182.
208 Desgleichen *Schaffstein*, aaO., 182.
209 *Schaffstein*, aaO., 182.

Zweitens ist mit dieser Auffassung eine Nähe zu den Fahrlässigkeitsdelikten nicht zu leugnen. *Roxin* hat den Gedanken der Risikoerhöhung für die Fahrlässigkeitsdelikte entwickelt.[210] Teilnahme und Fahrlässigkeit schließen sich aber aufgrund des eindeutigen Wortlauts von §§ 26f schon de lege lata gegenseitig aus. Es ist daher unzulässig, über den Gedanken der Risikoerhöhung und damit mittelbar unter Berücksichtigung hypothetischer Kausalverläufe, die Teilnahme zu beurteilen. Damit ist eine dogmatisch begründete Trennung zwischen strafbarer vollendeter und strafloser versuchter Beihilfe nicht mehr möglich.
Drittens sind Fallkonstellationen denkbar, beispielsweise im Rahmen einer Bandenaktivität, bei denen das Verhalten eines Einzelnen abstrahiert betrachtet straflos wäre, wenn die Unterstützung von einem anderen erbracht worden wäre.[211] Und damit verbunden ist auch ein Kritikpunkt, wenn man auf die Parallele zwischen der mittäterschaftlichen Begehungsweise und der Gehilfenschaft hinweist: Eine Übertragung des von *Schaffstein* entwickelten Gedankens auf die Mittäterschaft führte nämlich konsequent zur Straflosigkeit derjenigen Mittäter, die einen nicht relevanten Tatbeitrag geleistet haben. Dies ist aber angesichts des klaren Charakters einer Zurechnungsnorm von § 25 II gerade nicht nachvollziehbar. Deswegen kann viertens dieser Theorie ebenfalls nicht zugestimmt werden.
Letztendlich verzichtet diese Lehre ebenfalls auf das Kausalitätserfordernis. Dabei besteht wie bereits dargelegt, die Gefahr, Beihilfe in ein „Delikt des gefährlichen Beihilfeversuchs“ zu verwandeln.[212] Somit kann, was die Kritik an dieser Theorie anbelangt, auf die bereits geübte Kritik an der Auffassung der Rechtsprechung verwiesen werden.
Diese Ansicht begegnet deshalb ernst zu nehmenden Bedenken.

4. Literaturmeinung: Beihilfe als abstraktes Gefährdungsdelikt

Für *Herzberg* ist die Beihilfe ein abstraktes Gefährdungsdelikt.[213] Es stand nach seiner Auffassung dem Gesetzgeber frei, das Helfen bei Deliktsbegehung generell zu verbieten, weil es im Regelfall die Gefahr für das bedrohte Rechtsgut erhöht. Weiter führt er aus, dass „dadurch zugleich auch überflüssige Hilfeleistungen, die in concreto ohne

---

210 Hierzu *Roxin*, ZStW 74 (1962) ,431f.

211 Vgl. *Roxin*, Miyazawa-Festschrift, 510f.

212 So *Jakobs*, Allgemeiner Teil, Abschnitt 22, Rn. 35.

213 So *Herzberg*, GA 1971, 7.

schädliche Auswirkung bleiben, strafbar werden"[214]. Diese Position geht damit weiter als die Risikoerhöhungslehre.
Die Beihilfe als (abstraktes) Gefährdungsdelikt einzustufen, begegnet Kritik. Eine so weit verstandene Beihilfe verzichtet letztlich ebenfalls völlig auf die Kausalität der Beihilfe und läuft Gefahr, schon ein Handeln in Hilfstendenz als Beihilfe werten zu wollen. Dies wird aber gerade allgemein abgelehnt.[215] Die Entscheidung des Gesetzgebers, die versuchte Beihilfe straffrei zu stellen, würde gleichfalls konterkariert werden.[216] Der Versuch, die Beihilfe als abstraktes Gefährdungsdelikt zu interpretieren, müsse laut *Otto* aufgrund des Verzichts auf den Nachweis der realen Gefahrerhöhung durch das Gehilfenverhalten schließlich zwangsläufig dazu führen, Fälle der versuchten Beihilfe mit denen der vollendeten Beihilfe gleichzustellen.[217] Wie bereits in der Darlegung des Strafgrundes der Teilnahme erwähnt, sind die §§ 26f nur Straf*ausdehnungs*gründe, welche dem Grundsatz „nullum crimen sine lege" gerecht werden.
Deshalb führt – nebenbei bemerkt – *Herzbergs* Weg auch methodisch in die Irre. Wer davon ausgeht, dass die Teilnehmertatbestände als abstrakte Gefährdungsdelikte konsequenterweise selbstständig sein müssen, verstößt offenkundig gegen den Grundsatz der Akzessorietät der Teilnahmetatbestände. Aber gerade dieses Prinzip sieht das Gesetz ausweislich § 27 I vor.
Als letztes Argument sei angebracht, dass die Teilnahme sich schon deshalb nicht in abstrakte und konkrete Gefährdungsdelikte einteilen lässt, da der Gehilfe den Rechtsgutsangriff über den Täter führt. Die Entscheidung über das Ob und Wie der Rechtsgutsverletzung ist Sache des Täters, der die Tatherrschaft hat.[218] Folglich ist dieser Ansatz ebenso abzulehnen.[219]

5. Literaturmeinung: Anwendung der Kausalitätsregeln

Die in der Lehre wohl herrschende Meinung wendet entsprechend die für die Täterschaft geltenden Kausalitätsgrundsätze auch auf diese Teilnahmeform an.[220] Die Bei-

---

214 *Herzberg*, aaO., 7.

215 Vgl. nochmals *Vogler*, Dreher-FS, 418.

216 So *Geppert*, Jura 1999, 268.

217 *Otto*, Lenckner-Festschrift, 197.

218 So *Vogler*, Heinitz-Festschrift, 311.

219 Samson wirft ihm dabei vor, keinen definitorischen Versuch unternommen zu haben, hierzu Samson, Hypothetische Kausalverläufe, 83; Zur weiteren Kritik an dieser Lehre insbesondere zur Herleitung der Straflosigkeit des agent provocateurs, vgl. *Samson*, Hypothetische Kausalverläufe, 83f.

220 Schon von *Buri*, Beiträge, 391, stellte im ausgehenden 19. Jahrhundert fest, dass die Vereini-

hilfe muss für den Erfolg entsprechend der Äquivalenztheorie conditio sine qua non ursächlich geworden sein[221], sei es, dass der Beitrag des Gehilfen die Tatbestandsverwirklichung ermöglicht, erleichtert, intensiviert oder absichert.[222] Dementsprechend muss der Gehilfe nach dieser „Erfolgsverursachungstheorie" den Erfolg zumindest mitverursacht haben.[223] Die Anwendung der Äquivalenztheorie führt sodann dazu, dass selbst dann Kausalität vorliegt, wenn der Gehilfenbeitrag dafür sorgt, dass der Schaden geringer ist als vom Haupttäter ursprünglich beabsichtigt, da die Äquivalenztheorie nur erfordert, dass die Handlung für den Schaden in seinem *konkreten* Umfang kausal geworden ist.[224]
Ein Argument zur Begründung der Anwendung der Kausalitätsregeln stellt auf den Unrechtsgehalt der Beihilfe ab, wonach dieser erst erfasst wird, wenn eine kausale Auswirkung des Gehilfenbeitrags auf die Tatausführung verlangt wird. Nur durch das Erfordernis von Kausalität kann die Gefahr abgewendet werden, die Grenze zur versuchten Beihilfe zu verwischen.[225]

Gegen diese Auffassung wird gerne der Fall des Freispruchs des Gehilfen vorgebracht, falls nicht ausgeschlossen werden kann, dass der Haupttäter mit gleichen Erfolgsaussichten die Tat hätte begehen können. Deshalb wird kritisiert, dass die Anwendung der herrschenden Meinung in der Literatur zu Strafbarkeitslücken führt. Auf das Argument der Gefahr der Entstehung von Strafbarkeitslücken wird noch eingegangen.[226]

6. Literaturmeinung: Zufluss- oder Verstärkerkausalität

In der Literatur findet sich auch die Auffassung, dass zumindest eine bloße Zufluss- oder Verstärkerkausalität ausreicht.[227] Begründer dieser Theorie war *Class*.[228] Er ver-

gung kausaler Gleichwertigkeit sämtlicher Einzelwirkungen den Erfolg herbeiführen.

221 Vgl. etwa *Roxin*, Miyazawa-Festschrift, 501; Murmann, JuS 1999, 549; so Sch/Sch-*Cramer/Heine*, § 27, Rn. 10.

222 LK-*Schünemann*, § 27, Rn. 2.

223 Unterstützung einer Handlung liegt nur vor, wenn eine Bedingung zu dem Erfolge tatsächlich gesetzt worden ist. Andernfalls würde nur ein (strafloser) Versuch der Beihilfe vorliegen.; so *Liszt*, Lehrbuch, 215.

224 So Sch/Sch, *Cramer/Heine*, § 27, Rn. 10. Vgl. dazu auch *Engisch*, Kausalität, 76; *Roxin*, AT 1, § 11, Rn. 6ff; *Samson*, Hypothetische Kausalverläufe, 66.

225 Vgl. *Kaspar*, JuS 2004, 412.

226 Mehr zu dieser Auffassung in der Stellungnahme Seite 43ff.

227 *Class*, Stock-Festschrift, 125f.

228 *Class*, aaO., 115ff. Inzwischen wird sie jedoch auch von anderen Vertretern im Schrifttum vertreten. Ein überzeugter Vertreter dieser Ansicht ist *Dreher*, MDR 1972, 553ff; vgl. ebenso

weist auch darauf, dass in einzelnen Fällen eine „vorgeleistete Begünstigung“ und nicht eine Beihilfe vorliege. Diese sei ausweislich von § 257 jedoch nicht strafbar. Aufgrund des Analogieverbotes bestünden in diesen Fällen Straflosigkeit.[229]
Class weist in der Problemanalyse auf den Umstand hin, dass die unreflektierte Anwendung der conditio sine qua non-Formel[230] im Fall der Abgrenzung der Teilnahmeformen zum Scheitern verurteilt sei. Einer der Gründe sei, dass diese Formel schließlich an Hand der Einzeltäterschaft entwickelt wurde.[231] Ein weiteres grundlegendes Problem liegt nach *Class´* Auffassung darin, dass die Kausalketten zwischen *Anstiftung* und Tatausführung *hintereinander*geschaltet, die zwischen *Beihilfe* und Tatausführung dagegen *nebeneinander*geschaltet seien.[232] Somit gebe es Fälle, deren Lösung sich nicht auf die conditio sine qua non-Formel stützen ließe.[233] Im Ergebnis kommt er dazu, dass die conditio-Formel abgewandelt bzw. ersetzt werden muss. Den relevanten Beihilfehandlungen sei vorliegend eigen, dass das Vorliegen der Verursachung bei ihnen nicht im Nachweis der sonst üblichen vollen Abhängigkeit des Erfolgs geführt werden könne. Es reiche aber das Vorliegen eines herabgeminderten Kausalitätsanteils aus.[234] Diese bloß additiv wirkende Kausalität nennt *Class* Zufluss- oder Verstärkerkausalität.[235]

In seinen Ausführungen bildet *Class* schließlich noch den „Mosel-Rhein-Fall“: Danach fließt der Rhein in die Nordsee. Diese Wirkung wird durch den Zufluss der Mosel bewirkt. Denkt man die Mosel indessen hinweg, so ändert sich an der Wirkung, also dem Fließen des Rheins in die Nordsee nichts. Demnach, so schlussfolgert *Class*, sei die Mosel für den Erfolg eben nicht kausal.

Letzgus, Vorstufen der Beteiligung, 75. *Class´* Meinung darf als Versuch bezeichnet werden, die diametralen Positionen von Rechtsprechung und herrschender Literatur zu vereinen.

229 Vgl. *Class* mit einem Beispiel, aaO.,117f; vgl. dazu auch *Spendel*, Dreher-Festschrift, 177. Kritisch zu dieser Terminologie, *Roxin*, Miyazawa-Festschrift, 506.

230 Näheres zur conditio sine qua non-Formel, vgl. *Spendel*, Dreher-Festschrift, 172f.

231 *Class*, aaO., 116.

232 *Class*, aaO., 121; Kursive Hervorhebungen finden sich im Originaltext. Vgl. auch *Letzgus*, Vorstufen der Beteiligung, 71; *Neidlinger* 10.

233 Vgl. dazu die gebildeten Beispiele bei *Class*, aaO., 119.

234 *Class*, aaO., 125.

235 *Class*, aaO., 125f.

7. Eigene Stellungnahme

Die Bemerkung *Class'*, dass die Beihilfe im Gegensatz zur Anstiftung nicht unmittelbar nebeneinandergeschaltet ist, verdient Zustimmung. Nichtsdestotrotz muss die Verwendung des Begriffs „nebeneinandergeschaltet" angezweifelt werden.

Gerade aus dem Blickwinkel der Sozialwissenschaften ist Kausalität ein umstrittenes Konzept. Weitgehende Einigkeit besteht allerdings darin, dass der Wirkung (Y) eine Ursache (X) vorausgehen muss; Es muss also ein zeitlicher Zusammenhang zwischen X und Y bestehen. Der quantitativen Methodenlehre folgend kommen des weiteren der Ausschluss systematischer Messfehler sowie eine Korrelation, d.h. ein mathematischer Nachweis eines Zusammenhangs zwischen X und Y hinzu, um Kausalität nachweisen zu können.[236]

Bei der Beihilfehandlung ist es nicht anders. Die Ursache (X) ist vor der Wirkung (Y) – nämlich dem (möglichen) Erfolg einer Haupttat – und damit ebenso wie die Anstiftungshandlung in einer „Kettenreaktion". Der einzige Unterschied besteht bildlich gesprochen darin, dass die Anstiftungshandlung mindestens ein Glied in der Kette *vor* der Beihilfe liegt. Aber sie liegt noch vor dem Ende der Kette, also dem Erfolg. Gerade diese Situation macht die Beihilfe zu einer ungleich schwierigeren Teilnahmeform, weil sie dem Beweis weniger zugänglich ist.

Mit anderen Worten: Es muss beachtet werden, dass die Handlung des Gehilfen immer noch zwischen der Ersthandlung des Haupttäters und dem Erfolg bzw. Misserfolg der Tat, mithin auf dem Weg zur Tatbestandsverwirklichung liegt. Gerade deshalb darf nicht auf einen ersichtlich „unbestimmten und verschwommenen Begriff"[237] wie das „Fördern" abgestellt werden.

Der Erfolg ist Maßstab, die Kausalität notwendiges Durchgangsstadium zum Erfolg. Die conditio sine qua non-Formel muss folglich angewandt werden; denn nach ihr ist jede Bedingung letztlich kausal, die nicht hinweggedacht werden kann, ohne dass der Erfolg entfiele,[238] also auch die Bedingung eines Hilfeleistens. Der Begriff „nebeneinandergeschaltet" führt im Zusammenhang mit der Bestimmung der Kausalität nicht

---

236 Vgl. *Schnell/Hill/Esser*, 56. Eine modernere Ansicht in der Sozialwissenschaft ersetzt die Kausalität durch „causal mechanism" und unterstreicht damit die Komplexität, die sozialwissenschaftlichen Beobachtungen zu Grunde liegt und die Tatsache, dass einfache Kausalitätsmodelle im obigen Sinn nur schwer funktionieren und durch komplexe, hermaneutisch-interpretativ gewonnene Modelle ersetzt werden sollen, vgl. hierzu und zur Vertiefung der Thematik die Arbeit von *George/Bennett*, Case Studies and Theory Development in Social Science.

237 Nachzulesen bei *Letzgus*, Vorstufen der Beteiligung, 73.

238 Vgl. hierzu die ständige Rechtsprechung von RGSt 1, 374 bis BGHSt 49, 3.

weiter. *Class'* Ansicht bringt überdies vom Ergebnis her keine Fortschritte gegenüber der zuvor genannten Auffassung der herrschenden Literatur.
Deshalb ist *Roxin* Recht zu geben, wenn er feststellt, dass keine *besondere* Kausaliät vorliege, sondern konsequent die Grundsätze angewandt werden, die auch sonst für die Äquivalenztheorie gelten.[239]
Der Mosel-Rhein-Fall ist zur Veranschaulichung des Problemfeldes insofern ungeeignet. Die Äquivalenztheorie ist schon seit geraumer Zeit mit der konkretisierenden Betrachtungsweise anzuwenden.[240] Die Mosel kann nicht hinweggedacht werden, ohne dass der Erfolg in seiner konkreten Weise, nämlich dem Münden in *dieser* Art und Weise sowie mit diesem Wasser in der Nordsee entfiele. Ohne die Mosel mündete ein „anderer Rhein"[241] in die Nordsee.
Wie *Jakobs* zu Recht hinweist, ist auch derjenige Gehilfe, der einen ersetzbaren Beitrag leistet. Schließlich entfiele die normative Garantie nicht deshalb, weil auch ein anderer bereitsteht, sie zu missachten.[242] Auch der eigentlich „ersetzbare Beitrag" der Mosel darf deshalb nicht hinweggedacht werden.
Es ist folglich festzuhalten, dass die zu Differenzierung neigende „Lehre einer Zufluss- oder Verstärkerkausalität" in Wahrheit mehr der Auffassung der herrschenden Literatur angenähert ist.
In Kapitel Nr. 2, in welchem die Grundlagen der Untersuchung im Hinblick auf den Strafgrund der Teilnahme gelegt wurden, wurde bereits die Lehre vom akzessorischen Rechtsgutsangriff als die überzeugende Lehre zur Bestimmung des Strafgrundes der Teilnahme bestimmt. Gerade aus dieser Lehre lässt sich die Notwendigkeit der Erfolgskausalität herleiten. Wie schon *Charalambakis* feststellt, muss für die Teilnahmeform derselbe Grundsatz gelten wie für die Haupttat.[243] Das Kausalitätserfordernis muss dementsprechend auch für die Beihilfe angewendet werden. Aus der Akzessorietät der Beihilfe ist die Kausalität zwischen Gehilfenbeitrag und Haupttat also erforderlich.

Darüber hinaus bestehen bei all den genannten Ansichten (abgesehen von derjenigen der herrschenden Literatur) Beweisschwierigkeiten im Umgang mit der Beihilfe. Viel-

239 LK-*Roxin*, 11. Aufl., § 27, Rn. 3.

240 *Samson*, Hypothetische Kausalverläufe, 66; vgl. dazu auch *Engisch*, Kausalität, 76. Überdies dürfen keine Ersatzursachen hinzugedacht werden, die anstelle des hinweggedachten Umstandes wirksam geworden wären, so *Samson*, Peters-Festschrift, 124.

241 So zutreffend *Samson*, Hypothetische Kausalverläufe, 66.

242 *Jakobs*, Allgemeiner Teil, Abschnitt 22, Rn. 37.

243 *Charalambakis*, Roxin-Festschrift, 631.

leicht kann man unterstellen, dass die Literatur nie vor diesem Problem steht, die Rechtsprechung aber tagtäglich Beweise auszuwerten hat und die Schwierigkeiten kennt.[244] Dieses Argument dient allerdings keineswegs als Freibrief für die Rechtsprechung und keineswegs als Fundamentalkritik an der Literatur. Nichtsdestotrotz trägt die Auffassung der Rechtsprechung aufgrund der dargestellten Gründen nicht.

Ein weiteres Argument für die herrschende Literaturmeinung, die Regeln der conditio sine qua non-Formel anzuwenden, stammt aus dem Wortlaut der Norm: Die Verwendung der Vergangenheitsform in der Rechtsnorm ist eine eindeutige Festlegung des Gesetzgebers zum Erfordernis eines Erfolges des Gehilfenbeitrages.[245]

Das Kausalitätserfordernis für die Beihilfe folgt aus der sich aus dem Gesetz ergebenden Straflosigkeit der versuchten Beihilfe.[246] Es ist also zu beachten, dass der Gesetzgeber nur die versuchte *Anstiftung* zum Verbrechen entsprechend dem sogenannten Duchesne-Paragraphen[247] § 30 I unter Strafe gestellt hat, nicht aber die versuchte *Beihilfe* zu einem Verbrechen oder zu einem Vergehen. Im Umkehrschluss dazu ist die versuchte Beihilfe – wie bereits erwähnt – eben nicht strafbar. Diese gesetzgeberische Entscheidung darf nun nicht über einen Umweg umgangen werden, indem man die diese Grenze ziehende Kausalität nicht beachtet.

Das Problem wird zutreffend nur gelöst, indem man konsequent Kausalität bei der Beihilfe in Rechnung stellt, was die Strafbarkeit der Gehilfenhandlung anbelangt.

8. Ergebnis zum 3. Kapitel

Die Kausalität zwischen Gehilfenbeitrag und Haupttat ist infolgedessen erforderlich. In diesem Fall ist der herrschenden Literatur ohne Einschränkung zuzustimmen.

Es ist dem BGH ausdrücklich zuzustimmen, wenn er ausführt, dass das Strafbedürfnis allein zu einer Verurteilung nicht genügen kann.[248] Mögliche Strafbarkeitslücken müssen mithin hingenommen werden.[249]

---

244 Verständnis für die Lage der Rechtsprechung hat *Letzgus*, Vorstufen der Beteiligung, 74. *Mezger* hat nebenbei bemerkt in seinem Lehrbuch festgestellt, dass in den meisten von der Rechtsprechung entschiedenen Fällen ohnehin Kausalität vorlag, und kritisiert zugleich den unscharf gefassten Kausalbegriff der Rechtsprechung, dazu mehr bei *Mezger*, Lehrbuch, 413.

245 Auf Fragen der Erforderlichkeit der Heranziehung des Kriteriums der objektiven Zurechnung wird aus Platzgründen nicht näher eingegangen.

246 So *Rudolphi*, StV 1982, 519.

247 Vgl. *Kohlrausch*, StGB, 26. Auflage, 75. Damals die Überschrift zu § 49a StGB a.F.

248 BGHSt 9, 379ff.

249 Dabei sei auf *Hassmer*, 481 verwiesen, der festhält, dass aus der ultima ratio des Strafrechts die prima oder gar die sola ratio einer Problemlösung werde. Ähnlich *Maihofer*, Reform, 74.

Zweiter Teil: Zur Abgrenzung von Anstiftung und psychischer Beihilfe

Eine einheitliche Lösung zur Abgrenzung zwischen Anstiftung und psychischer Beihilfe gibt es nicht. Dies mag daran liegen, dass die Thematik sehr komplex ist. Sie ist eng mit der Umstimmungsproblematik verknüpft, zu deren Lösung ebenso zahlreiche akademische Streitstände existieren. Dies mag aber auch daran liegen, dass dieser Abgrenzung deutlich weniger Aufmerksamkeit als der Abgrenzung von Täterschaft und Teilnahme geschenkt wird. Dabei ist die Abgrenzung angesichts des unterschiedlichen Strafrahmens ebenso wichtig.

Die Abgrenzung von Anstiftung und psychischer Beihilfe kann nur gelingen, wenn man weiß, was man unter Anstiftung und was man unter psychischer Beihilfe versteht. Daher verfolgen die ersten beiden Kapitel primär das Ziel, die Tathandlungen von Beihilfe (§ 27 I) und Anstiftung (§ 26) mit Hilfe juristischer Hermeneutik zu interpretieren und in dogmatischer Hinsicht zu verorten.

Begonnen werden soll mit der Auslegung der Tathandlung des § 27 I. Gleich im Anschluss daran folgt die Frage, ob die psychische Beihilfe unter den Tatbestand des § 27 I subsumiert werden kann. Falls dies der Fall sein sollte, ist gleichsam auf die Problematik einzugehen, ob und inwieweit Beihilfe durch Unterlassen von der psychischen Beihilfe unterschieden werden kann. Möglicherweise muss ebenso eine dogmatische Lösung gefunden werden, die in der Lage ist, Beihilfe durch Unterlassen von der psychischen Beihilfe abgrenzen zu können.

Nach der Beantwortung dieser Fragen ist die Tathandlung des § 26 I zu interpretieren. Im Rahmen der Anstiftung interessiert ebenfalls die Frage, welche Art von Anstiftungshandlung erstens vorliegen muss, und zweitens die Frage, welcher genaue Inhalt der Kommunikationsakt erfordert, damit die Voraussetzungen von § 26 erfüllt sind.

1. Kapitel: Die (psychische) Beihilfe

Gemäß § 27 I wird derjenige bestraft, der vorsätzlich einem anderen zu dessen vorsätzlich begangener rechtswidriger Tat Hilfe geleistet hat. Dieses Kapitel teilt sich in zwei Abschnitte auf: Zum einen wird die Beihilfe im Allgemeinen untersucht, indem der Tatbestand des § 27 I ausgelegt wird. Zum anderen wird speziell das Problem der sogenannten psychischen Beihilfe betrachtet. Die psychische Beihilfe ist dabei in das Spannungsfeld zur Beihilfe durch Unterlassen zu bringen und sodann dogmatisch einzuordnen.

1. Beihilfe im Allgemeinen

Der Tatbestand des § 27 enthält wenig Tatbestandsmerkmale, was daran liegt, dass die ersten beiden Strafrechtsreformgesetze[250] § 27 I enorm verknappt haben.[251] Es gibt weiterhin keine Legaldefinition der Tathandlung „Hilfeleisten". Dies verwundert angesichts der wichtigen Funktion der Norm als Strafausdehnungsgrund gegenüber den Tatbeständen des Besonderen Teils. Es führt somit kein Weg daran vorbei, gemäß überlieferter juristischer Hermeneutik[252] das Tatbestandsmerkmal „Hilfeleisten" auszulegen.[253]

Nach der Auffassung *Savignys* sind das grammatische, das logische, das historische und das systematische Element nicht vier Arten der Auslegung, unter denen man nach Geschmack und Belieben wählen kann, sondern verschiedene „Thätigkeiten", die vereinigt wirken müssen, wenn die Auslegung gelingen soll[254]. Entsprechend werden nacheinander diese vier Arten der Auslegung durchgeführt und in einem Zwischenergebnis festgehalten.

a. Grammatische Auslegung

Es wird mit der grammatischen Auslegung der Tathandlung begonnen.[255] Die grammatische Auslegung hat zu ermitteln, welcher Sinn nach dem Sprachgebrauch der Sprachgemeinschaft und nach der Sprachregelung des Gesetzgebers den Gesetzesworten zukommen kann.[256] Die Anknüpfung an den Sprachgebrauch ist darauf zurückzufüh-

---

250 Abgedruckt im BGBl. 1969 Nr. 52, S. 645ff sowie im BGBl. 1969 Nr. 56, S. 717ff.

251 Mehr dazu bei der historischen Auslegung der Norm ab Seite 55.

252 Zur Geschichte der Hermeneutik *Savigny*, Methodenlehre, 27ff.

253 *Savigny* ging ursprünglich von einer Interpretation aus, welche drei Bestandteile hatte: einen logischen, einen grammatischen und einen historischen, vgl. diesbezüglich die Aufzeichnungen *Jakob Grimms* aus dem Wintersemester 1802/1803 in *Savigny*, Methodenlehre, 19.

254 *Savigny*, Römisches Recht Band I, 215; vgl. auch die Auffassung des Bundesgerichtshofs in BGHSt 10, 157, 159 f.

255 So *Larenz*, Methodenlehre, 305 und nochmals 329; *Zweigert*, Studium Generale, 7. Jahrgang, 1954, 381. Diese Reihenfolge ist nicht verpflichtend, indes üblich, vgl. dazu *Huber*, JZ 2003, 6 (Fußnote 34).

256 *Zippelius*, Methodenlehre, 42f.

ren, dass derjenige, der etwas sagen will, die Worte in dem Sinne gebraucht, in dem sie gemeinhin verstanden werden.[257] Das grammatische Element der Auslegung hat laut *Savigny* das Wort zum Gegenstand, welches den Übergang aus dem Denken des Gesetzgebers in unser Denken vermittelt.[258] Im Bereich des Strafrechts ist jedoch Vorsicht bei der Wortlautauslegung geboten, da eine extensive Auslegung die Gefahr einer Verletzung von Art. 103 II GG birgt.[259]

Nähere Definitionen zur Tathandlung „Hilfeleisten" finden sich in der Literaturwissenschaft nicht, vielmehr wird darauf verwiesen, dass der Begriff „helfen" synonym dazu gebraucht wird.[260] Zur Auslegung soll daher dieser Begriff ausgewertet werden. „Helfen" wird allgemein mit den Worten „anpacken", „assistieren", „aushelfen", „behilflich sein", „beistehen", „Hand anlegen", „sich nützlich machen", „unter die Arme greifen", „unterstützen", „zu Diensten sein/stehen", „zu Hilfe kommen", „zur Hand gehen", „zur Seite stehen", „sich zur Verfügung stellen" umschrieben.[261]
Überdies wird „Helfen" in der Sprachwissenschaft als „jmdm. durch tatkräftiges Eingreifen, durch Handreichungen oder körperliche Hilfestellung, durch irgendwelche Mittel oder den Einsatz seiner Persönlichkeit ermöglichen, [schneller u. leichter] ein bestimmtes Ziel zu erreichen" definiert.[262]
Daraus lässt sich ableiten, dass die Definition so verstanden werden muss, als sei das „Helfen" zielgerichtet. Zudem ist zu beachten, dass der Gesetzgeber nicht das „Helfen" isoliert, sondern das „Hilfe*leisten*" positiviert hat. Der Begriff des „Leistens" wird mit den Verben „vollbringen", „zustande bringen" aber auch als „erreichen" umschrieben.[263] Auch dies sind allesamt erfolgsbezogene Begriffe.
Auch die anderen oben genannten Synonyme für den Begriff „helfen" geben Anlass dazu, dass das Hilfeleisten erfolgsbezogen ist. Schließlich kann nur ein bestimmtes Verhalten einer Person nützlich sein - nämlich das Verhalten, welches gebraucht wird.

---

257 So *Larenz*, Methodenlehre, 306 und weiter sinngemäß: Nur so kann der Gesetzgeber sicherstellen, dass er überhaupt verstanden wird.

258 So *Savigny*, Römisches Recht Band I, 213.

259 Vgl. auch *Larenz*, Methodenlehre, 308.

260 Vgl. Duden, Das große Wörterbuch der deutschen Sprache in 10 Bänden, 3. Auflage, Mannheim 1999, helfen.

261 Duden, Das große Wörterbuch der deutschen Sprache in 10 Bänden, 3. Auflage, Mannheim 1999, helfen.

262 Vgl. dazu die Definition im Duden, Das große Wörterbuch der deutschen Sprache in 10 Bänden, 3. Auflage, Mannheim 1999, helfen.

263 Duden, Das große Wörterbuch der deutschen Sprache in 10 Bänden, 3. Auflage, Mannheim 1999, leisten.

Auch die anderen gerade genannten Umschreibungen „Hand anlegen“ sowie „dienen“, „dienlich/förderlich sein“, „nützen“ und „hilfreich sein“[264] untermauern diese Argumentation.
Abschließend wird die Erfolgsbezogenheit der Norm dadurch unterstrichen, indem man sich nochmals vor Augen hält, dass eine solche bereits bei der Kausalität der Beihilfe herausgearbeitet wurde.[265]

Kühl spricht mit Blick auf § 27 I von der verhaltensneutralen Formulierung der Gehilfenhandlung als „Hilfeleisten“.[266] Was „verhaltensneutral“ jedoch näher beschreiben soll, geht aus seinen Ausführungen nicht hervor. Fraglich ist in jedem Fall, ob eine „Verhaltensneutralität“ überhaupt der Tathandlung des § 27 I entnommen werden kann.
Verhaltensneutral wirkt auf den Leser, als müsste jedes Tun oder Unterlassen dieser helfenden Person – unabhängig von dessen Erfolg, aber vor allem unabhängig von der Sichtbarkeit respektive Wahrnehmbarkeit – sanktioniert werden. Dies geht wohl in die falsche Richtung. Um dies zu verdeutlichen, soll noch mal auf den Wortlaut der Norm zurückgekommen werden: Als Gehilfe wird derjenige bestraft, der vorsätzlich einem anderen zu dessen vorsätzlich begangener rechtswidriger Tat Hilfe *geleistet hat*. Der Wortlaut an sich geht also davon aus, dass der Gehilfe einen Tatbeitrag leisten muss, sonst wäre die Vergangenheitsform in diesem Paragraphen nicht zu erklären. Dieser Tatbeitrag hat damit zwingend und final die Haupttat zu unterstützen. Andernfalls wäre auch die Funktion der Norm als Strafausdehnungsgrund mit rechtsstaatlichen Anforderungen nicht mehr vereinbar. Im Übrigen ist darauf hinzuweisen, dass die versuchte Beihilfe seit Abschaffung des § 49a III a.F. nicht unter Strafe steht.[267] Da der Gesetzgeber bewusst die versuchte Beihilfe aus dem Strafgesetzbuch entfernt hat, darf diese nun nicht mit Hilfe einer extensiven Auslegung neuerlichen Eingang in die Strafrechtswissenschaft finden.
Ein weiteres Argument gegen die Verhaltensneutralität folgt ebenfalls aus dem Wortlaut der Norm. Zwischen der Beihilfehandlung und der Haupttat muss ein Zusammenhang bestehen. Nur über diesen Zusammenhang wird man der Formulierung gerecht,

---

264 Nachzulesen im Duden, Das große Wörterbuch der deutschen Sprache in 10 Bänden, 3. Auflage, Mannheim 1999, helfen.

265 Vgl. nochmals Seite 34ff.

266 Vgl. *Kühl*, Allgemeiner Teil, § 20, Rn. 223.

267 Ein kurzer Auszug aus der Geschichte des § 49a III a.F. findet sich bei *Werle*, Justiz-Strafrecht, 432f.

die bewusst von „zu dessen“ spricht. Damit werden all die Handlungen ausgeschlossen, die unbewusst, ggf. im Affekt passiert sind, also die Handlungen, welche nicht darauf abzielten, den Haupttäter zu unterstützen.
Hilfeleisten ist damit nicht ein verhaltens*neutraler* Begriff, sondern vielmehr eine Verhaltensweise im eigentlichen Sinne ist, die darauf gerichtet ist, die Haupttat zu fördern.[268]

b. Systematische Auslegung

Bei der systematischen Auslegung wird das Ziel verfolgt, den in der Norm steckenden Rechtsgedanken in Zusammenhang mit der gesamten Rechtsordnung zu bringen.[269] Laut *Savigny* ist die systematische Auslegung deshalb heranzuziehen, weil die Betrachter den Gedanken des Gesetzgebers „nur dann vollständig erkennen, wenn wir uns klar machen, in welchem Verhältnis dieses Gesetz zu dem ganzen Rechtssystem steht und wie es in dieses System wirksam eingreifen soll“.[270] Auch *Larenz* geht davon aus, dass sich der Sinn des einzelnen Rechtssatzes erst dann erschließe, wenn man ihn als Teil der Reglung betrachte, der er zugehört.[271] Deshalb ist laut *Larenz* auch die sachliche Zusammengehörigkeit von Vorschriften zu berücksichtigen.[272]
Aus der sachlichen Zusammengehörigkeit ergibt sich zuvorderst, dass die Vorschrift im 3. Titel des 2. Abschnitts im Allgemeinen Teil steht, unter der Überschrift Täterschaft und Teilnahme. Der Gesetzgeber bezweckt damit, das dualistische Beteiligungssystem im StGB zu verankern. Aus der systematischen Analyse folgt also zunächst die Ablehnung der Einheitstäterschaft und die Bejahung des dualistischen Beteiligungssystems.

---

268 Aus der bereits beschriebenen Beziehung zwischen Gehilfenhandlung und Haupttat lässt sich indes noch ein anderer Schluss ziehen: Es wird oftmals in der Literatur davon gesprochen, dass der Haupttäter nicht wissen muss, dass ein anderer ihn unterstützt; so schon *Oppenhoff*, StGB für den Norddeutschen Bund, § 49, Rn. 13. In der Tat hilft § 27 I dabei, diese Argumentation aufgrund seines Wortlauts zu untermauern. Aus den Bestandteilen des Tatbestands „zu dessen“ lässt sich schließlich ableiten, dass die Handlung des Gehilfen auf die Haupttat gerichtet sein muss, wohingegen dies vom Haupttäter explizit nicht verlangt wird. Die Akzessorietät erfordert damit nicht zwingend eine Interaktion. Man kann insofern auch nicht von verlangter Wechselseitigkeit sprechen. Zusammengefasst muss sich mithin das Tun (ggf. auch ein Unterlassen) des Gehilfen zwingend auf die Haupttat auswirken, wobei eine Beziehung zwischen dem Gehilfen und dem Haupttäter bestehen muss.

269 Vgl. *Zippelius*, Methodenlehre, 43.

270 *Savigny*, Römisches Recht Band I, 214.

271 *Larenz*, Methodenlehre, 310.

272 *Larenz*, Methodenlehre, 311.

Außerdem soll bei dieser Betrachtung der sachlichen Zusammengehörigkeit auf die in § 25 II normierte Mittäterschaft eingegangen werden. Möglicherweise können aufgrund der Parallelität zwischen Beihilfe und Mittäterschaft Erkenntnisse für die Auslegung des Begriffs „Hilfeleisten" gewonnen werden.
Das wesentliche Merkmal der Täterschaft ist die Tatherrschaft. Der Täter beherrscht das zur Deliktsverwirklichung führende Geschehen.[273] Dem Gehilfen fehlt diese Tatherrschaft. Zwar hat jener wie ein Mittäter eine unterstützende Funktion bei der Ausführung der Tat, jedoch kontrolliert er diese nicht bzw. gestaltet die Ausführung nicht maßgeblich mit.[274] Dieses Ergebnis entspricht auch dem Umstand, dass die Beihilfe im Wege der Akzessorietät stets von einer Haupttat abhängig ist. Es obliegt also dem Haupttäter zu entscheiden, ob er die Tat ausführt oder nicht. Verweigert er die Ausführung, nimmt er also nicht seine Herrschaft über seine Tat wahr, so kann auch der Gehilfe nicht bestraft werden. In diesem Fall mangelt es an der die Strafbarkeit des Gehilfen konstituierenden Haupttat.
Zur systematischen Interpretation dürfen ebenfalls „rechtsähnliche Normen"[275] herangezogen werden. Deshalb folgen nun die Tatbestände, die wie § 27 I die Tathandlung „Hilfeleisten" sanktionieren. Dies ist der Fall bei §§ 323c und 257.

aa. Vergleich zu § 257 StGB

Begonnen werden soll mit dem § 257. Erstaunlich ist, dass der Sinn des heutigen § 257 in der Zeit vor 1871 noch im Allgemeinen Teil des preußischen Strafgesetzbuches geregelt wurde.[276] Ebenso wie die Hehlerei und die Strafvereitelung wurde die (sachliche) Begünstigung jahrhundertelang als Sonderfall der Teilnahme verstanden. Damals galten sie als Unterart der Teilnahme und wurden als „auxilium post factum" zusammengefasst.[277] Erst im 19. Jahrhundert wurden jene zu eigenen Tatbeständen verselbstständigt.[278] Schon daraus lässt sich der rechtsähnliche Charakater der Normen §§ 27 I und 257 entnehmen.[279]

273 *Roxin*, AT 2, § 25, Rn. 13.

274 Vgl. *Roxin*, AT 2, § 25, Rn. 13.

275 So *Zweigert*, Studium Generale, 7. Jahrgang, 1954, 384.

276 Vgl. Müko-*Cramer*, Vor §§ 257ff, Rn. 1.

277 *Maurach/Schroeder/Maiwald*, Besonderer Teil II, § 100, Rn. 2.

278 So *Geppert*, Jura 1980, 269. Zu den Abgrenzungsschwierigkeiten der Fallgruppe der „Beihilfe zur Vortat" zu § 257 *Laubenthal*, Jura 1985, 630ff.

279 Eine „Rechtsähnlichkeit" besteht auch insofern, als dass § 257 II eine Art negativer Akzessorietät zwischen Begünstigung und Vortat aufrechthält, so *Maurach/Schroeder/Maiwald*, Besonderer Teil II, § 100, Rn. 3.

Abgesehen von der dem Wortlaut nach gleichen Tathandlung setzt § 257 I ebenso wie § 27 I die Existenz einer rechtswidrigen Tat eines anderen voraus. Der Wortlaut der Normen scheint – abgesehen von der Vorteilsicherungsabsicht[280] – auf den ersten Blick identisch. Schärft man den Blick, so ergibt sich aus dem Vergleich dieser Normen ein großer Unterschied: § 27 sanktioniert das Hilfeleisten *bei* der Tat eines anderen, § 257 sanktioniert das Hilfeleisten, *nachdem* der andere die Tat bereits begangen hat. Dies bedeutet nichts anderes, als dass im Gegensatz zu § 27 die Tathandlung des Vortäters bereits *beendet* sein muss[281], dessen Tatvorteile müssen ihm tatsächlich schon erwachsen sein.[282] Deshalb kann man schon allein aus dem Zeitpunkt der Vornahme der Hilfeleistung die §§ 27 und 257 voneinander abgrenzen.
Damit aber nicht genug: Dieser unterschiedliche Zeitpunkt markiert nicht nur die Grenze zweier Normen, sondern markiert die Grenzen zwischen einem Strafausdehnungsgrund einerseits und einem Straftatbestand des Besonderen Teils andererseits: Während man bei der Verbindung der Haupttat zur Hilfeleistung (§ 27 I) vom intensivsten Abhängigkeitsverhältnis sprechen muss, welches das StGB kennt, nämlich der Akzessorietät, handelt es sich bei der Verbindung der Nachtat zur Hilfeleistung (§ 257 I) „nur" um den Anschluss an das Delikt eines anderen. Die durch den Wortlaut scheinbar gleiche Verbindung ist also schon wegen ihrer Intensität eine andere. Zwischen § 257 und § 27 besteht also ein Unterschied. Man kann also – wie auch *Cramer* bemerkt – nicht davon sprechen, dass der Begriff der Hilfeleistung des § 257 mit dem des § 27 *identisch* ist.[283]

Möglicherweise kann man trotzdem Rückschlüsse aus der Tathandlung des § 257 ziehen. *Mitsch* beispielsweise definiert die Hilfeleistung des § 257 als ein Verhalten, das darauf gerichtet ist, den Vortäter in Bezug auf die aus der Vortat erlangten Vorteile besserzustellen. Er verweist allerdings auf die Schwierigkeit, dass der Erfolg der Vorteilssicherung dem subjektiven Tatbestand zuzurechnen ist.[284] Trotz alledem sei die Hilfeleistung seiner Meinung nach wegen des finalen Bezugs der Hilfeleistung zur

280 Im Unrechtstatbestand kommt die Vorteilssicherungsabsicht als überschießende Innentendenz hinzu; *Mitsch*, BT 2, § 9, 51, ebenso *Geppert*, Jura 1980, 274f.

281 So auch NK-*Altenhain*, § 257, Rn. 11; MüKo-*Cramer*, § 257, Rn. 24 mit zahlreichen weiteren Nachweisen.

282 Vgl. MüKo-*Cramer*, § 257, Rn.10.

283 MüKo-*Cramer*, § 257, 15.

284 *Mitsch*, BT 2, § 9, 30.

Vorteilssicherung vom Begriff „Vorteil“ mitgeprägt.[285] Außerdem sei tatbestandsmäßige Hilfeleistung eine Handlung, die tatsächlich bewirkt, dass dem Vortäter seine Vorteile erhalten bleiben.[286] Damit kommt dieser Definitionsansatz dem des „Helfen“ nahe, welcher bereits aufgezeigt wurde. Zur Erinnerung: „jmdm. durch tatkräftiges Eingreifen, durch Handreichungen oder körperliche Hilfestellung, durch irgendwelche Mittel oder den Einsatz seiner Persönlichkeit ermöglichen, [schneller u. leichter] ein bestimmtes Ziel zu erreichen“.[287]

Das bestimmte Ziel bei der Begünstigung ist mithin die Vorteilssicherung. Andere Stimmen fordern dazu und zur Präzisierung der Tathandlung, dass der Täter nicht ein irgendwie geartetes Handeln in Hilfeleistungsabsicht vornehme. Erforderlich sei vielmehr eine objektiv zur Vorteilssicherung geeignete Handlung.[288] Auch dies muss als zielgerichtetes Verhalten verstanden werden.
Geht man mit dem Ansatz *Zweigerts* von dem „rechtsähnlichen Tatbestand“[289] des § 257 aus und zieht diesen zur Interpretation von § 27 I heran, so ergibt sich daraus, dass die Hilfeleistung des § 27 gleichsam wie die von § 257 I als zielorientiert, also final, zu interpretieren ist.

bb. Vergleich zu § 323c StGB

Eine weitere „rechtsähnliche“ Norm ist § 323c. Über diese Norm wird diejenige Person bestraft, die bei einem Unglücksfall oder gemeiner Gefahr oder Not nicht *Hilfe leistet*, obwohl dies erforderlich und ihr den Umständen nach zuzumuten [...] ist [...]. Nun könnte man auch hier annehmen, dass dieses Hilfeleisten dem Hilfeleisten des § 27 I entspricht. Dafür spricht allerdings nur der identische Wortlaut der Tathandlung. Der weitere Wortlaut und der Telos der Norm sprechen allerdings gegen eine Vergleichbarkeit der Normen. Darauf ist im Einzelnen einzugehen.

285 *Mitsch*, BT 2, § 9, 34.

286 *Mitsch*, BT 2, § 9, 31. Etwas weniger restriktiv formuliert *Geppert*, der unter Hilfeleisten jene Handlungen subsumiert, die dem Vortäter zur Sicherung der Vorteile nach Lage des Falles nützlich sind, s. *Geppert*, Jura 1980, 275.

287 Vgl. dazu nochmals die Definition im Duden - Das große Wörterbuch der deutschen Sprache in 10 Bänden, 3. Auflage, Mannheim 1999, helfen.

288 *Maurach/Schroeder/Maiwald*, Besonderer Teil II, § 101, Rn. 7.

289 So *Zweigert*, Studium Generale, 7. Jahrgang, 1954, 384.

Zunächst ist der Sinn und Zweck des § 323c zu betrachten. Dieser liegt laut *Freund* darin, „die durch die entsprechende Straftat der unterlassenen Hilfeleistung gefährdeten Geltungskraft der Verhaltensnormen, die bei Unglücksfällen etc. Hilfe gebieten, zu stabilisieren“[290]. Diese Hilfspflicht wird aus dem Erfordernis einer sozialen Mindestsolidarität abgeleitet.[291] Diese Norm ist also eine Art rechtspolitische Prophylaxe. Und damit kommen wir zu dem entscheidenden Unterschied zwischen den beiden Normen: Es muss nämlich beachtet werden, dass § 323c ein echtes Unterlassensdelikt ist, dem mithin eine Gebotsnorm zugrunde liegt. Daraus folgt auch, dass § 323c keine Erfolgsabwendungspflicht, sondern nur eine Handlungspflicht begründet.[292] § 27 I ist im Gegensatz dazu ein Strafausdehnungsgrund. Beide haben also eine völlig andere Deliktsnatur. Schon deshalb kann eine identische Auslegung der Tathandlungen nicht den gewünschten Erfolg herbeiführen, vielmehr würde eine identische Auslegung dem jeweils anderen Sinn und Zweck der Normen nicht gerecht werden, sondern diese jeweils konterkarieren.

Möglicherweise ergeben sich Erkenntnisse aus dem Wortlaut des § 323c. Was diesen angeht, so ist zu beachten, dass der Tatbestand des § 323c im Gegensatz zu § 27 I näher konkretisiert wird. Auf der einen Seite schränkt § 323c durch die Kriterien der Erforderlichkeit und Zumutbarkeit die Strafbarkeit ein. Auf der anderen Seite wurde bei § 323c zusätzlich eine Tatsituation normiert: Gemäß dieser Norm bedarf es eines Unglücksfalles oder einer gemeinen Not oder Gefahr. Ausdrücklich des Wortlauts von § 27 I ist ebenso keine bestimmte Tatsituation erforderlich. All diese Kriterien fehlen bei § 27 gänzlich. Damit schränkt § 27 I im Gegensatz zu § 323c das tatbestandsmäßige Verhalten nicht nähergehend ein.[293] Aus der diese scheinbar „rechtsähnlichen Norm“ des § 323c kann für die Interpretation der Tathandlung des § 27 I daher verwendet werden, dass die dortige Tathandlung grundsätzlich *extensiver* interpretiert werden kann. Andernfalls hätte der Gesetzgeber auch für § 27 weitere Einschränkungen vorgenommen, wie er es schließlich auch bei § 323c vorgenommen hat.

290 MüKo-*Freund*, § 323c, Rn. 1.

291 Vgl. m.w.N. LPK-StGB, § 323c, Rn. 1.

292 LK-*Spendel*, 11. Auflage, § 323c, Rn. 19.

293 Weitergehende Ausführungen zur Abgrenzung der Beihilfe vom Tatbestand der unterlassenen Hilfeleistung, *Robles Planas*, GA 2008, 18ff.

c. Historische Auslegung

Das historische Element der Auslegung hat den zur Zeit des gegebenen Gesetzes für das vorliegende Rechtsverhältnis durch Rechtsregeln bestimmten Zustand zum Gegenstand.[294] Das Gesetz werde laut *Savigny* in einer bestimmten Zeit, einem bestimmten Volke gegeben. Man müsse um diese historischen Bestimmungen wissen, um den Gedanken des Gesetzes wissen zu können.[295] Bei der vorliegenden Arbeit soll auf zwei Änderungen näher eingegangen werden, nämlich zum einen auf das Streichen der Tatmodalitäten „durch Rat und Tat", zum anderen auf das Streichen der Nicht-Wesentlichkeit einer Beihilfehandlung.

Betrachtet man nochmals § 49 des Strafgesetzbuches des Deutschen Reiches von 1871, so wurde als Gehilfe bestraft, wer dem Täter zur Begehung einer als Verbrechen oder Vergehen mit Strafe bedrohten Handlung durch Rat oder Tat Hilfe geleistet hat.[296] Die Tatmodalitäten „Rat und Tat" wurden durch das StRRG vom April 1969 ersatzlos gestrichen. *Joecks* sah in der Regelung Beihilfe durch „Tat" und Beihilfe durch „Rat" die Synonyme für physische und psychische Beihilfe.[297] Diese Unterscheidung trifft § 27 nun nicht mehr.

Fraglich scheint folglich, ob auch weiterhin die bis zur Reform des Strafgesetzbuches geltenden Tathandlungen von dem Tatbestandsmerkmal „bestimmen" umfasst sind. Von der reinen Lesweise könnte dies so interpretiert werden, als habe der Gesetzgeber die Differenzierung Beihilfe durch „Tat" und Beihilfe durch „Rat" bewusst gestrichen, um klarzustellen, dass er damit eine der Alternativen ausschließen wollte.

In der Literatur wird aber ausgeführt, dass der Gesetzgeber bei der Neuformulierung keine sachliche Änderung herbeiführen wollte.[298] Auch wird davon gesprochen, dass § 48 a.F. nur terminologisch abgelöst wurde. Der Anwendungbereich indessen sollte unverändert bleiben.[299] Eindeutig sind die Motive zum Strafrechtsreformgesetz. Der Gesetzgeber selbst hat in der Begründung zum E 1962 ausgeführt, dass die bis dato

---

294 So *Savigny*, Römisches Recht Band I, 214.

295 Nach den Aufzeichnungen *Jakob Grimms*, sagte dies *Savigny*, Methodenlehre, 19. Der Prozess der Entstehung des Gesetzes muss deshalb einbezogen werden, um feststellen zu können, „in welchem Maße mit dem Aufkommen von Wandlungen in der sozialen Umwelt oder neuer Richtungen innerhalb der Rechtsordnung Sinnänderungen eingetreten sind."; so *Betti*, Engisch-Festschrift, 214.

296 Zu den Strafnormen, wie sie noch vor einigen Jahrzehnten formuliert waren, darf nach oben auf Seite 5f auf die dort dargestellten zeithistorisch relevaten Rechtsquellen verwiesen werden.

297 MüKo-*Joecks*, § 27, Rn.5.

298 *Baumann/Weber/Mitsch*, § 31, Rn. 32.

299 Dazu *Joachim Schulz*, JuS 1986, 934.

geltende Formulierung „durch Rat und Tat“ selbstverständlich gewesen und daher entbehrlich sei.[300] Folglich ist aus historischer Sicht keine inhaltliche Änderung der Norm vorgenommen worden. Man wird wie bisher zwischen Beihilfe durch Tat und Rat unterscheiden können.

Bei der historischen Auslegung soll ferner auf das Problem der unwesentlichen Beihilfe eingegangen werden. Im preußischen Strafgesetzbuch wurde noch zwischen wesentlicher und unwesentlicher Beihilfe unterteilt.[301] Den Motiven des Entwurfs des StGB für den Norddeutschen Bund ist zu entnehmen, dass der Gesetzgeber diese Aufteilung nicht fortführen wollte.[302] Begründet wurde dies mit den in der Praxis bestehenden Zweifeln, was nun wesentlich und was unwesentlich ist, aber auch damit, dass zukünftig nur die Fallgruppen sanktioniert werden sollten, bei denen sicher davon auszugehen ist, dass die Haupttat ohne die Gehilfenhandlung hätte begangen werden können.[303] Daraus darf geschlussfolgert werden, dass der Gesetzgeber bewusst die unwesentlichen Beihilfehandlungen außerhalb des Bereichs des StGB halten wollte, also insbesondere solche Handlungen, welche noch innerhalb der Sozialadäquanz liegen.[304] Es ist also festzuhalten, dass unwesentliche Beihilfehandlungen nach den Motiven des Entwurfs des StGB für den Norddeutschen Bund aus der Strafbarkeit ausscheiden sollen. Da sich sowohl der Gesetzgeber für das RStGB als auch der für das heute noch gültige StGB zu dieser Problematik nicht äußern, ist für diese Gesetzestexte – sie sind überdies Nachfolger des StGB für den Norddeutschen Bund – davon auszugehen, dass sie der Entscheidung des Entwurfs des StGB für den Norddeutschen Bund folgen.

---

300 Begründung zum Entwurf eines Strafgesetzbuches (StGB) E 1962, abgedruckt in der BT-Drucks. IV/650 auf Seite 150f.

301 Vgl. dazu nochmals Seite 11.

302 Motive des StGB für den Norddeutschen Bund, 74.

303 Motive des StGB für den Norddeutschen Bund, 74.

304 Inwiefern durch das Streichen der unwesentlichen Handlungen aus dem StGB das Problem der neutralen Handlungen entstanden ist, kann in dieser Abhandlung nicht näher ausgeführt werden, da dies den Rahmen dieser Arbeit sprengen würde. Empfehlenswert ist in diesem Zusammenhang der Beitrag von *Otto*, Vorgeleistete Strafvereitelung, 200ff sowie der Beitrag *Kretschmers*, 267ff.

d. Teleologische Auslegung

Um mit dem Pathos *von Jherings* zu sprechen, liegt „im Zweck der Schöpfer allen Rechts[305]". *Enneccerus* betont, dass zur Interpretation eines Gesetzes der im Gesetz zum Ausdruck gelangte Wille des Gesetzgeber maßgebend sei, also der Sinn, den der Gesetzgeber mit seinen Worten verband.[306] *Rüthers* bemerkt, dass in jeder Rechtsnorm eine Interessenbewertung und ein Werturteil des Gesetzgebers liegt. Danach bedeute Rechtsanwendung, normative Werturteile im konkreten Einzelfall zu verwirklichen.[307] Als letztes soll *Savigny* zitiert werden: „Das logische Element geht auf die Gliederung des Gedankens, also auf das logische Verhältnis, in welchem die einzelnen Theile desselben zu einander stehen."[308] In diesem Sinne soll abschließend auf die Teleologie der Norm eingegangen werden.

Näheres zu Sinn und Zweck von § 27 I konnte schon dem Grundlagenteil entnommen werden. Dort wurde zum Täterbegriff festgestellt, dass es sich bei den Tatbeständen der §§ 26f um Strafausdehnungsgründe handelt: Die Straftatbestände des Besonderen Teils sind auf den handelnden Täter zugeschnitten. Also ist das Vorhandensein der Normen §§ 26f unerlässlich, will man auch die Teilnahme an einer Straftat bestrafen.[309]

Jedoch schließt sich daran unmittelbar die Frage an, welches Handeln genau sanktioniert werden soll. Ausgehend vom Straf*ausdehnungs*aspekt müsste man wohl diese Frage dahingehend beantworten, dass jedes Handeln eines Teilnehmers durch die §§ 26f sanktioniert wird. Der Straf*ausdehnungs*aspekt könnte folglich nur dann Sinn machen, wenn er nicht auf anderer Weise wieder Lücken entstehen lässt.

Andererseits ist es mehr als zweifelhaft, ob dieser Grundsatz wirklich dem Sinn und Zweck des § 27 entspricht. Eine solche extensive Sichtweise ist schon nicht mit dem Kausalitätserfordernis bei der Beihilfe zu vereinbaren. Es wurde gerade dort argumen-

---

305 Zitiert bei *Rüthers*, Rechtstheorie, Rn. 136.

306 *Ennerccerus*, Erster Band, Erste Abteilung, 110f. Zur Ungenauigkeit einer Formulierung, also was unter dem „Willen des Gesetzgebers" verstanden werden kann, äußert sich *Larenz*, vgl. *Larenz*, Methodenlehre, 314. *Zweigert* kritisiert, dass der moderne Gesetzgeber ein anonymes Wesen ist, welches aus einer Vielzahl von Personen besteht, wovon nur wenige eine „klare Vorstellung von dem mit der zweifelhaften Norm bezweckten Sinn" haben, *Zweigert*, Studium Generale, 7. Jahrgang, 1954, 382.

307 *Rüthers*, Rechtstheorie, Rn. 136.

308 *Savigny*, Römisches Recht Band I, 214. Im 19. Jahrhundert verstand man darunter das, was heutzutage als teleologische Auslegung bezeichnet wird, *Huber*, JZ 2003, 8.

309 Zum Täterbegriff vgl. nochmals Seite 18ff. Für die teleologische Auslegung darf überdies auf die Bemerkungen hinsichtlich des Strafgrundes der Teilnahme verwiesen werden, vgl. S. 22ff.

tiert, dass nicht jede Hilfe, insbesondere nicht die bloße Beihilfe in Hilfstendenz, unter § 27 I subsumiert werden kann.[310] Somit ist es schon unter diesem Gesichtspunkt nicht möglich, jede Handlung als Beihilfe zu werten.
Als weiteres Argument gegen die Funktion des § 27 als Lückenfüller spricht die adäquate Anwendung des restriktiven Täterbegriffs. Es erscheint nämlich angemessener zu sein, den beim restriktiven Täterbegriff verfolgten Gedanken der Strafausdehnung als Strafausdehnung im Sinne eines Strafergänzungsgrundes zu begreifen. Es drängt sich schließlich geradezu auf, dass ein Hilfeleisten beispielsweise beim Straftatbestand des § 327 (Unerlaubtes Betreiben von Anlagen) ein anderes sein wird als das beim Straftatbestand des § 145 (Missbrauch von Notrufen und Beeinträchtigung von Unfallverhütungs- und Nothilfemitteln).[311]
Wie folglich strafbares Handeln im Wege eines Straftatbestandes sanktioniert wird, wird dazu das dazugehörige „Hilfeleisten" entsprechend zu interpretieren sein. Zweck als „Schöpfer allen Rechts" der Tathandlung des § 27 I ist also, dass die jeweilige Teilnahmehandlung des Gehilfen als „Complementum" zum jeweiligen Tatbestand des Besonderen Teils verstanden wird.

e. Zwischenergebnis

Aus dem Wortlaut der Norm ergibt sich, dass die Tathandlung erfolgsbezogen ist (jmdm. ermöglichen, schneller und leichter ein bestimmtes Ziel zu erreichen, sich nützlich machen, unter die Arme greifen). Bei der Beurteilung des Erfolgs der Gehilfenhandlung auf die Haupttat ist Kausalität i.S.d. Äquivalenztheorie anzuwenden.
Der systematische Vergleich ergibt, dass aus dem Vergleich zum Tatbestand des § 257 die Hilfeleistung des § 27 I als zielorientiert, also final, zu interpretieren ist. Dem Vergleich zu § 323c konnte man entnehmen, dass § 27 I gerade keine bestimmte Tatsituation erfordert und gleichsam das tatbestandsmäßige Verhalten nicht nähergehend einschränkt. Damit kann die Tathandlung von § 27 I extensiver ausgelegt werden, was aber auf der anderen Seite – wie bei der Wortlautauslegung gesehen – nicht dazu führen darf, die Beihilfe als verhaltensneutralen Begriff zu begreifen.

---

310 Zum Erfordernis der Kausalität der Beihilfe vgl. nochmals Seite 34ff.

311 Zur Unterstreichung der Argumentation soll auf das bereits Geschriebene zur Kausalität der Beihilfe verwiesen werden: Die Kausalität zwischen Gehilfenbeitrag und Haupttat ist erforderlich. Nicht jedes Verhalten kann deshalb als Beihilfe gewertet werden. Vielmehr ist die *individuelle* Orientierung am jeweiligen Tatbestand des Besonderen Teils notwendig, um entscheiden zu können, ob eine Gehilfenschaft vorliegt oder eben nicht.

Ebenfalls ergibt die systematische Auslegung, dass im Vergleich zur Mittäterschaft dem Gehilfen Tatherrschaft fehlt. Der Gehilfe kontrolliert die Tat nicht und gestaltet die Ausführung nicht maßgeblich mit. Diese These lässt sich zudem de lege lata aus der Akzessorietät ableiten, wonach die Handlung des Gehilfen auf die Haupttat gerichtet sein muss.

Hieran kann auch der Sinn und Zweck von § 27 I anknüpfen. Diesem ist zu entnehmen, dass § 27 I als Strafausdehnungsgrund im Sinne eines Strafergänzungsgrundes für einzelne Straftatbestände zu werten ist.

Aus historischer Sicht führte das Streichen der Tatmodalitäten „Rat und Tat" durch das StRRG vom April 1969 – so schon die Begründung des Gesetzgebers[312] – zu keiner inhaltlichen Änderung gegenüber dem zuvor positivierten Beihilfetatbestand mit seinen Tatmodalitäten.

Das Kompositum „Hilfeleisten" bestimmt sich zusammengefasst also individuell zur und abhängig von der Haupttat. Es handelt sich mithin um eine Unterstützungshandlung, welche darauf ausgerichtet ist, dem Täter bei der Verletzung eines Tatbestandes im Besonderen Teil zur Seite zu stehen. Dieses „zur Seite stehen" muss – wie im Grundlagenteil festgestellt – zwingend kausal für die (versuchte) Rechtsgutsverletzung des Täters sein.

2. Die Rechtsfigur „Psychische Beihilfe"

Die Rechtsfigur der psychischen Beihilfe ist heftigst umstritten. Dies mag daran liegen, dass sie aus dogmatischer Sicht kaum zu verorten ist. Sie steht vielmehr in einem Spannungsverhältnis zur versuchten Beihilfe und zur Beihilfe durch Unterlassen. In diesem Abschnitt soll Licht in diese „dunkle Rechtsfigur"[313] gebracht werden. Dies geschieht nach der Schilderung eines dem Reichsgericht vorgelegten Sachverhalts dadurch, dass versucht werden soll, die psychische Beihilfe unter den Tatbestand von § 27 I [scil: die Tathandlung] zu subsumieren. Daran anknüpfend soll auf das Verhältnis der Beihilfe durch Unterlassen zur Rechtsfigur der psychischen Beihilfe näher eingegangen werden.

Nachdem dann objektiv die unterschiedlichen Arten der psychischen Beihilfe aufgezeigt werden, kommen die Stimmen zu Wort, die die psychische Beihilfe strikt ablehnen. Deren Argumente werden im Nachfolgenden dargelegt und bei der

312 Vgl. BT-Drucks. IV/650 auf Seite 150f.

313 So bezeichnet von *Hruschka*, JR 1983, 178.

Schlussbeurteilung, ob und wie diese Rechtsfigur dogmatisch zu verorten ist, in Rechnung gestellt.

a. Ausgangsfall: Der sogenannte Staubhemdenfall

Zur Illustration der psychischen Beihilfe dient der sogenannte Staubhemdenfall von 1883[314]: Der Täter A hatte vor, sein Opfer zu misshandeln, was dem späteren Angeklagten B bekannt war. B lieh dem A sein blaues Staubhemd. Dieses sollte den A vor Entdeckung schützen, da es sich dabei um ein typische Kleidungsstück der Landbevölkerung handelte. A zog sodann das Staubhemd über seine städtische Kleidung, lauerte seinem Opfer auf und misshandelte es körperlich.

Das Reichsgericht verurteilte den B wegen Beihilfe, da sein Verhalten für die Verübung einer gefährlichen Körperverletzung förderlich gewesen war. Insbesondere sei es auch dann der Fall, wenn die Handlung des Gehilfen den Entschluss des Täters bestärkt und hierdurch die Verübung der Tat gefördert hat.[315] Eine Bestärkung des Tatentschlusses liegt nach der Rechtsprechung des Reichsgerichts vor, weil durch die Handlung des Gehilfen „die Furcht des Thäters vor Entdeckung vermindert oder beseitigt, beziehungsweise seine Hoffnung, die That unerkannt und demnächst unbestraft verüben zu können, bestärkt und hiermit auch allenfallsige Zweifel, ob er die Tat begehen solle, beseitigt[316]."

Halten wir fest: Das Reichsgericht verurteilte den B, da das Ausleihen seines Staubhemdes an A den Tatentschluss des A bestärkt hat. Damit versucht das Reichsgericht der Notwendigkeit der Bestrafung eines Verhaltens nachzukommen, welches für einem Dritten objektiv nicht sichtbar, jedoch vom Täter subjektiv wahrnehmbar ist, nämlich das Bestärken eines Tatentschlusses beim (Haupt-)Täter. Das Reichsgericht verurteilt also den B, da er auf die Psyche des A eingewirkt hat. Fraglich bleibt, ob diese „psychische" Unterstützungshandlung überhaupt unter § 27 I subsumiert werden kann.

b. Subsumtion der psychischen Beihilfe unter § 27 I StGB

Zur Subsumtion der psychischen Beihilfe unter § 27 I soll noch einmal auf die Wortlautauslegung der Tathandlung „Hilfeleisten" zurückgegriffen werden. Wie dort gesehen[317], wird „Helfen" als „anpacken", „assistieren", „aushelfen", „behilflich sein",

314 Sachverhalt samt Lösung RGSt 8, 267ff.

315 RGSt 8, 269.

316 So RGSt 8, 269.

317 Vgl. Seite 48.

„beistehen“, „Hand anlegen“, weiterhin als „sich nützlich machen“, „unter die Arme greifen“, „unterstützen“, „zu Diensten sein/stehen“, „zu Hilfe kommen“, „zur Hand gehen“, „zur Seite stehen“, „sich zur Verfügung stellen“ definiert. Kategorisiert man diese Begriffe, so stehen einzelne für sichtbare, nach Außen tretende körperliche Handlungen, welche mittelbar oder unmittelbar dem Haupttäter angeboten werden (z.B. „unter die Arme greifen“, „sich nützlich machen“, „zu Hilfe kommen“, „zur Hand gehen“, „behilflich sein“). Diese Interpretationen umschreiben also eher einen körperlichen Tatbeitrag.

Andere Definitionen wiederum stehen für ein Verhalten des Gehilfen, welches die Psyche des Haupttäters beeinflusst (z.B. „sich zur Verfügung stellen“, „zur Seite stehen“, „beistehen“), indes nicht wahrnehmbar ist. Demnach lassen sich aus der Wortlautauslegung sowohl Umschreibungen finden, die für körperlich sichtbare Verhaltensweisen als auch solche, die für nicht-sichtbare, jedoch die Psyche unterstützende Verhaltensweisen stehen. Ersteres ist die physische, letzteres die psychische Beihilfe.

Dieses Unterschiedlichkeit kann man ebenso in der historischen Auslegung wieder finden. Dort wurde festgehalten, dass „Hilfeleisten“ als Unterstützungshandlung definiert wird, welche darauf ausgerichtet ist, dem Täter bei der Verletzung eines Tatbestandes im Besonderen Teil zur Seite zu stehen. Bei diesem „zur Seite stehen“ ist es nicht erheblich, ob der Gehilfe dem Täter „physisch die Hand hinhält“ oder aber ob der Gehilfe dem Täter „psychisch gesehen zur Seite steht“ und ihm dadurch Unterstützungs-handlungen zukommen lässt. Beide Verhaltensweisen sind strafwürdig. Die Mittel der Beihilfe sind schließlich – wie in der historischen Auslegung gesehen – unbeschränkt.[318]

Würde man letztere Verhaltensweisen gerade nicht strafrechtlich sanktionieren, so würde derjenige, der sich besonders trickreich verhält und dem Täter Ratschläge gibt, straffrei bleiben. Ein Ergebnis, welches vom Gesetzgeber nicht gewollt sein kann. Dazu passt auch, dass die frühere Fassung der Beihilfe (§ 49 a.F.) noch Beihilfe durch Tat *und* Rat bestrafte. Da die Norm – abgesehen von der redaktionellen Änderung – inhaltlich unverändert blieb, kann neben der physischen auch die psychische Beihilfe unter die Tathandlung des § 27 I subsumiert werden.[319]

---

318 *Jescheck/Weigend*, Allgemeiner Teil, § 64, Kapitel III.

319 Statt vieler vgl. *Fischer*, § 27, Rn. 6; MüKo-*Joecks*, § 27, Rn. 7ff. Eine Alternative zur Begründung der Strafbarkeit der psychischen Beihilfe außerhalb von § 27 I liegt nach einer Meinung in § 30 II, 2. Variante, mehr dazu bei *Hruschka*, JR 1983, 179. *Fischer* hingegen sieht in § 30 II, 2. Variante die *erfolglose* psychische Beihilfe, Fischer, § 30, Rn. 11; weitere Nachweise dazu auch bei LK-*Schünemann*, § 30, Rn. 94 (Fußnote 103).

c. Psychische Beihilfe ./. Beihilfe durch Unterlassen

Unter Beachtung des Stauhemdenfalls definiert das Reichsgericht die psychische Beihilfe also als das Bestärken des Tatentschlusses. Im Staubhemdenfall lag dieses Bestärken in der Übergabe des Hemdes, weil durch diese Handlung des B „die Furcht des Thäters vor Entdeckung vermindert oder beseitigt, beziehungsweise seine Hoffnung, die That unerkannt und demnächst unbestraft verüben zu können, bestärkt und hiermit auch allenfallsige Zweifel, ob er die Tat begehen solle, beseitigt“ wurden.[320] Ein Bestärken des Tatentschlusses ist jedoch nicht nur in einem Fall wie diesem denkbar, sondern beispielsweise auch dann, wenn der Gehilfen zu den Plänen des Täters zur Begehung einer Tat nichts sagt. Er den Täter also dadurch unterstützt, dass er ihm nicht die Nachteile seiner Tat aufzeigt, ihn nicht warnt. Dieses Bestärken wäre eine Unterlassung.

Nachdem geklärt ist, dass die psychische Beihilfe unter den Tatbestand von § 27 I subsumiert werden kann, muss gefragt werden, was die psychische Beihilfe von der Beihilfe durch Unterlassen unterscheidet und ob überhaupt ein Unterschied zwischen diesen beiden Handlungsweisen existiert. Die Äußerungen der Literatur und die Entscheidungen in der Rechtsprechung – die sogleich dargelegt werden – deuten zweifellos darauf hin, dass eine dogmatisch fundierte Abgrenzung zwischen der Beihilfe durch Unterlassen und der psychischen Beihilfe schwierig sein wird. Dies mag daran liegen, dass eine dogmatische Einordnung der psychischen Beihilfe gerade im Verhältnis zur Beihilfe durch Unterlassen oftmals nicht vorgenommen wird. So gibt es insbesondere Judikate, in welchen ein Durcheinanderbringen beider Formen der Beihilfe den Eindruck erweckt, als gäbe es keinen Unterschied zwischen psychischer Beihilfe und Beihilfe durch Unterlassen.

Bevor auf die Fragen eingegangen werden kann, ob und welcher Unterschied zwischen der psychischen Beihilfe und Beihilfe durch Unterlassen aus dogmatischer Sicht besteht, ist darzulegen, dass Beihilfe „durch Unterlassen“ strafrechtlich sanktioniert werden kann.

aa. Strafbarkeit der Beihilfe durch Unterlassen?

Dass Beihilfe auch durch Unterlassen geleistet werden kann, ist dem Wortlaut des § 13 zu entnehmen: „Wer es unterlässt, einen Erfolg abzuwenden, der zum Tatbestand eines Strafgesetzes gehört, ist nach diesem Gesetz nur dann strafbar, wenn er rechtlich dafür

320 Nochmals RGSt 8, 269.

einzustehen hat, dass der Erfolg nicht eintritt, und wenn das Unterlassen der Verwirklichung des gesetzlichen Tatbestandes durch ein Tun entspricht." Der Norm entsprechend ist folglich ein Erfolg abzuwenden, der zum Tatbestand eines Strafgesetzes gehört.

Methodisch gesehen sind zwei Wege denkbar, die Beihilfe zum „Tatbestand eines Strafgesetzes" i.S.d. § 13 zu zählen: Ein Weg führt über den hinter dem Strafgesetzbuch steckenden Täterbegriff. Wie in den Vorüberlegungen des ersten Teils angesprochen, wird hier der restriktive Täterbegriff vertreten. Dieser geht davon aus, dass die Beihilfe einen Strafausdehnungsgrund abbildet, da die Beschreibung im Tatbestand des Delikts im Besonderen Teil nur den Täter umfasst. Wenn also der Erfolg des Tatbestandes eines Strafgesetzes gemäß § 13 abgewendet werden soll, so trifft diese Verpflichtung über den restriktiven Täterbegriff auch den Teilnehmer. Schließlich wird der Tatbestand eines Strafgesetzes, der für den Haupttäter vorgesehen ist, über den restriktiven Täterbegriff gleichsam auf den Gehilfen ausgedehnt.
Zum anderen ist ein Weg denkbar, bei dem die Akzessorietät der Beihilfe als Argumentationshilfe dient. Über diese Akzessorietät zur Haupttat kann der nach § 13 erforderliche Erfolg zum Tatbestand eines Strafgesetzes hergeleitet werden. Die Gehilfenschaft ist aufgrund ihrer Abhängigkeit von der Haupttat nichts anderes als Teil der Verwirklichung des „Tatbestandes eines Strafgesetzes" i.S.d. § 13.
Dies ist allerdings nicht ein positives Tun. Vielmehr wurde durch die Haupttat und das dazugehörige Teilnahmeverhalten eine Lage geschaffen, deren Erfolg abgewendet werden muss. Wie es jedoch § 13 vorsieht, hat auch der Teilnehmer nicht jeden Erfolg abzuwenden, sondern nur den Erfolg, für dessen Nicht-Eintritt er rechtlich einzustehen hat.[321] Daher wird Beihilfe durch Unterlassen gemäß eines Straftatbestandes des Besonders Teils des Strafgesetzbuches i.V.m. §§ 27 I und 13 sanktioniert.
Bislang lässt sich festhalten, dass Beihilfe durch Unterlassen in rechtlicher Hinsicht verortet werden kann. Sie ist strafbar, falls ein anderer eine vorsätzlich begangene

321 In diesem Zusammenhang soll ebenso auf *Ranft* verwiesen werden, der ausführt, dass die Teilhabe des Teilnehmers am Gesetzlichkeitsprinzip durch die Anbindung des Teilnehmerunrechts an eine Tätertat gewährleistet wird, deren unrechtskonstitutive Merkmale (durch Gesetzestatbestände des Besonderen Teils) garantietatbestandlich (i.S.d. Art. 103 II GG) vertypt sind, so *Ranft*, ZStW 94 (1982), 831.

rechtswidriger Tat begeht.[322] Dieses Ergebnis findet nicht nur Zuspruch in der Literatur[323], sondern ist zudem eindeutig den Motiven zum StGB zu entnehmen.[324] Bislang lässt sich ebenfalls festhalten, dass sowohl Beihilfe durch Unterlassen als auch psychische Beihilfe über § 27 I sanktioniert werden können. Fraglich bleibt aber, was beides voneinander unterscheidet bzw. ob ein Unterschied besteht.

bb. Judikatur zur psychischen Beihilfe und zur Beihilfe durch Unterlassen

Es folgen nun Judikate, die sehr gut das Spannungsfeld zwischen psychischer Beihilfe und Beihilfe durch Unterlassen aufzeigen. Ein später vorgeschlagener Lösungsweg soll helfen, die geschilderten Sachverhalte für das Verhältnis von Beihilfe durch Unterlassen zur psychischen Beihilfe zu lösen.

Im *ersten* Fall, dem hier genannten Rechtsanwaltsgehilfinnen-Fall, geht es um die als Anwaltsgehilfin beschäftigte Angeklagte. Diese hat nach der Heimkehr vom Dienst ihrem in finanziellen Schwierigkeiten befindlichen und zu Eigentumsdelikten neigenden Ehemann mitgeteilt, dass in dem Anwaltsbüro, in welchem sie arbeitet, eine Kassette mit Geld stehe, dass sie die Büroschlüssel habe und wisse, wo sich die Kassette befindet und wo man den Kassettenschlüssel versteckt habe. Nachdem der Ehemann zunächst schon den Gedanken geäußert hatte, das in der Kassette befindliche Geld zu entwenden – womit die Angeklagte nicht einverstanden war –, nahm er gegen Mitternacht die in der Handtasche der Angeklagten befindlichen Schlüssel für das Anwaltsbüro an sich. Obgleich die Angeklagte dies bemerkte, unternahm sie nichts, ihn daran zu hindern, die eheliche Wohnung zu verlassen. Ihr Ehemann entwendete mit Hilfe der

322 Konsequenterweise ist auch bei der Beihilfe durch Unterlassen Kausalität erforderlich. Diese ist in der Weise notwendig, als dass durch das Einschreiten erreicht worden wäre, dass die Tat nicht oder nicht so hätte begangen werden können; so Sch/Sch-*Cramer/Heine*, § 27, Rn. 16. Auch hierbei vertritt die Rechtsprechung die gegenteilige Auffassung, vgl. statt vieler BGH NJW 1953, 1838.

323 So vertreten u.a. von Sch/Sch-*Cramer/Heine*, § 27, Rn. 15; *Geppert*, Jura 1999, 271; *Ranft*, ZStW 94 (1982), 815; *Wessels/Beulke*, Allgemeiner Teil, Rn. 582; *Welzel*, Lehrbuch, 119; ebenfalls zustimmend *Oppenhoff*, StGB für den Norddeutschen Bund, § 49, Rn. 11; BGHSt 14, 229ff; 30, 393f. Vgl. ebenfalls die weiteren Ausführung *Serings*, Beihilfe, 84ff sowie LK-*Schünemann*, § 27, 52f.

324 So eindeutig die Begründung zum Entwurf eines Strafgesetzbuches (StGB) E 1962, abgedruckt in der BT-Drucks. IV/650 auf Seite 151; vgl. dazu auch *Baumann*, JuS 1963, 137. Es darf jedoch die Garantenstellung nicht außer Acht gelassen werden.

Büroschlüssel und der ihm gemachten Mitteilungen in den Büroräumen des Rechtsanwalts 1.200 DM aus der Kassette.[325]

Im *zweiten* Fall, dem hier genannten Rechtsanwalts-Fall, versuchten drei Italiener, M., C. und Bo., in der Zeit vom 30. Mai bis zum 9. Juni 1978, von dem Zeugen T. einen größeren Geldbetrag zu erpressen. Durch einen Unbekannten, der sich J. nannte, nahmen sie wiederholt telefonisch Kontakt mit T auf. Bei mehreren Anrufen bedrohte J. den Zeugen T., so am 1. Juni 1987 damit, dass er – T. – „als Krüppel oder Leiche" nach Italien gehen werde. Am 5. Juni 1978 folgte die Ankündigung, dass ihm – T. – oder seiner Familie „ein schlimmer Unfall" passieren werde, wenn er nicht 150.000 DM zahle. Bei dem Versuch, 30.000 DM von T. zu holen, wurden M., C. und Bo. und ein weiterer Tatbeteiligter festgenommen und anschließend in Untersuchungshaft gebracht.[...] In dem Ermittlungsverfahren wegen des Erpressungsversuchs bestellten sich der Angeklagte und seine Sozietätspartner zu Verteidigern, und zwar Rechtsanwalt Bi. für M., Rechtsanwalt F. für C. und der Angeklagte, Rechtsanwalts R, für Bo. Nachdem die Beschuldigten am 29. Juni 1978 aus der Untersuchungshaft entlassen worden waren, beschlossen M., C. und Bo., sich auf Kosten des T. doch noch unrechtmäßig zu bereichern, indem sie Entschädigung für die Verteidigerhonorare und die erlittene Untersuchungshaft von ihm verlangten. Ihr Vorgehen setzten sie am 1. Juli 1978 unter Mitwirkung der Rechtsanwälte Bi. und F. bei einem Treffen mit T. [...] in die Tat um, indem sie, ohne selbst „brutale" Drohungen auszusprechen, den Umstand ausnutzten, dass sich T. wegen der früheren Drohungen gegen ihn und seine Familie nach wie vor fürchtete, [...]. Gegen die Zusage, dass er für den Fall der Zahlung Ruhe vor weiteren Drohungen haben werde, erklärte sich T. zur Zahlung von insgesamt 16.000 DM bereit [...].
Auch der angeklagte Rechtsanwalt R war bei diesem Treffen anwesend. Nach den Feststellungen begab sich der Angeklagte R in der Annahme zu dem Treffen [scil. am 1. Juli 1978], es handele sich um ein „Versöhnungessen". Im Laufe des Beisammenseins erkannte R in vollem Umfang, was M., C., Bo., Bi., F. und St. vorhatten. R war damit einverstanden und billigte es, zumal sein Interessenbereich als gleichberechtigter Partner der Anwaltskanzlei finanziell berührt wurde. Er blieb, ohne den von seinen Kollegen erhobenen Forderungen zu widersprechen, auf seinem Platz, in der Erkennt-

325 Sachverhalt nach einer Entscheidung des OLG Köln, vgl. NJW 1973, 862.

nis, dass seine Anwesenheit als Rechtsanwalt deren Vorgehen gegen T. psychisch unterstützte und förderte sowie den Forderungen noch mehr Nachdruck verlieh.[326]

cc. Lösung der Sachverhalte durch die Rechtsprechung und Kritik

Auf den ersten Blick könnte man vermuten, dass die Rechtsanwaltsgehilfin wegen Beihilfe durch Tun, der Rechtsanwalt wegen Beihilfe durch Unterlassen verurteilt worden ist. Die Rechtsanwaltsgehilfin war zwar zu Hause geblieben, hatte aber ihrem Partner aktiv Ratschläge gegeben, so dass dieser regelrecht ermuntert wurde, die Tat zu begehen. Der Rechtsanwalt hingegen tat nichts. Er saß stumm am Tisch. Beide Fälle wurden indessen genau gegenteilig gelöst:

Das OLG Köln sah beim ersten Fall in dem Verhalten der Rechtsanwaltsgehilfin Beihilfe zum Diebstahl durch Unterlassen. Bei den unechten Unterlassensdelikten könne – so das OLG Köln – Beihilfe durch Untätigbleiben begangen werden, wenn eine Rechtspflicht zum Handeln bestand. Diese Rechtspflicht leitet das Gericht aus dem gefahrenbegründenden Verhalten der Frau, der sogenannten Ingerenz, ab. Wer schließlich eine Gefahrenlage bereite, sei diese auch unbewusst oder ohne böse Absicht entstanden, wäre von Rechts wegen verpflichtet, den infolge dieser Gefahr drohenden Erfolg abzuwenden oder zumindest zu erschweren.[327]

Diese Begründung kann zwar dem Grunde nach nachvollzogen werden, allerdings nur bezogen auf den Teil, der allgemeinen Mitteilung (im Anwaltsbüro stehe eine Kassette mit Geld und sie habe den Schlüssel für das Anwaltsbüro), die gegenüber dem Ehemann erfolgte. Nicht nachvollziehbar ist jedoch, dass das Gericht beim Verhalten der Rechtsanwaltsgehilfin sofort auf Beihilfe durch Unterlassen abstellte. Die Berichterstattung (zur Situation in der Rechtsanwaltskanzlei) gegenüber dem Ehemann würdigte die Rechtsprechung überhaupt nicht. Hierbei hätte man gar feststellen können, dass die Rechtsanwaltsgehilfin zunächst durch aktives Tun die Kausalkette in Gang setzte.

Das Gericht hätte ferner die Frage aufwerfen müssen, ob das Verhalten der Rechtsanwaltsgehilfin gar eine Anstiftung darstellt.

---

326 Sachverhalt nach einer Entscheidung des BGH StV 1982, 517f; in gekürzter Fassung vgl. BGH JZ 1983, 462f.

327 OLG Köln, NJW 1973, 862. Der Fall ist im Übrigen zur Sachverhaltsermittlung zurückverwiesen worden, da nicht eindeutig festzustellen war, ob ein Einschreiten für die Rechtsanwaltsgehilfin zumutbar gewesen wäre und mögliche Maßnahmen geeignet gewesen wären.

Wenn man in der allgemeinen Mitteilung eine Anstiftung sieht, so wäre für das weitere Geschehen durchaus auch Beihilfe *durch Tun* in Betracht gekommen, schließlich teilte sie dem Ehemann zusätzlich mit (= aktiv), wo sich die Kassette befand und wo der Kassettenschlüssel versteckt wurde. Da dem Sachverhalt nicht zu entnehmen ist, dass sie zu diesem Zeitpunkt nicht vorsätzlich handelte, kann man durchaus das Verhalten zunächst als Anstiftung und später als technischen Rathilfe würdigen.

Beim zweiten Sachverhalt sieht das oberste deutsche Gericht auf dem Gebiet der ordentlichen Gerichtsbarkeit im bloßen Dabeisitzen des angeklagten Rechtsanwalts am Tisch eine psychische Beihilfe zur Erpressung.[328] Der BGH wirft dem Rechtsanwalt das *tätige* Fördern der Erpressung vor.[329] Der Angeklagte erkannte nach Auffassung des Gerichts im Laufe des Beisammenseins in vollem Umfang, was M., C., Bo., Bi., F. und St. vorhatten. Er war nach Auffassung des BGH damit einverstanden und billigte es. Der Angeklagte blieb ohne den von seinen Kollegen erhobenen Forderungen zu widersprechen, am Tisch sitzen blieb „in der Erkenntnis, dass seine Anwesenheit als Rechtsanwalt deren Vorgehen gegen T. psychisch unterstützte und förderte sowie den Forderungen noch mehr Nachdruck verlieh[330].“ Sein schweigendes Dabeisein bei der Tat werde ihm nicht als eine Pflicht zur Erfolgsabwendung vorgeworfen, sondern als tätige Förderung der Tat.[331]

An diesem Punkt kommt das grundsätzliche Problem der Rechtsprechung zum Vorschein, das wegen des fehlenden Kausaliätserfordernisses bei der Beihilfe ausgelöst wird: Die Rechtsprechung tendiert bei der Frage der Qualität der Beihilfehandlung dazu, dass es schon ausreicht, dass der Gehilfe in der Lage gewesen wäre, die Haupttat zu erschweren. Der Bundesgerichtshof greift in diesem Zusammenhang auf den Inge-

---

328 BGH StV 1982, 517; Kehrtwende in BGH NStZ 1995, 490. Dazu Seite 70.

329 BGH aaO., 518.

330 BGH aaO., 518.

331 BGH aaO., 518. Vgl. ebenfalls die Entscheidung des OLG Stuttgart: Dieses urteilte, dass die Fortsetzung des Geschlechtsverkehrs trotz Kenntnis der Mordpläne des verheirateten Liebhabers an seiner Ehefrau eine Entschlussstärkung im Sinne einer voluntativen Beihilfe sei. Dabei wurden jedoch auch die immer wieder erfolgten Besprechungen und die mehrfachen Fragen, wie weit es nun eigentlich sei, in Rechnung gestellt. Dass die Geliebte den Rat erteilte, dass das Rattengift, welches der Ehemann zur Tötung seiner Ehefrau auserwählt hat, die gleiche Farbe wie der Kaffee haben sollte, war dabei ebenfalls zu beachten, vgl. OLG Stuttgart NJW 1950, 118.

renzgedanken zurück. Wer die Gefahr einer bestimmten Rechtsverletzung geschaffen hat, muss den Eintritt dieses Erfolges verhindern.[332]
Gegen diese Ansicht gibt es jedoch Bedenken. Zum einen kennt das Unterlassen – worauf *Roxin* zu Recht hinweist – nur eine Erfolgabwendungspflicht, jedoch keine Erschwerungspflicht.[333] Damit vertritt *Roxin* nicht nur eine dem Sinn und Zweck des § 13 entsprechende Auffassung. Vielmehr vertritt er mit dieser Auffassung den eindeutigen Wortlaut der Norm („Wer es unterläßt, einen Erfolg abzuwenden..."). Dieser Meinung muss daher zwingend gefolgt werden.
Mit der Auffassung des BGH taucht zum anderen das Problem der hypothetischen Kausalität auf. Es ist schwer zu beweisen, dass der „Gehilfe" in der Lage war, die Vollendung der Tat zumindest zu erschweren. Der Nachweis, dass der Gehilfe den Erfolg der Haupttat im konkreten Fall hätte verhindern können, ließe sich – so *Vogler* – oftmals nicht führen.[334] Konsequenterweise müssten daher viele der Fälle über den in dubio pro reo-Grundsatz zu Freisprüchen führen.[335]
Ein drittes Problem entsteht dadurch, dass der BGH dem Rechtsanwalt die „Erkenntnis, dass seine Anwesenheit als Rechtsanwalt deren Vorgehen gegen T. psychisch unterstützte und förderte sowie den Forderungen noch mehr Nachdruck verlieh" unterstellt. Damit stellt der BGH wohlgemerkt auf die Erkenntis des Rechtsanwalts, also sofort auf den subjektiven Tatbestand ab. Eine genaue Analyse des *objektiven* Tatbestandes nimmt er folglich gar nicht vor. Dies hätte er jedoch machen müssen, insbesondere wenn man den folgenden Sachverhalt liest, der nun folgt und ebenfalls vom BGH entschieden wurde.

Ein ähnlich zum Rechtsanwalt-Fall gelagerter Sachverhalt lag nämlich im sogenannten Grenzübertritts-Fall[336] vor: Auf der Rückfahrt von Holland nach Deutschland erfuhr die angeklagte Mitfahrerin, dass die beiden anderen Insassen des PKWs Heroin in die Bundesrepublik einführen wollten, woraufhin sie den beiden Anderen Vorwürfe machte. Als einer der Mitangeklagten kurz vor Grenzübertritt davon sprach, dass man

332 So schon BGH NJW 1953, 1838.

333 LK-*Roxin*, 11. Aufl., § 27, Rn. 44.

334 *Vogler*, Heinitz-Festschrift, 296.

335 *Roxin* lässt es ausgehend von der Unterlassungsdogmatik genügen, dass der unterlassende Gehilfe den Erfolg mit an Sicherheit grenzender Wahrscheinlichkeit hätte abwenden können, LK-*Roxin*, 11. Aufl., § 27, Rn. 44; ähnlich auch die Ansicht, die die nötige Beziehung zwischen Unterlassen und Haupttat jedenfalls dann bejaht, wenn ein Dazwischentreten des Gehilfen den Eintritt des Erfolgs, also die vorsätzliche und rechtswidrige Haupttat, mit an Sicherheit grenzender Wahrscheinlichkeit verhindert hätte, vgl. MüKo-*Joecks*, § 27, Rn. 86.

336 BGH StV 1982, 516f.

bei einer eventuellen Befragung an der Grenze behaupten solle, in Eupen gewesen zu sein, um dort einen Freund zu besuchen, gab die Angeklagte dazu *keine* Erklärung ab. Das Landgericht Aachen sah darin eine psychische Beihilfe, da sie dem Plan nicht widersprochen habe und damit bei den beiden Mitangeklagten die sichere Erwartung geschaffen habe, dass sie sich an die Abmachung halten und so das Risiko, dass der Ankauf des Heroins und seine Einfuhr in die Bundesrepublik Deutschland entdeckt werden könnte, erheblich verringert habe.

Damit wäre das Landgericht auf der Seite des BGH, welcher beim zweiten Ausgangsfall, dem Rechtsanwalt-Fall, entsprechend psychische Beihilfe annimmt. Dieser Fall wurde sodann dem BGH vorgelegt. Für diesen lag indes diesmal *keine* psychische Beihilfe vor. Der BGH begründet seine Ablehnung damit, dass die Angeklagte trotz bestehender Erfolgsabwendungspflicht es unterlässt, den Ablauf der Tat zu verhindern, zu erschweren, abzuschwächen oder für den Täter riskanter zu machen. Und weiter führt der BGH aus: „Durch positives Tun hat die Angeklagte nicht zur Tat beigetragen, denn sie hat nichts getan, was diese objektiv fördern oder die Täter subjektiv unterstützen konnte“.[337]

Analysiert man den objektiven Tatbestand, so saß die Mitfahrerin ebenso wie der Rechtsanwalt. Der objektive Tatbestand müsste somit bei jedem der beiden Sachverhalte gleichermaßen entschieden werden. Der Mitfahrerin gesteht der BGH zu, dass diese durch positives Tun nichts getan hat, was die Tat objektiv förderte (oder die Täter subjektiv unterstützen konnte).[338] Beim Fall des Rechtsanwalts geht der BGH wie selbstverständlich davon aus, dass der Rechtsanwalt mit der Vorgehensweise der anderen einverstanden war und dieses Verhalten billigte.[339]

In den Achtziger Jahren des 20. Jahrhunderts hat der BGH somit im Hinblick auf das Verhältnis von Beihilfe durch Unterlassen zur psychischen Beihilfe große Verwirrung

337 BGH StV 1982, 517.

338 D.h. auch bei dieser Entscheidung verwischt der BGH die Grenzen zwischen dem objektiven und subjektiven Tatbestand.

339 In einer späteren Entscheidung nimmt der BGH an, dass Billigung „nur“ eine innere Einstellung ist; so BGHR StGB § 27 I Hilfeleisten 14. Wenn man diese Erkenntnis bereits für die Lösung des Rechtsanwalt-Falles verwendet hätte, wäre man in diesem verpflichtet gewesen, den eigentlichen objektiven Tatbeitrag zu benennen. Es wird deutlich, wie wichtig es ist, zunächst die Grenze zwischen objektivem und subjektivem Tatbestand zu ziehen. Unklar bleibt, worin der BGH den objektiven Tatbeitrag des Rechtsanwalts sieht.

ausgelöst.[340] Die Trendwende zu einer dogmatisch nachvollziehbareren Rechtsprechung kam erst Jahre später:
Damals hatte der BGH einen neuen Fall zu dieser Problematik zu entscheiden und wirft (zum ersten Mal) die Grundsatzfrage auf, wie die bloße Anwesenheit eines Teilnehmers überhaupt objektiv zu bewerten sei. Diesmal wendet sich der BGH explizit gegen die Feststellung des Landgerichts Trier, welches einen durch positives Tun geleisteten Beitrag darin erblickt, dass der Angeklagte durch seine Anwesenheit die Tat *gebilligt* hat.[341] Billigung im Sinne bloßen Einverständnisses mit der Tat – so nun der BGH – sei keine Beihilfe, sondern bezeichnet eine innere Einstellung, nicht aber ein als Hilfeleisten zu wertendes Handeln.[342] Diese Entscheidung ist folgerichtig, weil sie klar zwischen objektivem Tatbeitrag und subjektiver Einstellung unterscheidet. Der BGH stellt fest, dass es sich anders verhielte, wenn die Billigung der Tat gegenüber dem Täter zum Ausdruck gebracht werde [...].[343] „Zum Ausdruck bringen" setzt schließlich ein aktives Tun voraus. Ein Augenzwinkern würde dafür ausreichen. Und weiter führt der BGH aus, dass „im Rahmen strafrechtlicher Verantwortlichkeit für positives Tun jede Beihilfe – auch die sogenannte psychische – einen durch Handeln erbrachten Tatbeitrag des Gehilfen unabdingbar voraussetzt[344]."
Es hat bei dieser Entscheidung nicht viel gefehlt, dass der BGH in einfachen Worten feststellt, dass die *„bloße* Anwesenheit am Tatort" Beihilfe durch Unterlassen ist, eben weil kein positives bzw. aktives Tun – ausdrücklich oder konkludent – vorliegt.[345] Zur *„bloßen* Anwesenheit am Tatort" (und damit zum Geschehen*lassen*) muss folglich noch ein weiterer Tatbeitrag hinzukommen, um ein positives Tun überhaupt begründen zu können.
Bei Fallgestaltungen, bei denen es im Kern auf die Abgrenzung zwischen positivem Tun durch psychische Unterstützung und unechtem Unterlassen ankommt, sind also

340 Vgl. exemplarisch auch den Fall BGH StV 1982, 516ff. In diesem Fall wurden in Gegenwart des Angeklagten Gespräche über ein Heroingeschäft geführt. Der Angeklagte beteiligte sich nicht an den Gesprächen, wie im Rechtsanwaltsfall, wie im Grenzübertrittsfall. Diesmal hat der BGH den Angeklagten wegen psychischer Beihilfe verurteilt.

341 So BGH NStZ 1995, 490.

342 Wie in BGH aaO., 490f. Es irritiert, wenn der BGH später davon spricht, dass die bloße Anwesenheit am Tatort in Kenntnis einer Straftat selbst bei deren Billigung nicht ausreicht, Beihilfe durch aktives Tun zu begründen, so BGH NStZ 2002, 139.

343 So BGH aaO., 491.

344 So BGH aaO., 491.

345 Vgl. dazu auch Müko-*Freund*, § 13, Rn. 11. Deutlicher BGH, Beschluss vom 9. September 2008, 4 StR 368/08, wo „inaktives Dabeisein" ausdrücklich nicht mehr als psychische Beihilfe gewertet wird.

weitere Anhaltspunkte notwendig, die dafür sprechen, dass die Anwesenheit die Tat objektiv gefördert oder erleichtert hat und dass der Gehilfe sich dessen bewusst war.[346]

Nebenbei bemerkt hätte der BGH in diesen Entscheidungen, die in der Grauzone zwischen der Beihilfe durch Unterlassen und der psychischen Beihilfe liegen, auch § 138 (Nichtanzeige geplanter Straftaten) erwähnen müssen. Diese gesetzgeberische Entscheidung wurde bei den Entscheidungen des BGH überhaupt nicht in Rechnung gestellt. Dabei hätte der BGH auf die Ausführungen *Bemmanns* hören können: „Der Untätige, der von dem Vorhaben des Tatentschlossenen erfährt und trotzdem dem Tatgeschehen seinen Lauf lässt, wird höchstens wegen Nichtanzeige einer Straftat gemäß § 138, jedoch nicht wegen Beteiligung an dem Tatgeschehen bestraft."[347]
Mit der Verwendung des § 138 hätte das Gericht überdies eine Leitlinie zur Verurteilung gehabt: Ob das Handeln des Angeklagten überhaupt sanktionsbedürftig und -würdig war, hätte das Gericht nämlich durch Subsumtion des Verhaltens unter § 138 ermitteln können. Und dabei wären die einschränkenden Bestimmungen des Straftatbestands (nur bestimmte Straftaten, Möglichkeit der Abwendung, glaubhaftes Erfahren, rechtzeitige Anzeige) gleichfalls zu beachten gewesen. Dieses Ergebnis wäre im Übrigen schon aus Billigkeitsgesichtspunkten eine Erwägung wert gewesen, schließlich sieht der Strafrahmen des § 138 „nur" eine Freiheitsstrafe bis zu fünf Jahren oder gar eine Geldstrafe vor.
Man muss also konstatieren, dass § 138 (Nichtanzeige geplanter Straftaten), aber auch § 323c (Unterlassene Hilfeleistung) durch das leichtfertige Bejahen der Beihilfe durch Unterlassen ausgehebelt werden. In diesem Zusammenhang ist nämlich – wie auch *Stoffers* richtig erkennt – zu beachten, dass die beiden aufgeführten echten Unterlassungsdelikte mit ihren vom Gesetzgeber bewusst restriktiv gehaltenen Tatbeständen umgangen werden würden, wertete man beispielsweise jedes stillschweigende Verhalten als Beihilfe durch Unterlassen.[348] Oben wurde bereits festgestellt, dass § 323c durch die normierte Tatsituation und weitere Konkretisierungen wesentlich restriktiver als § 27 I auszulegen ist.[349]

---

346 Dazu BGH NStZ 1996, 564. Das nächste große Problem liegt bei der Rechtsprechung darin, dass diese keine Kausalität für diesen Bereich fordert und konsequenterweise diesen Aspekt ausklammert. Für viele dieser Fälle wäre aber ein Eingehen auf die Kausalität geeignet, ein angemessenes Ergebnis zu finden.

347 So *Bemmann*, Gallas-Festschrift, 276.

348 So *Stoffers*, Jura 1993, 17 mit weiteren Ausführungen.

349 Vgl. dazu nochmals Seite 54f.

Ähnliches kann man auch im Hinblick auf § 138 behaupten. Diese Norm setzt als strafbares Tatverhalten nicht ausschließlich das „Unterlassen einer Anzeige“ voraus. Vielmehr schränkt dieser Straftatbestand die Strafbarkeit durch mehrere Tatbestandsmerkmale ein: So greift die Strafnorm von § 138 nur, wenn bestimmte Straftatbestände durch eine Person verübt werden sollen, sie greift nur, wenn eine Abwendungsmöglichkeit dieser Taten besteht, sie greift nur, wenn der „Täter“ glaubhaft von den Taten erfahren hat; sie greift nur, wenn eine Anzeige nicht *rechtzeitig* vorgenommen wurde. Überdies ist gar ein vollständiger Ausschluss der Strafbarkeit möglich, wenn § 139 einschlägig ist.
Wenn man also bei Fällen, die auf Beihilfe durch Unterlassen hindeuten, diese beiden Normen nicht in Rechnung stellt, so wird dies mit großer Wahrscheinlichkeit daran liegen, dass man aus kriminalpolitischen Gründen eine Verurteilung herbeiführen will.

dd. Zusammenfassung

Aus der bisher genannten Rechtsprechung des BGH kann man – um es nochmals hervorzuheben – keine einheitliche Linie erkennen. Die aufgezeigten Entscheidungen des BGH trennen den Tatbestand der Normen nicht in seine objektive und subjektive Komponente. Zudem ignorieren sie das augenscheinlich wichtige Problem der Kausalität weitgehend.
Der BGH hat kein wirksames dogmatisches Instrument zur Bewältigung der Abgrenzung zur Hand und konnte somit weder die Beihilfe durch Unterlassen noch die psychische Beihilfe dogmatisch exakt verorten. Es muss als eines der Hauptprobleme des BGH angesehen werden, dass er kein Kriterium festlegt, welches strikt zwischen „Beihilfe durch Unterlassen“ und der „psychischen Beihilfe“ trennt.[350]

Aufgrund der genannten Missstände bei der Rechtsprechung kommt es – um die Worte *Rudolphis* zu benutzen – trotz „wesentlich gleich gelagerter Sachverhalte“ zu „diametral entgegengesetzten Ergebnissen“.[351]

---

350 Die Gefahr, dass eine Konstruktion der psychischen Beihilfe immer wieder Fälle von dem eigentlichen straffreien Bereich der versuchten Beihilfe herauslöst, hat der BGH im Übrigen erkannt, vgl. dazu aktuell BGH NJW 2008, 1461.

351 Anmerkung *Rudolphis* zu den Entscheidungen „Grenzübertritts-Fall“ und „Rechtsanwalt-Fall“, *Rudolphi*, StV 1982, 518(ff).

ee. Eigene Lösung: Abgrenzung von Tun und Unterlassen

Berechtigterweise stellt sich die Frage, was und wie man psychische Beihilfe von der Beihilfe durch Unterlassen unterscheiden kann. Die psychische Beihilfe (in der Form des Bestärken des Tatentschlusses) hat eine Existenzberechtigung nur dann, wenn sie eindeutig von der Beihilfe durch Unterlassen abgegrenzt werden kann. Für diese Abgrenzung wird vorgeschlagen die Kriterien heranzuziehen, die zur Lösung der Abgrenzung von Tun und Unterlassen diskutiert werden. Inzident kann auf diese Art und Weise der objektive vom subjektiven Tatbestand auseinander gehalten und möglicherweise sogar das Problem der Kausalität berücksichtigt werden.

Wie sogleich festgestellt werden wird [352], wirkt bei Fällen der psychischen Beihilfe der Gehilfe entweder auf die voluntative Seite der Täterpsyche (das Bestärken des Willen des Täters) oder auf die intellektuelle Seite der Täterpsyche (jede Wissenserweiterung des Täters) ein. In den dort genannten Beispielsfällen werden als Verben „anleiten", „schildern", „erklären", „beschreiben", „mitteilen", „aufzeigen", „anfeuern", „Bedenken ausreden", „sonstiges Einwirken durch Worte" verwendet. Damit werden Verhalten beschrieben, die nicht nur vom Täter wahrnehmbar sind (sichtbar oder hörbar), sondern vielmehr allesamt *aktiven* Charakter aufweisen.

Bei der psychischen Beihilfe wurde gesagt, dass diese voraussetzt, dass der Teilnehmer auf die Psyche des Haupttäters einwirkt. Unzweifelhaft kann die Psyche des Haupttäters auch durch Unterlassungshandlungen beeinflusst werden. Erinnert werden soll an den Rechtsanwalt, der am Tisch sitzt und schweigt: ein Fall, bei dem zweifellos auf die Psyche der Umherstehenden eingewirkt wurde. Dies führt aber nicht automatisch dazu, dass dieser Fall mit Hilfe der Rechtsfigur der psychischen Beihilfe gelöst werden kann.

Vielmehr sind solche Fälle auf andere Art und Weise zu sanktionieren: Wie wäre andernfalls erklärbar, dass ein Straftatbestand wie § 138 (ebenso § 140) durch den Gesetzgeber eingefügt wurde? Wie wäre erklärbar, dass unter Nicht-Beachtung der Tatbestandsvoraussetzungen des § 138 stets eine Hilfspflicht des Nicht-Garanten bestünde? Und für welche Fälle wäre die Beihilfe durch Unterlassen, wie sie vorher hergeleitet wurde, noch anwendbar?

Wäre die Rechtsfigur der psychischen Beihilfe eine Unterform der Beihilfe durch Unterlassen, so wäre die Rechtsfigur vollkommen überflüssig und hätte keine Berech-

352 Vergleiche dazu die Ausführungen auf Seite 81ff.

tigung in der Strafrechtsdogmatik. Sämtliche Fälle könnten schließlich mit Hilfe anderer Straftatbestände oder mit Hilfe der Beihilfe durch Unterlassen gelöst werden. Jedoch kann – wie gesehen – einerseits die psychische Beihilfe unter die Tathandlung des § 27 I subsumiert werden, andererseits kann die Beihilfe durch Unterlassen eine dogmatische Existenzberechtigung vorweisen.
Der richtige Ansatz ist mithin darin zu erblicken, psychische Beihilfehandlungen als *aktives Tun* zu begreifen. Beihilfe durch Unterlassen ist konsequent das Gegenteil davon. Diese Meinung, dass psychische Beihilfe aktives Tun voraussetzt, findet im Übrigen auch in der Literatur[353] und neuerdings in der Rechtsprechung[354] Zustimmung. Dieses Tun kann ausdrücklich oder konkludent erfolgen.[355] Zur Abgrenzung der Beihilfe durch Unterlassen von der Rechtsfigur der psychischen Beihilfe muss daher feststehen, dass kein täterschaftliches Verhalten vorliegt, sondern Teilnahme.[356]

Für die Trennung wird folgende Lösung vorgeschlagen: Zunächst muss das genaue Verhalten des Beteiligten identifiziert werden, genauer gesagt muss der objektive Tatbeitrag abstrahiert werden. Denn genau hier liegt das Problem, psychische Beihilfe von der Beihilfe durch Unterlassen abzugrenzen. Mit anderen Worten: Bei der Beantwortung der Frage nach der Abgrenzung von psychischer Beihilfe und Beihilfe durch Unterlassen muss der Tatbeitrag als Tun oder als Unterlassen identifiziert werden.

Es werden nun die Meinungen dargelegt, wie das Tun vom Unterlassen unterschieden wird und sodann auf das Verhältnis von psychischer Beihilfe zur Beihilfe durch Unterlassen übertragen.

(1) Wertneutrale-formale Kriterien

In der Literatur gibt es den Ansatz, das Unterlassen vom Tun durch wertneutrale Charakteristika abzugrenzen. Dabei wird auf rein äußerliche bzw. objektiv-formale Kriterien zurückgegriffen. So liegt nach *Freund* ein aktives Tun dann vor, „wenn jemand

353 So ausdrücklich *Geppert*, JK 12/02, StGB § 27/16 ; *Krey*, Allgemeiner Teil, 295; Undeutlich BGHSt wistra 1996, 259 und BGHR StGB § 27 I Hilfeleisten 14; a.A. *Sering*, Beihilfe, 93.

354 „Inaktives Dabeisein“ sei keine psychische Beihilfe, so der BGH im Beschluss vom 9. September 2008, Az.: 4 StR 368/08.

355 So auch ausdrücklich *Geppert*, JK 12/02, StGB § 27/16.

356 Wohlgemerkt, es geht nicht um den Streit der richtigen Abgrenzung von Täterschaft zur Beihilfe durch Unterlassen oder gar um den klassischen Streit zur richtigen Abgrenzung zwischen Täterschaft und Teilnahme.

durch eine Körper*bewegung* in der Außenwelt den Ablauf eines Geschehens beeinflusst, mag er dabei auch nur geringfügige Energie aufwenden[357].“ Die Entsprechung zum aktiven Tun sei die Nichtbeeinflussung eines Geschehensablaufs.[358]
Ähnlich ist auch der Ansatz, der den Energieeinsatz des Handelnden in Rechnung stellt. Geht man diesbezüglich von *Engischs* Gedanken aus, so ist das Tun „das Aufwenden von Energie in eine bestimmte Richtung“. Unterlassen „das Nichteinsetzen von Energie in eine bestimmte Richtung.“[359] Aktivität muss als positiver Energieeinsatz, die Passivität als Nichteinsatz von Energie verstanden werden.[360] Wer ein Geschehen durch Einsatz von Energie in Gang setzt oder in eine bestimmte Richtung lenkt, *tut* mithin etwas.[361]

Ein letzte Meinung verbindet schließlich das Charakteristikum des Energieeinsatzes mit dem der Kausalität[362]: Tun und Unterlassen werden dadurch unterschieden, dass der Handelnde durch positiven Energieeinsatz einen Kausalverlauf anstößt, während der Unterlassende es gerade unterlässt, durch Einsetzen von Energie auf das Kausalgeschehen einzuwirken.[363] *Welp* bringt diese Meinung in Anlehnung an die conditio sine qua non-Formel auf den Punkt: Bei bloßer Passivität könne der Mensch aus dem Geschehensablauf hinweggedacht werden, ohne dass sich an der Gestaltung der realobjektiven Wirklichkeit irgendetwas ändert. Bei der Aktivität eines Menschen weise die Änderung der Welt hingegen stets auf ihn selbst zurück.[364]

---

357 Müko-*Freund*, § 13, Rn. 9.

358 Müko-*Freund*, § 13, Rn. 10. Zur differenzierten Betrachtung im naturalistischen Sinne von Körperbewegung und Körperruhe, vgl. *Struensee*, Stree/Wessels-Festschrift, 143ff.

359 Im Anschluss an einen seiner früheren Beiträge, *Engisch*, Gallas-Festschrift, 170. Energie will er dabei als Anstrengung bzw. als Leistung verstanden wissen; zur Abgrenzung der Verhaltensformen im Rahmen des Respiratorfalles äußert sich *Kargl*, GA 1999, 459ff.

360 *Welp*, Vorangeganges Tun, 111.

361 Aus den Vorbemerkungen zur Abgrenzung Tun und Unterlassen, *Wessels/Beulke*, Allgemeiner Teil, Rn. 699. Kritisch zu dieser Ansicht steht *Heinrich*, der bei Fällen mit Energieeinsatz und zusätzlich einer Unterlassungskomponente letztere nicht ausreichend gewürdigt sieht, vgl. *Heinrich*, Allgemeiner Teil, Rn. 866; weitere kritische Stimmen der Literatur zu finden bei *Kühl*, Allgemeiner Teil, § 18, Rn. 16. Für *Kaufmann* erfordert die Aktivität Entschluss- und Tatkraft, wohingegen bei der Passivität beides fehlt. Es ist nicht klar, ob er zur Unterscheidung von Tun und Unterlassen normative oder wertneutral-formale Abgrenzungskriterien bevorzugt, vgl. *Armin Kaufmann*, Unterlassungsdelikte, 301.

362 SK-*Rudolphi*, Vor § 13, Rn. 6; *Maiwald*, Kausalität, 83; eindeutig auch *Sieber*, JZ 1983, 434ff; NK-*Wohlers*, § 13, Rn. 7; vgl. ebenfalls die Ausführungen von *Roxin*, Engisch-Festschrift, 380ff.

363 SK-*Rudolphi*, Vor § 13, Rn. 6 m.w.N.

364 *Welp*, Vorangeganges Tun, 111.

Gerade mit der letzten Meinung ist die Berücksichtigung der Erfolgskausalität möglich, die eingangs dieser Arbeit als erforderlich beschrieben wurde.[365]

(2) Lehre vom Schwerpunkt der Vorwerfbarkeit

Eine Ansicht, die weniger auf objektive Kriterien zur Abgrenzung der Unterlassungs- von der Begehungstäterschaft abstellt, wird von der Rechtsprechung und Teilen der Literatur vertreten.[366] Dabei werden zur Abgrenzung rechtliche Wertungen in Rechnung gestellt und bei Beachtung und bei Berücksichtigung des sozialen Handlungssinns auf den Schwerpunkt des strafrechtlich relevanten Verhaltens abgestellt.[367] Es gilt der Schwerpunkt der Vorwerfbarkeit.[368] Über diesen ist in wertender Würdigung vom Tatrichter zu entscheiden.[369] Nachdem der Tatbeitrag des Teilnehmers durch die Schwerpunkttheorie bewertet worden ist, steht auch der objektive Tatbestand des Verhaltens fest.

Kühl kritisiert die Schwerpunktformel, da sie zu unbestimmten und irrationalen Entscheidungen führt[370], nur über wertneutral-objektive Kriterien sei es möglich, irrationale Gefülsurteile[371] zu vermeiden. Ebenso kritisiert *Rudolphi* diese Ansicht aus dogmatischen Gründen, da die Feststellung, wogegen sich der rechtliche Vorwurf richte, stets am Ende der Prüfung feststehen müsse, nicht jedoch zum Beginn der Prüfung.[372]

---

365 Weitere vorrechtlich-ontologische Kriterien zur Abgrenzung bei *Stoffers*, GA 1993, 263f. Zwar sind naturalistisch gesehen die soeben genannten Abgrenzungsansätze der Literatur schwer umsetzbar; dies sollte den Betrachter nichtsdestoweniger vom Versuch der Abgrenzung über jene Ansichten abhalten.

366 *Wessels/Beulke*, Allgemeiner Teil, Rn. 700, die streng genommen den eigenen Vorbemerkungen zum entsprechenden Abschnitt widersprechen. Sch/Sch-*Stree*, Vorbem §§ 13ff, Rn. 158. Weitere Nachweise bei *Stoffers*, JuS 1993, 24 (Fußnote 9).

367 BGHSt NStZ 2003, 657; Entscheidung des BGH im Bereich eines Fahrlässigkeitsdelikts, BGH JR 2004, 33f; BGHSt 6, 59. Grundsätzliche Bedenken gegen die Schwerpunktformel, insbesondere wegen der Entstehung von Strafbarkeitslücken, erhebt *Stoffers*, JuS 1993, 25ff.

368 *Kühl* und *Stoffers* weisen auf die von der Rechtsprechung gebrauchten unterschiedlichen Termini hin, wie beispielsweise „Schwergewicht der Tat", „Schwerpunkt des Täterverhaltens", „Schwerpunkt des Verhaltens", „soziale Sinnbedeutung", *Kühl*, Allgemeiner Teil, § 18, Rn. 14 (Fußnote 18) und *Stoffers*, JuS 1993, 24.

369 BGHSt NStZ 1999, 607.

370 Ebenfalls kritisiert er die Vorwegnahme des Schuld- bzw. Strafbarkeitsurteils, vgl. *Kühl*, Allgemeiner Teil, § 18, Rn. 14.

371 Begriff bei *Roxin*, ZStW 74 (1962), 418.

372 SK-*Rudolphi*, Vor § 13, Rn. 6.

Kühl ist indes zu entgegnen, dass die Abgrenzungsfälle tatsächlich in einer Grauzone liegen: Bei vielen dieser Fälle würde objektiv das Verhalten des Beteiligten sowohl als ein Tun aber eben auch als ein Unterlassen [scil. mehrdeutiges bzw. doppelrelevantes Verhalten] bewertet. Es geht mithin nicht in erster Linie um eine exakte wissenschaftlich-fundierte Methode, auch wenn dies über das *Engisch'sche* Kriterium des Energieaufwands theoretisch umsetzbar wäre.

Dem ist wiederum zu entgegnen, dass bei Vorliegen eines mehrdeutigen Verhaltens der wertende Ansatz nicht klar machen kann, weswegen das dem Beweis zugängliche kausale Tun kaum oder gar nicht berücksichtigt wird und stattdessen auf die dem Beweis schwerer zugängliche Wertungen zurückgegriffen werden soll.

(3) Zwischenergebnis

Über den objektiven Ansatz, der das Erfordernis von Energieeinsatz mit der Kausalität verknüpft, ist damit am Besten sichergestellt, dass die Grenze zwischen der psychischen Beihilfe (dem Tun also) und der Beihilfe durch Unterlassen nicht verwischt wird.

ff. Lösung des sogenannten Rechtsanwalt-Falles

Zur Lösung des Rechtsanwalts-Falles soll jedoch sowohl auf den objektiv-formalen Ansatz als auch auf den normativen Ansatz zur Analyse des zweiten Ausgangsfalles zurückgegriffen werden. Immerhin sind beide Abgrenzungsansätze geeignet, dass nicht – sozusagen durch die Hintertür[373] – auf die psychische Beihilfe zurückgegriffen wird, sollte die Garantenstellung einmal verneint werden.[374]

Zunächst soll auf die Abgrenzungsvariante in wertneutral-formeller Sicht eingangen werden, welche das Kriterium des Energieeinsatzes mit dem der Kausalität kumuliert: Der Energieeinsatz des Rechtsanwalts ist darin zu sehen, dass er sich zu diesem Treffen begeben hat. Dieser Energieeinsatz ist strafrechtlich nicht zu beanstanden. Danach blieb der Rechtsanwalt laut Sachverhalt sitzen, es gab laut Sachverhalt keine mündliche Beteiligung, keine Mimik oder Gestik. Der Rechtsanwalt befand sich also im Ruhezustand. Grundsätzlich ist auch der von *Rudolphi* zumindest geforderte „minimale

---

373 Formulierung bei *Geppert*, JK 12/02, StGB § 27/16.

374 Nahezu entlarvt hat sich in diesem Zusammenhang der BGH bei dessen Umgang mit der Abgrenzung „Beihilfe durch Unterlassen" und „psychische Beihilfe": an eine Verurteilung wegen Beihilfe durch Unterlassen wurde nämlich wegen der fehlenden Garantenstellung i.S.d. § 13 erst gar nicht gedacht, dazu BGH StV 1982, 517.

Energieeinsatz“[375] vorliegend nach dem geschilderten Sachstand zu verneinen. Das Erkennen, dass seine Anwesenheit als Rechtsanwalt psychisch unterstützte und förderte – was der BGH dem Rechtsanwalt vorwirft –, ist wohlgemerkt kein Bestandteil des objektiven Tatbestandes und kann schon folgerichtig nicht zu diesem Zeitpunkt (und auch nicht im Rahmen der nun anschließenden Kausalitätsfrage) erörtert werden. Nun ist auf das Kausalitätserfordernis bei der Beihilfe einzugehen. Würde die Rechtsprechung das Kausalitätserfordernis bei der Beihilfe nämlich in Rechnung stellen, müsste sie sich an dieser Stelle fragen, ob die bloße „körperliche Existenz“ des Rechtsanwalts ausgereicht hat, ihn wegen *psychischer* Beihilfe zu verurteilen. Wäre er nicht anwesend gewesen, so könnte man argumentieren, wäre die Drohkulisse eine andere gewesen. Allein die Anwesenheit einer zusätzlichen Person sichert diese Drohkulisse ab. Ebenso schafft die Anzahl mehrerer Täter Sicherheit, dass im nicht unwahrscheinlichen Fall einer Flucht des Opfers, diese verhindert oder unterbunden werden kann. Nicht umsonst wird das strafbare Verhalten eines Individuums in der Regel schwächer bestraft als das des Individuums innerhalb einer Bande (zu beachten ist z.B. § 244 I Nr. 2). Die bloße körperliche Anwesenheit des Rechtsanwalts kann daher in die Überlegungen der Strafbarkeit seines Verhaltens miteinbezogen werden. Dies wäre beileibe ein beachtliches Argument für die Auffassung der Rechtsprechung gewesen.

Dem kann auf der anderen Seite entgegen gehalten werden, dass allein die körperliche Anwesenheit einer zusätzlichen Person nicht weiter beachtlich ist. Ein Rückgriff auf die Strafnormen, die die Anwesenheit mehrerer sanktionieren, ist unzulässig, da es sich bei diesem Fall um die Beteiligung im Sinne eines täterschaftlichen Verhaltens und nicht um den Fall einer Beihilfehandlung handelt. Auch die theoretische Drohkulisse hat sich in diesem Sinne durch den Rechtsanwalt nicht verstärkt, schließlich hat sich laut Sachverhalt beispielsweise kein Fluchtversuch angedeutet.
Eine sachgerechte Lösung könnte dadurch herbeigeführt werden, indem man einmal die Motivationslage des Opfers in Rechnung stellt.[376] Wie *Sieber* ausführt, muss sich die Anwesenheit auf die Willensbildung des Opfers ausgewirkt haben. Dem Sachverhalt ist nicht zu entnehmen, dass dies der Fall war. Vielmehr haben die anderen, nämlich C., Bo., Bi., F. und St. Forderungen erhoben. Der BGH wirft dem Angeklagten vor, dass er die Erpressung hätte verhindern können, „indem er den Forderungen der übrigen Beteiligten entgegengetreten wäre.“[377] Das Kausalgeschehen, in welches der

375 SK-*Rudolphi*, Vor § 13, Rn. 7.
376 Ebenso *Sieber*, JZ 1983, 437.
377 Vgl. BGH JZ 1983, 463.

Rechtsanwalt nicht eingeschritten ist, ist das Stellen von Forderungen durch die anderen.

Wie *Rudolphi* ausführt, ist derjenige Unterlassender, der es unterlässt, durch Einsetzen von Energie auf das Kausalgeschehen einzuwirken.[378] Zu Recht wurden die anderen deshalb wegen mittäterschaftlicher Erpressung verurteilt. Und der Rechtsanwalt wurde weder von der Vorinstanz noch vom BGH als Mitttäter verurteilt.[379] Eine mittäterschaftliche Zurechnung i.S.d. § 25 II verbietet sich demzufolge. Entsprechend müsste man wohl davon ausgehen, dass M., C., Bo., Bi., F. und St. die Motivationslage des Opfers beeinflussten. Der Rechtsanwalt hat jedoch die Motivationslage seiner Schweigsamkeit wegen unberührt gelassen.

Die Lösung über die Kausalität führt mithin dazu, dass das Verhalten des Rechtsanwalts als Unterlassen zu betrachten ist. Der Rechtsanwalt hat nicht durch Einsetzen von Energie auf das Kausalgeschehen eingewirkt.

Auch wenn man dies anders sieht, so wird man schwerlich zu einem anderen Ergebnis gelangen. Aufgrund der ungenauen Tatsachenfeststellungen[380] kann nicht mit an Sicherheit grenzender Wahrscheinlichkeit die Kausalität des Verhaltens des Rechtsanwalts festgestellt werden. Da die Ermittlungen insoweit nicht die gebotene Aufklärung brachten und der Sachverhalt nur unvollständig vorliegt, kann der Fall nur im Wege des in dubio pro reo-Grundsatzes gelöst werden. Hiernach ist der Rechtsanwalt „nur" wegen (unechten) Unterlassens zu bestrafen.[381]

Nach alledem steht fest, dass dem Rechtsanwalt aus wertneutral-formeller Sicht folglich kein Tun vorzuwerfen ist. Vielmehr lag ein Unterlassen des Rechtsanwalts vor.[382]

Abschließend soll kurz das Verhalten des Rechtsanwalts anhand der Schwerpunktformel beurteilt werden. Laut Sachverhalt wirft der BGH dem Angeklagten vor, dass „er sie [scil: die Erpressung] hätte vermeiden können, indem er sich alsbald entfernt hätte oder den Forderungen der übrigen Beteiligten entgegengetreten wäre."[383] Die Rechtsgemeinschaft hätte den Rechtsanwalt in dieser Situation also auffordern müssen: „Entferne dich!" „Schreite ein!" Dies sind aber Gebote, gegen welche der Rechtsanwalt

378 SK-*Rudolphi*, Vor § 13, Rn. 6 m.w.N.

379 LG Wuppertal, Az.: 3 StR 398/81

380 *Sieber*, JZ 1983, 437.

381 So auch SK-*Rudolphi*, Vor § 13, Rn. 7.

382 Zum gleichen Ergebnis kommen die Auffassungen, die *ausschließlich* auf das Kriterium des Energieeinsatzes oder aber auf das der Kausalität abstellen.

383 Vgl. JZ 1983, 463.

zuwider handelte. Der objektive Betrachter und auch der Tatrichter muss dem Rechtsanwalt dementsprechend den Vorwurf machen, dass er nicht aufgestanden ist bzw. dass er nicht eingeschritten ist. Ohne Zweifel ist dies ein Unterlassungsvorwurf. Der BGH hätte ebenfalls auf dieses Ergebnis kommen müssen. Wirft man nämlich dem Rechtsanwalt vor, dass er sich nicht vom Tisch entfernt hat, so liegt darin eindeutig ein Unterlassungsvorwurf.[384] Auch über die Lehre vom Schwerpunkt der Vorwerfbarkeit liegt Beihilfe durch Unterlassen vor.[385]

gg. Zwischenergebnis

Es wurde gezeigt, dass die psychische Beihilfe unter die Tathandlung des § 27 I subsumiert werden kann. Ferner wurde gezeigt, dass die Beihilfe durch Unterlassen methodisch hergeleitet werden kann. Hierbei verlangt die Bestrafung wegen Beihilfe durch Unterlassen neben der vorsätzlich begangenen rechtswidrigen Tat eines anderen ebenso die Kausalität des Teilnehmerverhaltens.

Psychische Beihilfe setzt zudem zwingend *aktives* Tun voraus. Nur dadurch ist es möglich, die Rechtsfigur der psychischen Beihilfe von der Beihilfe durch Unterlassen abzugrenzen. Der letzte Abschnitt hat gezeigt, dass eine sachgerechte Abgrenzung der Rechtsfigur psychische Beihilfe von der Beihilfe durch Unterlassen durch die Theorie vorgenommen werden kann, welche das Kausalitätskriterium mit der des Energieeinsatzes verbindet. Jedoch wären ebenso die anderen vorrechtlich-ontologischen Methoden sowie die Schwerpunkt-formel hierzu in der Lage.

Der zur Illustration der Beihilfe durch Unterlassen gewählte Rechtsanwalt-Fall kommt über sämtliche genannte Theorien zum Ergebnis, dass den Rechtsanwalt ein Unterlassungsvorwurf trifft.[386] Über § 13 II i.V.m. § 49 I kommt es zu einer Strafrahmenverschiebung und somit auch zu einer schuldangemessenen Verurteilung.[387]

---

384 So auch *Kühl*, Allgemeiner Teil, § 20, Rn. 228 m.w.N.

385 Ebenso NK-*Wohlers*, § 13, Rn. 10; *Roxin*, AT 2, § 26, Rn; *Baunack*, Grenzfragen, 103.

386 Ein Ergebnis, welches der BGH wohl heutzutage selbst vertreten würde, vgl. dazu statt vieler die Entscheidungen BGHSt NStZ 1985, 24 und BGHSt wistra 1996, 19. Eine vollständige Distanzierung zum Rechtsanwalt-Fall dann bei der Entscheidung des BGHSt wistra 1996, 259. Auf die weiteren Voraussetzungen der Strafbarkeit des Rechtsanwalts, insbesondere zur Garantenstellung, wird aus Platzgründen nicht weiter eingegangen.

387 Der Rechtsanwaltsgehilfinnen-Fall hätte nach der hier aufgezeigten Meinung ebenfalls anders gelöst werden müssen; Die Anwaltsgehilfin hätte nicht wegen Beihilfe durch Unterlassen bestraft werden dürfen. Die Anwaltsgehilfin hat schließlich einen Energieeinsatz erbracht, indem sie dem zu Eigentumsdelikten neigenden Ehemann mitgeteilt hat, dass in dem Anwaltsbüro eine Kassette mit Geld stehe, dass sie die Büroschlüssel habe, und wisse, wo sich die Kassette befand und man den Kassettenschlüssel versteckt habe. Diese Mitteilung war überdies ebenso

d. Arten psychischer Beihilfe

Nachdem ein erstes Licht in die „dunkle Rechtsfigur“[388] der psychischen Beihilfe gebracht wurde, indem festgestellt wurde, dass diese zwingend aktives Tun voraussetzt, ist nachfolgend eine weitere Vertiefung dieser Rechtsfigur notwendig. Bislang wurde davon gesprochen, dass die Beihilfe in physische und psychische Beihilfe unterteilt wird. Diese Unterteilung genügt jedoch noch nicht. Vielmehr muss die psychische Beihilfe weiter ausdifferenziert werden.

In der historischen Auslegung stießen wir darauf, dass ehemals die Beihilfe mit „durch Tat und durch Rat“ nähergehend beschrieben wurde. Während das „durch Tat“ die physische Beihilfe meint, umfasste das „durch Rat“ die psychische Beihilfe. Dieses „durch Rat“ kann man jedoch in unterschiedlicher Weise verstehen – nämlich als das Erteilen eines Ratschlages (*Rat geben*), aber eben auch als das Gut-Zureden auf den Täter (*beraten im weiteren Sinne*). Einmal geht es also um diejenigen Handlungen, die auf den Intellekt des Haupttäters direkt einwirken, sein Wissen also erweitern. Ratschläge also, die dessen Tatplan ergänzen; Beim andere Mal handelt es sich um diejenigen Handlungen, die den Willen des Haupttäters zur Tatbegehung festigen, sein Wollen also bestärken.
Zum besseren Verständnis der psychischen Beihilfe ist jene folglich ausgehend von diesen beiden Möglichkeiten zu kategorisieren: Einerseits die kognitiv-wirkende psychische Beihilfe, andererseits die voluntativ-wirkende psychische Beihilfe.

aa. Die kognitiv-wirkende psychische Beihilfe

Die kognitiv-wirkende psychische Beihilfe unterstützt den Täter mit einem geistigen Beitrag, der nach außen gerichtet ist. Mit anderen Worten hat die zu sanktionierende nicht-körperliche Handlung des Gehilfen eine Auswirkung auf die intellektuelle Seite der Psyche des Haupttäters. Diese Fallgruppe der psychischen Beihilfe wird allgemein als technische Rathilfe bezeichnet.[389]

---

kausal für die Tat des Ehemannes. Auch über die Lehre vom Schwerpunkt der Vorwerfbarkeit muss man zu diesem Ergebnis gelangen, schließlich muss der Frau bei Berücksichtigung des sozialen Handlungssinns vorgeworfen werden, dass sie den Mann auf die Idee gebracht hat. In der Tat könnte man sich überlegen, ob darin nicht sogar eine Anstiftung zu sehen ist.

388 *Hruschka*, JR 1983, 178.

389 Vgl. u.a. Müko-*Joecks*, § 27, Rn. 7; *Rogat*, Beihilfe, 9.

Folgende Beispiele werden in der Literatur dazu aufgezeigt: Der Gehilfe schildert dem Einbrecher die Räumlichkeiten des Zielobjekts, so dass dieser sich bei der Tat schneller orientieren kann.[390] Der Gehilfe leitet zum geschickteren Aufbrechen der Türen an.[391] Der Gehilfe teilt dem Täter mit, wann der Eigentümer der zu bestehlenden Wohnung nicht zu Hause ist.[392] Der Gehilfe beschreibt den sichersten Weg zum Tatort, er unterrichtet über die Lebensgewohnheiten des Opfers oder er teilt den Tresorcode mit.[393] Der Gehilfe versorgt den Täter mit Informationen über die Dienstzeiten des bereitstehenden Wachpersonals.[394] Der Gehilfe erklärt dem Täter, wie man einen Schweißbrenner einsetzt.[395]

Zusammengefasst gibt der Gehilfe dem Täter praktische Tipps, die diesem dienlich sind[396], bzw. versorgt den Täter mit Informationen über die Tatumstände oder erteilt Anweisungen über die geeignete Tatausführung.[397] Diese Kategorie der psychischen Beihilfe ähnelt der der physischen Beihilfe. Anstatt dem Täter einen Schweißbrenner zum Öffnen des Tresors zu überreichen, erklärt der Gehilfe dem Täter, wie man einen Schweißbrenner einsetzt. Letzteres ist ein genauso strafwürdiges Verhalten wie das andere, hinterlässt jedoch keine „Fingerabdrücke".
Probleme hinsichtlich der Bejahung einer Beihilfe in dieser Fallgruppe gibt es allgemein nicht.[398] Dies liegt auch daran, dass im Regelfall eine Kausalität der Beihilfehandlung nachgewiesen werden kann.

bb. Die voluntativ-wirkende psychische Beihilfe

Wesentlich größere Probleme bereitet die andere Kategorie der psychischen Beihilfe, nämlich diejenige, die für die spätere Abgrenzung zur Anstiftung notwendig ist: Die volitiv bzw. voluntativ-wirkende psychische Beihilfe.
Allgemein versteht man unter einer voluntativ-wirkenden Beihilfehandlung die psychische Beihilfe durch das Bestärken des Haupttäters in dessen (zuvor getroffenen)

---

390 *Rogat*, Beihilfe, 9f.
391 LK-*Schünemann*, § 27, Rn. 12.
392 *Roxin*, AT 2, § 26, Rn. 198.
393 Beispiele bei *Osnabrügge*, Beihilfe, 161.
394 *Boley*, Teilnahme, 41.
395 SK-*Samson*, § 27, Rn. 13.
396 *Rogat*, Beihilfe, 9.
397 *Charalambakis* mit Beispielen, 634.
398 Vgl. *Charalambakis*, Roxin-Festschrift, 634.

Tatentschluss.[399] Die voluntativ-wirkende psychische Beihilfe bestärkt also den Täter bei dessen Tatentschluss durch einen geistigen Beitrag. Der Täter wird bekräftigt, die Tatausführung zu verwirklichen.
Als Beispiele sollen dazu dienen: Der Gehilfe redet dem Haupttäter Bedenken aus oder erklärt, dass das Entdeckungsrisiko aus bestimmten Gründen so gut wie ausgeschlossen sei.[400] Die anfeuernden Rufe Umherstehender haben zur Folge, dass der Täter um so heftiger oder länger auf das Opfer eindrischt.[401] Der Gehilfe zeigt dem Täter zusätzliche Gründe für die Tat auf.[402]

Die Beihilfehandlung ist demzufolge durch den Haupttäter subjektiv wahrnehmbar. Der Wille des Haupttäters zur Tatbegehung ist nach der voluntativ-wirkenden psychischen Beihilfe ein anderer: sei es, dass er seinen Tatentschluss festigt, ihn umgestaltet oder ihn aufgibt: Der Wille zur Tatbegehung vor der Beihilfehandlung und der Wille zur Begehung nach der Beihilfehandlung müssen divergieren, um diese Form der psychischen Beihilfe bejahen zu können.

cc. Physische Beihilfe und voluntativ-wirkende psychische Beihilfe sowie Lösung des Staubhemdenfalles

In der Literatur wird angeführt, dass in jeder Beihilfe durch Tat eine psychische Beihilfe steckt.[403] Dazu soll nochmals an den Staubhemdenfall erinnert werden. Wenn das Reichsgericht dem Angeklagten vorwarf, dass sein Verhalten für die Verübung der Tat förderlich gewesen ist, weil das Leihen des Staubhemdes den Entschluss des Täters bestärkt [...] hat, dadurch „die Furcht des Thäters vor Entdeckung vermindert oder beseitigt, beziehungsweise seine Hoffnung, die That unerkannt und demnächst unbestraft verüben zu können, bestärkt und hiermit auch allenfallsige Zweifel, ob er die Tat begehen solle, beseitigt“ hat, dann wirft die Rechtsprechung dem Angeklagten nichts anderes vor, als dass dieser die voluntative Seite der Psyche des Haupttäters beeinflusst hat. Es liegt damit eine voluntativ-wirkende psychische Beihilfe vor.[404]

---

399 Mit weiteren Nachweise dazu , *Rogat*, Beihilfe, 10 (Fußnote 32).

400 *Rogat*, Beihilfe, 10.

401 LK-*Schünemann*, § 27, Rn. 14.

402 MüKo-*Joecks*, § 27, Rn. 35.

403 Vgl. die Aussage *Fischers*, § 27, Rn. 11: „Psychische Beihilfe ist nicht zwingend ein aliud, sondern regelmäßig auch Teil der physischen Beihilfe, sie ist eine Tatförderung, bei welcher sich eine äußerlich fördernde oder zumindest auf Förderung gerichtete Handlung nicht feststellen lässt.“

404 So auch MüKo-*Joecks*, § 27, Rn. 8.

Daneben händigte der Gehilfe dem Täter das Staubhemd aus. Man könnte daher sagen, dass ebenso ein Fall der physischen Beihilfe vorlag. Die Hypothese *Baunacks*, dass eine physische Beihilfe nicht gegeben war, da das Staubhemd für den Körperverletzungserfolg irrelevant war, darf bezweifelt werden.[405] Im Wege der conditio sine qua non-Formel ist das Staubhemd kausal für die gefährliche Körperverletzung gewesen. Man weiß schließlich nicht, wie das Opfer (und die anderen Personen im ländlichen Raum) reagiert hätte, hätte der Täter kein Staubhemd, sondern seine städtische Kleidung getragen. Genau dieses Staubhemd hat jedoch – wie im Sachverhalt beschrieben – dazu geführt, dass der Täter unbemerkt blieb. Beim Staubhemdfall lag somit voluntativ-wirkende psychische *und* physische Beihilfe vor.
Zur Verdeutlichung des engen Zusammenhangs zwischen der voluntativ-wirkenden psychischen Beihilfe und der physischen Beihilfe folgen zwei weitere kurze Beispiele: Geht man davon aus, dass das Staubhemd die Tatwaffe war, mit dem die Körperverletzung begangen wurde, so läge in der voluntativ-wirkenden Beihilfehandlung zusätzlich ein körperlicher Vorgang und damit auch eine physische Beihilfe (durch Tat). Oder man stellt sich einen Sachverhalt vor, bei welchem der Täter seinem Opfer eine Stichwunde zufügen möchte. Sein Freund händigt das zur Tatausführung benötigte Messer aus. Dadurch war der Täter zum einem in der Lage, die Tat auszuführen, zum anderen fühlte er sich bestärkt, das Opfer zu verletzen. Die Behilfehandlungen in den beiden Fällen haben gleichsam eine psychische und eine physische Komponente. Daraus lässt sich also schlussfolgern, dass die voluntativ-wirkende psychische und physische Beihilfe „häufig kaum von einander zu unterscheiden“ sind.[406]

dd. Psychische Beihilfe mit kognitiver und voluntativer Wirkung

Aber auch zwischen der voluntativ-wirkenden und kognitiv-wirkenden psychischen Beihilfe besteht ein enger Zusammenhang. Man denke nur an das bereits erwähnte Beispiel, bei welchem der Gehilfe dem Täter die Räumlichkeiten des Zielobjekts schildert. Durch die Schilderung wird nicht nur das Wissen des Täters erweitert (kognitiv), sondern gleichsam auch dessen Willen bestärkt (voluntativ).
Dazu noch ein weiteres Beispiel: Der Täter will einen Wohnungseinbruchsdiebstahl begehen. Näheres hat er nicht geplant. Der Hintermann rät ihm hierzu: „Nimm für den Einbruch eine Leiter mit!“. Man wird in diesem Fall sagen können, dass es sich um eine kognitiv wirkende psychische Beihilfe handelt. Der Tatentschluss des Täters wird

405 *Baunack*, Grenzfragen, 95.
406 *Krey*, Allgemeiner Teil, 293.

intellektuell bereichert. Der Hintermann könnte jedoch auch sagen: „Nimm doch eine Leiter mit, damit wird Dir der Einbruch sicher gelingen! Ich habe gute Erfahrungen damit gemacht.“ Der Täter, der bislang den Willen gefasst hat, einen Wohnungseinbruchsdiebstahl zu begehen, erfährt, dass eine Leiter ihm nützt (intellektuelles Element, also eine technische Rathilfe), aber er wird in seinem Willen bestärkt, die Tat zu begehen (voluntatives Element). In der technischen Rathilfe steckt also oftmals eine voluntativ-wirkende psychische Beihilfe.

ee. Zwischenergebnis

In diesem Abschnitt ging es um die weitere Differenzierung der Tathandlung des § 27 I: Unter Hilfeleisten i.S.d. § 27 I sind nicht nur die körperlichen Handlungen eines Gehilfen zu verstehen (durch Tat). Auch die auf die Psyche des Haupttäters einwirkenden Gehilfenhandlungen können unter den Tatbestand des § 27 I subsumiert werden. Hilfeleisten kann also auch derjenige, der den Täter psychisch unterstützt. Diese psychisch-wirkende Unterstützungshandlung wirkt sich kognitiv *oder* voluntativ *oder* kognitiv und voluntativ auf die Psyche des Täters aus. Es wurde nämlich festgestellt, dass im Regelfall jede kognitv-wirkende psychische Beihilfe den Tatentschluss des Täters bekräftigt; Ebenso verhält es sich mit den physischen Beihilfehandlungen, die ebenfalls ihrerseits voluntativ wirken.
Eine voluntativ-wirkende Beihilfehandlung hilft dem Täter insofern, als dieser in seinem Entschluss die Tat zu begehen, bekräftigt wird. Bei der kognitv-wirkenden psychischen Beihilfe (= technische Rathilfe) kommt es zu einer Wissenserweiterung beim Täter.

e. Vollständige Ablehnung der Bestrafung wegen „psychischer Beihilfe“

Abschließend sind noch diejenigen Meinungen zu würdigen, die die psychische Beihilfe schlechterdings ablehnen. Die Begründungen der ablehnenden Meinung fußen zum einen auf rechtsstaatlichen Bedenken, zum anderen auf einer durch die Autoren vorgenommenen individuellen Auslegung des Kompositums „Hilfeleisten“.

Hruschka wendet ein, dass sich die Verwendung der Rechtsfigur der psychischen Beihilfe gegen den rechtsstaatlichen Grundsatz „nullum crimen sine lege“ richte.[407]

407 *Hruschka*, JR 1983, 179; ähnlich *Osnabrügge*, Beihilfe, 180. Der Satz „nullum crimen, nulla poena sine lege“ fand sich bereits in Art. 8 der Preußischen Verfassung sowie in § 2 des Strafgesetzbuches für die Preußischen Staaten, bei *Stenglein*, 3. Band, pStGB, 41. Zum Rechtssatz

Rechtsstaatliche Bedenken erhebt auch *Samson*. Er weist auf den Umstand hin, dass die psychische Beihilfe als ein Auffangtatbestand benutzt wird.[408]

Was den Vorwurf eines Auffangbeckens anbelangt, so kann man – bei Betrachtung der Auffassungen in der Literatur und in der Rechtsprechung – diesen Eindruck teilweise gewinnen: Der sogenannte omnimodo facturus kann nach wohl herrschender Auffassung nicht mehr angestiftet werden.[409] Um den Gehilfen trotzdem bestrafen zu können, wird regelmäßig auf die psychische Beihilfe als Tathandlung abgestellt.[410] Rücksicht darauf, ob das Verhalten des Teilnehmers kausal war oder nicht, wird nicht genommen. Der Wunsch, die Rechtsfigur nicht in dem Umfang zuzulassen, welchen diese inzwischen eingenommen hat, ist daher verständlich. Diese gänzlich abzulehnen, ist aus dogmatischer Sicht – wie sie im Vorfeld ausgeführt wurde – jedoch nicht zu begründen. Über die Wortlautauslegung und insbesondere über die historische Auslegung gelangt man gerade dazu, dass diese Rechtsfigur aus § 27 I abgeleitet werden kann. Der Rechtssatz „nullum crimen sine lege“ ist insoweit nicht verletzt.

Gegen die Rechtsfigur der psychischen Beihilfe wird ferner vorgetragen, dass diese eine Art „Verdachtsbestrafung“ einführe.[411] Dabei wird darauf verwiesen, dass die straflose versuchte Beihilfe schleichend über einen Umweg ausgehebelt wird.[412] *Samson* lehnt deshalb die Tendenz in der Rechtsprechung ab, wonach immer weiter zu Gunsten der psychischen Beihilfe abgeurteilt wird, weil sie seiner Meinung nach den Versuch darstelle, unter Umgehung des in dubio pro reo-Grundsatzes die versuchte Beihilfe als vollendete Beihilfe zu erfassen.[413]

„nullum crimen sine lege“ bemerkt *Jakobs*, dass jener im Allgemeinen Teil nicht uneingeschränkt gilt, vgl. *Jakobs*, Allgemeiner Teil, Abschnitt 4, Rn. 1.

408 *Samson*, Hypothetische Kausalverläufe, 181 sowie SK-*Samson*, § 27, Rn. 14. Er nennt dies auch „Auffangskonstruktion“ vgl. *Samson*, Hypothetische Kausalverläufe, 53. Ähnlich *Charalambaki*, 639.

409 Vgl. etwa Sch/Sch-*Cramer/Heine*, § 26, Rn. 7; *Gropp*, Allgemeiner Teil, § 10, Rn. 121; *Kaspar*, JuS 2004, 411 m.w.N.; *Oppenhoff*, StGB für den Norddeutschen Bund, § 48, Rn. 5; LK-*Schünemann*, § 26, Rn. 17. Ebenso die Entscheidung des OLG Stuttgart NJW 1950, 118.

410 Statt vieler RGSt 59, 27; 72, 375; *Kühl*, Allgemeiner Teil, § 20, Rn. 177; Sch/Sch-*Cramer/Heine*, § 26, Rn. 7; *Stratenwerth/Kuhlen*, Allgemeiner Teil Band I, § 12, Rn. 145.

411 *Stratenwerth/Kuhlen*, aaO., § 12, Rn. 159. Dabei ist insbesondere die voluntativ-wirkende psychische Beihilfe gemeint.

412 *Stratenwerth/Kuhlen*, aaO., § 12, Rn. 158. Kritik, dass die psychische Beihilfe als Auffangtatbestandbestand verstanden wird, übt *Satzger*, Jura 2008, 515.

413 Vgl. SK-*Samson*, § 27, Rn. 15 (22. Lieferung).

Auf die psychische Beihilfe werde laut *Samson* immer dann zurückgegriffen, wenn Beweisschwierigkeiten bezüglich des Nachweises physischer Kausalität zwischen Gehilfenbeitrag und dem Erfolg der Haupttat auftreten.[414]

Was diese Beweisfragen anbelangt, so ist auch hierbei zuzugeben, dass die psychische Beihilfe oftmals leichtfertig angewandt worden ist, nur um mögliche Strafbarkeitslücken erst gar nicht entstehen zu lassen. Dies sieht man insbesondere im Umgang mit Beihilfe beim omnimodo facturus.
Es ist aber anderseits zu beachten, dass die psychische Beihilfe in zwei weitere Kategorien unterteilt werden kann – die technische Rathilfe und die voluntativ-wirkende psychische Beihilfe: Gerade im Hinblick auf die Fälle der technischen Rathilfe kann der Vorwurf der Nicht-Beweisbarkeit der Handlung des Gehilfen nicht aufrecht gehalten werden. Ob der Gehilfe dem Einbrecher die Räumlichkeiten des Zielobjekts geschildert hat, so dass dieser sich bei der Tat schneller orientieren konnte; Ob der Gehilfe dem Täter Anleitung zum geschickteren Aufbrechen der Türen gegeben hat, all dies ist dem Beweis zugänglich. Diese Handlungen können im Wege der Kausalität dem Gehilfen zugerechnet werden. Die Lösung der Fälle der technischen Rathilfe verstoßen insoweit schon nicht gegen den Grundsatz „in dubio pro reo", da es bei diesen schließlich keinen Zweifel gibt.
Gleichwohl ist den Kritikern zuzugeben, dass in den anderen Fällen, bei denen auf die voluntative Seite der Psyche des Haupttäters eingewirkt wird, die Kausalität der Handlung – insbesondere wegen der Komplexität psychischer Abläufe – ungleich schwerer nachzuweisen ist.[415] Gesinnungen und Vorstellungen in der Psyche eines Menschen sind im Allgemeinen schwer empirisch fassbar. Dieses Problem ist jedoch keine spezifische Angelegenheit der psychischen Beihilfe, sondern taucht auch bei anderen Problemfeldern des Strafrechts auf. Erinnert werden soll an den Versuch und die Irrtumslehre. Dies kann kann bei weitem nicht dazu führen, allgemein *die* Verhalten straflos zu stellen, welche auf inneren Entscheidungen beruhen und somit dem Beweis schwer zugänglich sind. Jede Forensik wäre im Grunde überflüssig. Die Beweisfrage darf indes nicht als Argument zur Ablehnung der psychischen Beihilfe dienen; Die materielle Frage darf nicht unter Verweis auf Beweisschwierigkeiten gänzlich unentschieden bleiben. Aus rechtsstaatlicher Sicht ist die Rechtsfigur der psychischen Bei-

414 *Samson*, Hypothetische Kausalverläufe, 181.
415 Dazu *Baunack*, Grenzfragen, 129.

hilfe nicht abzulehnen, gleichwohl hat der Tatrichter die Pflicht, sie sorgfältig bei der Entscheidung zu berücksichtigen.[416]

Neben diesen rechtsstaatlichen Bedenken zieht *Hruschka* ebenfalls den Wortlaut zu Felde. Er geht davon aus, dass die psychische Beihilfe in Form des Bestärkens des Tatentschlusses nicht unter den Tatbestand des § 27 I fällt, weil diese auf den Täter und nicht auf die Tat einwirkt. Die Einwirkung auf den Täter hätte der Gesetzgeber jedoch in § 26 als Anstiftung normiert.[417] Mit anderen Worten: Der Anstifter wirkt auf den Haupttäter und nicht auf die Tat ein; der Gehilfe auf die Tat, nicht aber auf den Haupttäter.
Dazu ist zunächst festzustellen, dass in der Tat der Wortlaut des § 26 dies belegt. Wie *Hruschka* jedoch ohne nähere Begründung darauf kommt, dass die Beihilfehandlung nicht auf den Täter einwirke, sondern nur auf die Tat, kann nicht nachvollzogen werden. Im Gegenteil, beide Tatbestände sind identisch aufgebaut („wer vorsätzlich einen/einem anderen zu dessen vorsätzlich begangener rechtswidriger Tat bestimmt/Hilfe geleistet hat"). Schon der Aufbau beider Normen hätte *Hruschka* dazu verleiten müssen, beide Male ein und dieselbe Argumentation zu verwenden. *Joecks* vertritt in diesem Zusammenhang demzufolge zu Recht die Hypothese, dass praktisch jede Teilnahme in der Regel über den Täter auf die Tat einwirkt.[418] Diese Argumentation *Hruschkas* ist abzulehnen.

Es lässt sich festhalten, dass die Rechtsfigur der psychischen Beihilfe mit der vorgetragenen Radikalität ihrer Gegner nicht abgelehnt werden kann. Vielmehr bedarf die Annahme psychischer Beihilfe sorgfältiger und genauer Feststellungen.[419]

---

416 Zwischenzeitlich bestand die Gefahr, dass die Beihilfe zu einem Gefährdungsdelikt verwandelt wird, vgl. hierzu die Entscheidung des OLG Stuttgart. Demnach enthielt die Fortsetzung eines Liebesverhältnisses trotz Kenntnis der Mordpläne des verheirateten Liebhabers eine Entschlussstärkung im Sinne einer voluntativen Beihilfe. Die Geliebte hat durch die Fortsetzung des Geschlechtsverkehrs mit ihrem Liebhaber und die ihm immer wieder erfolgten Besprechungen und durch ihre mehrfachen Fragen, wie weit es nun eigentlich sei, fortgesetzt Beihilfe geleistet. Durch die Fortsetzung ihres Verhältnisses war sie sich bewusst, dass sie so den wirkungsvollsten Einfluss auf den verheirateten Liebhaber ausübt, OLG Stuttgart NJW 1950, 118. Die modernere Rechtsprechung ist diesbezüglich also restriktiver.

417 *Hruschka*, JR 1983, 178.

418 MüKo-*Joecks*, § 27, Rn. 36.

419 Dazu *Fischer*, § 27, Rn. 13.

3. Ergebnis zum 1. Kapitel

Zusammengefasst lassen sich drei wichtige Ergebnisse aus dem ersten Kapitel festhalten: Erstens kann die Rechtsfigur der psychischen Beihilfe unter die Tathandlung des § 27 I subsumiert werden; Den Meinungen, die dies ablehnen, wurde argumentativ begegnet.

Die Subsumtion ergab zweitens, dass sich die Tathandlung des § 27 I in physische und psychische Beihilfe unterteilen lässt. Letztere unterteilt sich wiederum in zwei Fallgruppen, nämlich die kognitiv-wirkende psychische Beihilfe (auch technische Rathilfe genannt), welche auf die intellektuelle Seite der Psyche des Täters abzielt sowie die psychische Beihilfe durch Bestärken des Tatentschlusses, wobei diese auf die voluntative Seite der Psyche des Täters abzielt.

Drittens ist ebenfalls das schwierige Verhältnis von psychischer Beihilfe zur Beihilfe durch Unterlassen geklärt worden: Psychische Beihilfe begründet keine Unterlassungshandlung, sondern ist als aktives Tun (ausdrücklich oder konkludent) zu qualifizieren. Um die psychische Beihilfe von der Beihilfe durch Unterlassen abgrenzen zu können, ist ein wertneutral-objektives Abgrenzungskriterium anzuwenden, welches im Zusammenhang mit der Abgrenzung von Tun und Unterlassen entwickelt wurde und welches gleichfalls in der Lage ist, Kausalitätsgesichtspunkte zu berücksichtigen.

2. Kapitel: Die Anstiftung

Gemäß § 26 wird als Anstifter bestraft, wer vorsätzlich einen anderen zu dessen vorsätzlich begangener rechtswidriger Tat bestimmt hat. In diesem Kapitel soll die Tathandlung „bestimmen" ausgelegt werden. Die Tathandlung „bestimmen" wirft die Frage auf, welche Anforderungen ein strafbarer Anstiftungsakt hinsichtlich der Art und Weise und hinsichtlich des erforderlichen Inhalts zu stellen sind.

1. Allgemeine Auslegung des Tatbestandes

Eine Legaldefinition, welche festsetzt, was unter der Tathandlung „bestimmen" zu verstehen ist, hat der Gesetzgeber nicht eingefügt. Im Zuge juristischer Hermeneutik soll deshalb eine Auslegung der Tathandlung vorgenommen werden.

a. Grammatische Auslegung

Zur Methodik der grammatischen Auslegung soll auf die bereits dargelegten Ausführungen bei der entsprechenden Auslegung des Begriffs „Hilfeleisten" verwiesen werden.[420]

Bestimmen hatte ursprünglich die Bedeutung „durch seine Stimme auswählen", „festlegen".[421] *Martin Luther* verwendete bestimmen im Sinne von „bestellen".[422] Aus dem 18. Jahrhundert sind für den Begriff u.a. die Interpretation „genau bezeichnen", „die Merkmale einer Sache genau anzeigen" sowie „Jemandes Entschließung auf eine überwiegende Art auf etwas lenken" überliefert.[423] Im 19. Jahrhundert bedeutete bestimmen u.a. „benennen", „anweisen", „sich entschließen" „anordnen"[424], „ansetzen", „festsetzen" sowie „vorausbestimmen".[425]

Geht man vom allgemeinen Sprachgebrauch der Gegenwart aus, versteht man unter bestimmen „definieren", „veranlassen", „ermitteln".[426] Auch die Interpretationen „befehlen", „zu etwas ernennen", „einsetzen", „auswählen", „bewirken, dass jemand

---

420 Vgl. die methodischen Grundlagen auf Seite 47.

421 Kluge Etymologisches Wörterbuch, 22. Auflage, Berlin 1989, Seite 79.

422 Nachzulesen bei Trübners deutsches Wörterbuch, Berlin 1939, Erster Band, bestimmen.

423 *Adelung*, Wörterbuch, bestimmen.

424 Heyne, Deutsches Wörterbuch in sechs Bänden, Stuttgart 1970, bestimmen.

425 Grimm Deutsches Wörterbuch, Leipzig 1854, Erster Band, bestimmen.

426 Langenscheidts Enzyklopädisches Wörterbuch der englischen und deutschen Sprache in diversem Bänden, Berlin 1974 (Erster Band), bestimmen.

etwas tut“ und „stark, ausschlaggebend beeinflussen“ werden genannt.[427] Gleichfalls werden die Umschreibungen „verbindlich entscheiden“, „für jemanden etwas vorsehen“, „verfügen“, „prägen“ sowie „für jemanden etwas vorsehen“, „zu etwas Ausersehen“, „entscheidend beeinflussen“, „zu etwas veranlassen“, „drängen“ und „bewegen“ benutzt.[428]
Die Vorstellung, dass bestimmen einen mündlichen Willensausdruck voraussetzt, ist nach Ansicht *Trübners* inzwischen geschwunden.[429] Nichtsdestotrotz wird im Duden als Grunddefinition „(mit der Stimme be)nennen; festsetzen“ verwendet.[430] Ebenso bedeutet für *Heyne* bestimmen „mündlich entscheiden“.[431]
Oppenhoff schlägt zur Definition das Wort „anreizen“ vor.[432] Damit bezieht er sich unmittelbar auf den Wortlaut des § 34 pStGB, der als „Theilnehmer eines Verbrechens oder Vergehens bestraft, wer den Thäter durch Geschenke oder Versprechen, durch Drohungen, Mißbrauch des Ansehenes oder der Gewalt, durch absichtliche Herbeiführung oder Beförderung eines Irrthums oder durch andere Mittel zur Begehung des Verbrechens oder Vergehens *angereizt* [...] hat.“ Das Reichsgericht hingegen stellte bereits in einer seiner allerersten Entscheidungen fest, dass das bloße Reizen verbrecherischer Neigungen nicht genügt.[433] Ob Tatanreize überhaupt unter die Bestimmungshandlung subsumiert werden können, wird später untersucht.[434]

Die weitere Wortlautauslegung wird in diesem Fall gemeinsam mit der systematischen Auslegung vorgenommen. Hierzu soll auf Tatbestände des Besonderen Teils zurückgegriffen werden, deren Tathandlung ebenso „bestimmen“ lautet, nämlich u.a. auf die §§ 174ff. Möglicherweise lassen sich aus der identischen Tathandlung Rückschlüsse ziehen. Gleichfalls wird auf § 111 (Öffentliche Aufforderung zu Straftaten) näher einzu-

---

427 Brockhaus Wahrig Deutsches Wörterbuch in sechs Bänden, Wiesbaden 1980 (Erster Band), bestimmen.

428 Vgl. Duden, Das große Wörterbuch der deutschen Sprache in 10 Bänden, 3. Auflage, Mannheim 1999, bestimmen.

429 Trübners deutsches Wörterbuch, Berlin 1939, Erster Band, bestimmen.

430 Duden, Das große Wörterbuch der deutschen Sprache in 10 Bänden, 3. Auflage, Mannheim 1999, bestimmen.

431 *Heyne*, Deutsches Wörterbuch in sechs Bänden, Stuttgart 1970, bestimmen. Näheres zu dem teils von Literaturmeinung geforderten kommunikativen Erfordernis einer Bestimmungshandlung folgt im Anschluss ab Seite 106.

432 *Oppenhoff*, StGB für den Norddeutschen Bund, § 48, Rn. 22.

433 RGSt 1, 110.

434 Vgl. dazu die Ausführungen auf Seite 108f.

gehen sein. Auch hier kann man – aufgrund der dort normierten Rechtsfolge ([...] „wird wie ein Anstifter bestraft“) – Rückschlüsse ziehen.

aa. Vergleich zu § 216 I StGB

Zunächst einmal soll ein Blick auf § 216 geworfen werden. Dieser lautet: Ist jemand durch das ausdrückliche und ernstliche Verlangen des Getöteten zur Tötung *bestimmt* worden, so ist auf Freiheitsstrafe [...] zu erkennen.
Nach § 216 ist derjenige Täter, „wer als Adressat des Tötungsverlangens den Sterbewilligen ums Leben bringt[435].“ Die *Bestimmungs*handlung zur Tötung muss zwingend vom Sterbewilligen kommen. Damit liegt die Bestimmungshandlung *vor* der Ausführung der Tötung. Genau dies gilt auch für die Anstiftung. Auch dort liegt die Bestimmungshandlung des Anstifters vor der Ausführung der Haupttat. Somit stellt die gleiche Kausalkette eine Parallele zwischen § 216 und § 26 dar.
Nun ist auf eine weitere (scheinbare) Parallele zu verweisen, nämlich auf die Tathandlung beider Normen. Wie § 26 setzt auch § 216 I voraus, dass eine Person einen anderen dazu bestimmt, eine Handlung, in diesem Fall eine Tötung, auszuführen. Wenn man allerdings die passivische Formulierung der eigentlich zu sanktionierenden Tathandlung näher betrachtet, so bemerkt man, dass dieser Straftatbestand eine andere Tathandlung als § 26 sanktioniert. Bei § 216 I geht es um den Selbstmord einer Person, der mittelbar herbeigeführt wird; bei § 26 um das Bestimmen zu einer Straftat. Es lässt sich somit festhalten, dass das „Bestimmt werden“ des § 216 nicht die zu sanktionierende Tathandlung von § 216 ist.
Bislang lässt sich festhalten, dass noch keine Ergebnisse für die Auslegung von § 26 aus der Tathandlung des § 216 und des identischen Kausalverlaufs gefunden wurden. Möglicherweise kann man Erkenntnisse für § 26 gewinnen, wenn man weiß, welche allgemeinen Voraussetzungen an das (ausdrückliche und ernstliche) Verlangen i.S.d. § 216 gestellt werden. Diese Verlangen ist nämlich nicht nur Teil der gerade erwähnten Kausalkette zwischen Bestimmungshandlung und anschließender Tötungshandlung, sondern konkretisiert die Tathandlung. Weiß man also, wie dieses zur Konkretisierung verwendete Tatbestandsmerkmal zu verstehen ist, so kann man dies auf § 26 übertragen.

Das Verlangen ist mehr als bloße Einwilligung: Erforderlich ist eine *zielgerichtete* Einwirkung des Opfers auf den Willen des Täters.[436] Und weiter spricht *Neumann* sich

435 MüKo-*Schneider*, § 216, Rn. 58.

436 NK-*Neumann*, § 216, Rn. 10; ähnlich auch LK-*Jähnke*, 11. Auflage, § 216, Rn. 4. *Schneider*

dafür aus, dass – falls der Täter zugleich aus anderen Motiven handelt – das Verlangen des Opfers bzw. dessen diesem Verlagen zugrundeliegende verzweifelte Situation der *bestimmende Tatantrieb* gewesen sein müsse.[437] Konsequent ist es daher, dass § 216 dann keine Anwendung findet, falls der Täter ohnehin zur Begehung der Tat, also dem Töten der Person, entschlossen war.[438]

Fasst man dies zusammen, so kann nur derjenige zur Tötungshandlung bestimmt werden, der noch bestimmbar ist. Diese „Bestimmbarkeit" setzt wiederum in der Psyche des Täters eine Aufnahmebereitschaft zum Tatentschluss oder eine Bereitschaft zur Modifikation seines Tatentschlusses voraus. Der Wille des Täters kann also noch durch die Bestimmungshandlung beeinflusst werden. Nichts anderes kann für die Anstiftung gelten. Denn auch dort verlangt schon der Wortlaut ein vorsätzliches, sprich: ein wissentliches und *willentliches* Handeln[439] des Angestifteten. Dadurch dass auch die Kausalkette mit der von § 26 übereinstimmt, kann man auch mit Blick auf § 26 sagen, dass derjenige, der ohnehin zur Tat entschlossen war, nicht mehr bestimmt werden kann.[440]

Das Verlangen muss zudem laut § 216 ausdrücklich und ernstlich sein. Ernstlich bedeutet dabei, dass das Verlangen nicht einer augenblicklichen Laune entsprungen ist[441] und die Entscheidung frei von Willensmängeln ist.[442] Gerade diese Auslegung des Merkmals „ernstlich" kann man wiederum auf § 26 übertragen. Genauso wie § 216 die

---

verlangt gar „eine auf das Vorstellungsbild des Erklärungsadressaten abzielende *aktive* Willensäußerung des Opfers, MüKo-*Schneider*, § 216, Rn. 13.

437 NK-*Neumann*, § 216, Rn. 16 m.w.N. Dass das Motiv handlungsanleitend gewesen sein müsse, fordert *Lackner/Kühl*, StGB, § 216, Rn. 2.

438 Hierzu NK-*Neumann*, § 216, Rn. 16. Ausführlich zur Rechtsfigur omnimodo facturus vgl. Seite 137ff.

439 *Roxin*, AT 1, § 12, Rn. 4.

440 So auch *Bär*, Subsidiarität, 36f; *Baumann/Weber/Mitsch*, § 30, Rn. 31; *Bemmann*, Gallas-Festschrift, 273; *Bock*, JR 2008, 144; Sch/Sch-*Cramer/Heine*, § 26, Rn. 7; *Frister*, Allgemeiner Teil, 360; *Geppert*, JK 96, StGB § 26/5; *Haft*, Allgemeiner Teil, 216; *Heinrich*, Allgemeiner Teil, Rn. 1294; *Hruschka*, JR 1983, 177f; MüKo-*Joecks*, § 26, Rn. 23; *Kaspar*, JuS 2004, 411; *Kindhäuser*, Allgemeiner Teil, § 41, Rn. 11; *Krey*, Allgemeiner Teil, 260; *Lackner/Kühl*, StGB, § 26, Rn. 2a; *Oppenhoff*, StGB für den Norddeutschen Bund, § 48, Rn. 5; LK-*Schünemann*, § 26, Rn. 17; *Stratenwerth/Kuhlen*, Allgemeiner Teil Band I, § 12, Rn. 144; RGSt 13, 121; 59, 27; 72, 375; BGH MDR 1957, 395; BGH StV 1996 ,2; BGH NJW 2000, 1878; OLG Stuttgart 1950, 118; vgl. die Begründung zum Entwurf eines Strafgesetzbuches (StGB) E 1962, abgedruckt in der BT-Drucks. IV/650 auf Seite 150.

441 LK-*Jähnke*, 11. Auflage, § 216, Rn. 7.

442 NK-*Neumann*, § 216, Rn. 13f.

Ernstlichkeit voraussetzt, setzt § 26 de lege lata ein vorsätzliches (nochmals: ein *willentlich* und wissentliches) Handeln voraus. Fehlt einerseits die Ernstlichkeit des Verlangens auf Tötung bzw. andererseits die Vorsätzlichkeit zum Bestimmen, so scheidet beides Mal eine Strafbarkeit wegen § 216 bzw. im Wege von § 26 aus.

bb. Vergleich zu den Straftaten gegen die sexuelle Selbstbestimmung

Die Straftatbestände §§ 174 II Nr. 2, 176 II, 180 II, III sowie 182 I Nr. 2 enthalten ebenfalls die Tathandlung „bestimmen". Das Augenmerk soll stellvertretend auf § 176 II (sexueller Mißbrauch von Kindern) gerichtet werden.[443]

Gemäß § 176 II wird derjenige bestraft, „wer ein Kind dazu *bestimmt*, dass es sexuelle Handlungen an einem Dritten vornimmt oder von einem Dritten an sich vornehmen lässt". Nicht die Auslegung der Tathandlung ist umstritten, sondern vielmehr welche Anforderungen an dieses Bestimmen zu stellen sind. Laut *Fischer* setzt das Bestimmen in der Regel eine unmittelbare (wenn auch nicht eigenhändige) Einwirkung des Täters, gleichgültig in welcher Form, auf das Opfer voraus.[444] Diese rein kausale Betrachtungsweise findet Zuspruch in der Literatur und Rechtsprechung. Es sei gleichgültig, auf welche Weise das Bestimmen geschieht. Vielmehr genüge für den Erfolg das bloße Verursachen.[445]

Andere Stimmen in der Literatur fordern wiederum, dass die rein kausale Betrachtungsweise nicht ausreicht. So führt *Renzikowski* dazu aus, dass unter dem Bestimmen jede Einwirkung auf den Willen des anderen zu verstehen sei. Jedoch sei seines Erachtens explizit eine unmittelbar einwirkende *kommunikative* Handlung erforderlich.[446]

---

443 Um Verwirrungen zu vermeiden, wird diese Norm als pars pro toto herangezogen. Es ist zu beachten, dass oftmals keine einheitliche Linie erkennbar ist, wenn es um die Straftaten gegen die sexuelle Selbstbestimmung geht: Eine Literaturmeinung spricht davon, dass für § 174 II die Grundsätze zu § 26 und zu § 180 II, III gelten. Da zu § 180 II, III diesbezüglich nichts näheres ausgeführt wird, ist davon auszugehen, dass diese Literaturmeinung für § 174 II die allgemeinen Auslegungsergebnisse des § 26 heranzieht, *Fischer*, § 174, Rn. 13. Eine andere Meinung in der Literatur geht davon aus, dass die §§ 176 II, 180 II, III vom Inhalt her deckungsgleich mit § 26 sind, SK-*Wolters/Horn*, § 176, Rn. 7; § 180, Rn. 30. Auch der BGH greift teilweise zur Auslegung des Begriffes „bestimmen" der genannten Straftatbestände auf § 26 zurück, ausdrücklich im Hinblick auf § 180 II, vgl. BGH NJW 1985, 924; a.A. für §§ 174 und 176, vgl. BGHSt 41, 245.

444 *Fischer*, § 176, Rn. 7.

445 Sch/Sch-*Lenckner/Perron/Eisele*, § 176, Rn. 8 (Diese Aussage bezieht sich auch auf § 174 II Nr. 2, § 180 II, III sowie § 182 I Nr. 2). Beachte ebenso *Lackner/Kühl*, StGB, § 174, 13; BGHSt 41, 245f.

446 MüKo-*Renzikowski*, § 174, Rn. 38. (Diese Aussage bezieht sich auch auf § 176 II sowie § 182 I Nr. 2)

Dieser Ansicht schließt sich ebenso *Fuhr* an, der gleichsam einen kommunikativen Akt für die Bejahung der genannten „Bestimmungstatbestände" verlangt.[447]
Überträgt man diesen Streitstand auf die Tathandlung von § 26, so gilt auch dort zu fragen, ob an die de lege lata geforderte Kausalkette noch weitere Erfordernisse – gerade im Hinblick auf die Art und Weise der Bestimmungshandlung – zu stellen sind.[448]

cc. Vergleich zu Straftatbestand § 111 I StGB

Der Straftatbestand des § 111 I lautet: Wer öffentlich, in einer Versammlung oder durch Verbreiten von Schriften (§ 11 Abs. 3) zu einer rechtswidrigen Tat auffordert, wird *wie ein Anstifter* (§ 26) bestraft. Vor dem Hintergrund seiner Rechtsfolge, aber auch aufgrund der Ähnlichkeit der Tathandlung zur Anstiftung, wird nachfolgend die Tathandlung des Straftatbestandes § 111 I betrachtet.

Joecks geht pauschal davon aus, dass das Auffordern i.S.d. § 111 I dem Bestimmen von § 26 entspricht.[449] Dieser Vorschlag ist nicht zielführend. Sollte das Auffordern dasselbe bedeuten wie bestimmen i.S.d. § 26, wäre nicht zu erklären, weswegen der Gesetzgeber einen Sondertatbestand wie § 111 I einfügt. Sämtliche Handlungen könnten schließlich als Anstiftungshandlung i.S.d. § 26 i.V.m. einem anderen Tatbestand des Besonderen Teils subsumiert werden. Gerade angesichts identischer Rechtsfolgen wäre das Einfügen von § 111 I demzufolge völlig bedeutungslos.
Dass dies aber nicht der Fall ist, scheint offenkundig. Zwischen den beiden Tatbeständen muss zwingend (irgendein) Unterschied bestehen. Deshalb geht *Dreher*, der einstmals davon sprach, dass die Öffentliche Aufforderung zu Straftaten (§ 111) der „Paragraph mit dem Januskopf" sei, da er mit einem Bein im Allgemeinen Teil des Strafgesetzbuches, mit dem anderen im Besonderen Teil stünde[450], berechtigterweise davon aus, dass es sich bei § 111 I um etwas anderes als echte Anstiftung handeln muss.[451]

---

447 *Fuhr*, Äußerung, 67; offen gelassen von NK-*Frommel*, § 176, Rn. 15; LK-*Laufhütte*, 11. Auflage, § 176, Rn. 4; So *Maurach/Schroeder/Maiwald*, Besonderer Teil I, § 17, Rn. 29.

448 Dazu sogleich mehr auf S. 102ff.

449 *Joecks*, StGB, § 111, Rn. 2.

450 *Dreher*, Gallas-Festschrift, 307.

451 Vgl. *Dreher*, aaO., 311.

Die „Andersartigkeit“ der Öffentlichen Aufforderung zu Straftaten im Vergleich zu § 26 könnte auf zwei Säulen beruhen: Zum einem könnte der Kreis der in Frage kommenden Haupttäter, also die Adressaten der Aufforderung, ein größerer sein. Laut *Rogall* gibt es schließlich bei der Öffentlichen Aufforderung zu Straftaten keinen bestimmten oder bestimmbaren Adressaten der Aufforderung.[452] *Bloy* unterstützt ihn dabei und begründet dies mit dem Wortlaut. Während § 26 davon sprechen würde, „einen anderen“ zu bestimmen, enthielte § 111 I keinen Adressaten.[453]

Dem ist zuzustimmen und als weiteres Argument hinzuzufügen, dass die Handlung des Bestimmenden untrennbar von der „Entgegennahme“ durch den Bestimmten ist. Dies liegt schon an der Akzessorietät der Teilnahme. Die „Entgegennahme“ setzt § 111 I schon dem Wortlaut nach nicht voraus. Diese Lösung lässt sich ebenso aus dem Telos der Norm gewinnen. *Dreher* geht daran anknüpfend davon aus, dass der innere Friede der Gemeinschaft nur dann gefährdet werde und Unruhe nur dann in die Öffentlichkeit getragen werde, wenn der Täter unbestimmt viele zu Straftaten auffordere und niemand wisse, von wem die Aufforderung vielleicht befolgt werde.[454] Und weiter führt er aus, dass die Gefahr dann auch darin liegt, dass der Täter seine Adressaten nicht kennt und in aller Regel nicht in der Lage sei, noch Einfluss auf sie zu nehmen.[455]

Es lässt sich bislang festhalten, das der Adressatenkreis bei § 111 I im Grunde ein größerer ist als der bei der Anstiftung. Dies bedeutet damit aber nicht automatisch, dass in den Fällen, bei denen eine Person mehrere Personen zu deren Haupttat bestimmt, § 26 ausscheidet. Vielmehr müsste man sich überlegen, ob es einen dogmatisch begründeten Lösungsweg gibt, welcher sicherstellt, dass entweder Anstiftung oder der Straftatbestand § 111 I vorliegt.

Diese Trennung könnte wiederum über den unterschiedlichen Adressatenkreis von § 26 und § 111 I gelingen. Der Unterschied zwischen den beiden Normen muss schließlich darin gesehen werden, dass bei § 26 zwingend eine personenbezogene Kontaktaufnahme zwischen dem Anstifter und dem Angestifteten vorliegen muss. In die-

452 *Rogall*, GA 1979, 18.

453 So *Bloy*, Beteiligungsform, 323.

454 *Dreher*, aaO., 312; vgl. auch *Welzel*, Lehrbuch, 117.

455 *Dreher*, aaO., 313. *Geppert* verweist auf Fälle, bei denen die Aufforderung, Straftaten zu begehen, an einen unbestimmten Personenkreis gerichtet ist. Eine Anstiftung kommt mangels eines konkreten Adressaten nicht in Betracht. Diese kriminalpolitische Lücke wurde teilweise durch § 111 geschlossen, so *Geppert*, Jura 1997, 303. Diese Ansicht wird durch die Meinung unterstützt, die in § 111 einen Auffangtatbestand für den Fall eines unbestimmten Adressatenkreises sehen, vgl. *Maurach/Zipf*, Allgemeiner Teil, 4. Auflage, § 51 II B. Zum Wesen des § 111 als Auffangtatbestand, vgl. *Lackner/Kühl*, StGB, § 111, Rn. 1.

sem Fall kommt es also zur Kontaktaufnahme vom Bestimmenden zum (einzelnen) Bestimmungssadressaten. Diese direkte Kontaktaufnahme zu einem Bestimmungssadressaten ist bei § 111 I schon wegen des Sinn und Zwecks sowie wegen des Wortlauts nicht notwendig. Bei dieser reicht eine Kontaktaufnahme vom Bestimmenden zum Bestimmungsadressaten*kreis* aus.[456]

Ein anderer Unterschied zwischen § 26 einerseits und § 111 I andererseits kann bestehen, wenn man unterschiedliche Anforderungen an die jeweiligen Tathandlungen stellt. Hierbei ist an den Grad der Konkretisierung, was Form und Inhalt der Verursachung angeht, zu denken. *Rogall* führt zur Unterscheidung der beiden Normen aus, dass die öffentliche Aufforderung zu Straftaten durch das Mittel und die Art und Weise der Verbrechensveranlassung gegeben ist.[457] Bei § 111 brauche die Konkretisierung der Tat nicht so weit wie bei der Anstiftung zu gehen.[458] Eine andere Literaturmeinung schließt sich dem an und stellt fest, dass an die Konkretisierung der Haupttat bei § 111 I grundsätzlich geringere Anforderungen gestellt werden.[459] Zeit, Ort und Tatobjekt usw. brauchen demnach nicht – auch nicht in Umrissen – festzustehen.[460] Laut *Jakobs* ist bei Unbestimmtheit der konkreten Tat § 111 eine Sonderregelung.[461] Damit reiht er sich letztlich hinter die Meinungen ein, welche § 111 als Auffangtatbestand betrachten. Überträgt man diese Aussagen auf die Auslegung des § 26, drängt sich also die Frage auf, welche Erfordernisse an den Inhalt der Bestimmungshandlung zu stellen sind. Dies ist ebenfalls noch zu klären.[462]

dd. Zusammenfassung

Der Begriff bestimmen taucht an diversen Stellen des Strafgesetzbuches als Tathandlung auf. Bei den Delikten gegen die sexuelle Selbstbestimmung wird zur Interpretation überwiegend auf die Tathandlung des § 26 verwiesen. Größere Erkenntnisse für

---

456 Ob die Kontaktaufnahme zwischen dem Bestimmenden von dem Bestimmungsadressaten bei § 26 zwingend kommunikativen Charakter haben muss, wird nachfolgend untersucht, vgl. dazu später die Seiten 102ff.

457 *Rogall*, GA 1979, 18.

458 Nachweise bei *Rogall*, GA 1979, 17.

459 So Lackner/*Kühl*, StGB, § 111, Rn. 1.

460 *Lackner*/*Kühl*, StGB, § 111, Rn. 5. Dass man teilweise bei § 111 geringere Anforderungen an den Konkretisierungsgrad stellt, hängt wohl damit zusammen, dass § 111 andernfalls keinen Anwendungsbereich hätte; dazu MüKo-*Bosch*, § 111, Rn. 13.

461 *Jakobs*, Allgemeiner Teil, Abschnitt 22, Rn. 28.

462 Vgl. dazu ebenfalls später die Seiten 112ff.

die Auslegung der Tathandlung des § 26 können nicht gewonnen werden, außer dass tendenziell eine rein kausale Betrachtungsweise zu erkennen ist, wobei hierbei die Meinungen *Renzikowskis* und *Fuhrs* mit dem ausdrücklichen Erfordernis eines kommunikativen Akts zu unterscheiden sind.

Das „Bestimmtwerden" bei der Tötung auf Verlangen (§ 216) ist dahingehend zu verstehen, dass das Verlangen einer lebenden Person tatentscheidendes Moment zur Auslösung der Handlung i.S.d. klassischen Kausalität sein muss. Hierbei wurde verdeutlicht, dass derjenige, der ohnehin zur Tatbegehung fest entschlossen ist (sogenannter omnimodo facturus), nicht mehr zur Tat bestimmt werden kann.

Zusammengefasst lässt sich sagen, dass bestimmen auf unterschiedliche Art und Weise verstanden wird. Angefangen von der ursprünglichen Bedeutung „durch seine Stimme auswählen", über „zu etwas veranlassen" bis hin zum „Anreizen". Diese Unterschiedlichkeit der Begriffserklärung macht eine weitere Auslegung erforderlich. Die im Zuge des Vergleichs von § 26 mit § 111 aufgeworfenen Fragen an Art und Weise sowie den erforderlichen Inhalt an den Anstiftungsakt werden nach der Auslegung der Tathandlung des § 26 bearbeitet.[463]

b. Historische Auslegung

„Mandare autem homicidium fieri maius est quam propriis manibus interficere, quia mandans peccat in se et in alium, quia illum, qui mandat, peccare facit."[464] „Einen anderen mit einem Mord zu beauftragen wiegt schwerer, als mit eigenen Händen zu töten. Der Auftraggeber versündigt sich nämlich gegen sich selbst und gegen den anderen, da er ihn zum Sünder macht".

Diese Aussage verdeutlicht, warum über Jahrhunderte die „Anstiftung" ins Lager der Täterschaft gehörte: Der Anstifter war „auctor" (Urheber) und nicht „socius" (Gehilfe).[465] Diese Auffassung ist jedoch mit dem geltenden Recht nicht mehr haltbar, da dieses die Anstiftung vom Tatbestand her der Teilnahme zuordnet. Insofern könnte

463 Eine vollständige Darstellung der Straftatbestände, welche Ähnlichkeiten mit § 26 aufweisen, ist zu finden bei *Fuhr*, Äußerung, 33ff.

464 Nach *Gandinus*. Den Nachweis findet man bei *Trechsel*, Strafgrund der Teilnahme, 4.

465 Eine umfangreichere Darstellung der historischen Entwicklung von Täterschaft und Teilnahme wird nachfolgend nicht weiter vorgenommen, vgl. deshalb die auf Seite 7ff dargelegten Ausführungen.

das Gesagte nur contra legem auf die Bestimmungshandlung von § 26 übertragen werden.[466]

Die Motive des StGB für den Norddeutschen Bund enthielten jedoch noch die Aussage, dass „die That des Angestifteten die Folge der vorsätzlichen Einwirkung des Anstifters auf den Willen des Angestifteten ist und sonach die That des Anstifters selbst".[467] Die Formulierung „Einwirkung auf den Willen" fand sich zwar in den Motiven, in § 48 I a.F. jedoch nicht: „Als Anstifter wird bestraft, wer einen anderen zu der von demselben begangenen mit Strafe bedrohten Handlung durch Geschenke oder Versprechen, durch Drohung, durch Missbrauch des Ansehens oder der Gewalt, durch absichtliche Herbeiführung oder Beförderung eines Irrtums oder durch andere Mittel vorsätzlich bestimmt hat."

Diese kasuistische Gesetzgebungsmethodik, wie sie noch in § 48 a.F. vorgenommen wurde, hat sich in § 26 nicht fortgesetzt, sämtliche Fallgruppen wurden nämlich gestrichen. Geht man von der Begründung zum Entwurf eines Strafgesetzbuches (E 1962) aus, so wurde auf die bisherigen Anstiftungsmittel bewusst verzichtet, da die Aufzählung überflüssig und missverständlich gewesen sei, schließlich genüge jedes Mittel, wenn es einen anderen zu dessen Tat bestimmt.[468]

Heutzutage würden einige der in § 48 a.F. genannten Beeinflussungmöglichkeiten besser in den Bereich der mittelbaren Täterschaft als in den Bereich der Anstiftung passen ([...], durch Drohung, durch Missbrauch des Ansehens oder der Gewalt, durch absichtliche Herbeiführung oder Beförderung eines Irrtums oder [...]). Damit gelang § 48 a.F. schon nicht die dogmatisch korrekte Trennung von Täterschaft und Teilnahme. Durch das Einfügen der bis dato nur gewohnheitsrechtlich existenten Rechtsfigur der mittelbaren Täterschaft musste der Gesetzgeber folgerichtig die Tatexemplifikationen streichen, um sich nicht selbst zu widersprechen.

Zusammengefasst lässt sich festhalten, dass rein objektiv eine Änderung des Anstiftungstatbestands vorgenommen wurde. Durch das Streichen der Tatexemplifikationen wurde eine eindeutige inhaltliche Trennung zwischen mittelbarer Täterschaft einerseits und Anstiftung andererseits sichergestellt.[469]

466 Zur Methodik der historischen Auslegung vgl. nochmals Seite 55.

467 Vgl. StGB für den Norddeutschen Bund, 73.

468 Begründung zum Entwurf eines Strafgesetzbuches (StGB) E 1962, BT-Drucks. IV/650, Seite 150.

469 Schlussendlich soll noch ein Hinweis auf die Rechtsfolge der Anstiftung folgen: Zur tätergleichen Bestrafung des Anstifters verwiesen die Motive des StGB für den Norddeutschen Bund darauf, dass diese im Gerechtigkeitsgefühl begründet sei, hierzu StGB für den Norddeutschen

c. Systematische Auslegung

Zum methodischen Unterbau der systematischen Auslegung soll auf die bereits dargelegten Ausführungen bei der entsprechenden Auslegung des Begriffs Hilfeleisten hingewiesen werden.[470]

Neben der bereits vorgenommenen Auslegung von Straftatbeständen des Besonderen Teils bei der grammatischen Auslegung ist ebenso auf die in der Nähe zu § 26 befindlichen Normen einzugehen. Hier drängt sich insbesondere die in § 25 I, 2. Var. normierte mittelbare Täterschaft in diesem Zusammenhang auf. Die Parallelität beider Beteiligungsformen ist nicht zu leugnen: Sowohl bei der mittelbaren Täterschaft als auch bei der Anstiftung setzt die Handlung einer Person gegenüber einem Dritten die Kausalkette in Gang. Fraglich ist also, welche Besonderheit dieser kausalen Handlung anhaftet. Gerade dies wird der Unterschied sein, um die Anstiftung von der mittelbaren Täterschaft trennen zu können.

Amelung führt aus, dass das, was in § 25 geregelt ist, „schwerlich von dem für § 26 StGB vorbehaltenen Begriff des Bestimmens umfasst sein kann".[471] Dieser These ist insofern zuzustimmen, als dass eine weitere Regelung – wie die des § 26 – überflüssig wäre, würde die Norm des § 25 I, 2.Var. die Tathandlung von § 26 mitumfassen. Es muss also ein Unterschied bestehen.

Laut *Roxin* besteht dieser Unterschied darin, dass sich die Anstiftung von der mittelbaren Täterschaft durch das der täterschaftlichen Beteiligungsform zugewiesene Merkmal der Tatherrschaft abgrenzen lässt.[472] Dieses Merkmal findet sich bei der Anstiftung als Teilnahmeform nicht. Das besondere prägende Merkmal der Tatherrschaft ist bei der mittelbaren Täterschaft die Willensherrschaft,[473] bei der der mittelbare Täter das durch den Tatmittler ausgeführte Geschehen beherrsche.[474] Man kann mit anderen

---

Bund, 73. Hierzu passt auch die Begründung der tätergleichen Bestrafung bei der Entscheidung des Schweizer Bundesgerichts (BGE 73, IV, S. 240): „Art. 24 I StGB, der die Anstiftung mit der Strafe des Täters bedroht, beruht nicht auf der Fiktion, der Anstifter habe die Tat selbst begangen, sondern auf dem Gedanken, dass er grundsätzlich die gleiche Strafe verdiene, wie der, den er zur Begehung eines Verbrechen verleitet und damit ins Verderben geschickt hat."

470 Dazu Seite 50.

471 *Amelung*, F.-C. Schroeder-Festschrift, 158.

472 *Roxin*, AT 2, § 25, Rn. 27.

473 *Roxin*, AT 2, § 25, Rn. 28.

474 *Roxin*, AT 2, § 25, Rn. 45. Weitere Ausführungen zur mittelbaren Täterschaft, insbesondere zur Willensherrschaft kraft Irrtums, Willensherrschaft kraft Nötigung und Willensherrschaft kraft organisatorischer Machtapparate Roxin, Täterschaft und Tatherrschaft, 142ff; eine verkürzte Zusammenfassung bei LK-*Roxin*, 11. Auflage, § 25, Rn. 53ff.

Worten davon sprechen, dass der mittelbare Täter das Gesamtgeschehen über den Willen des Ausführenden kontrolliert. Er handelt „durch“ einen anderen. Dieses Merkmal der Tatherrschaft verdeutlicht einen fundamentalen Unterschied zu der Anstiftungshandlung. Bei dieser beherrscht der Anstifter nicht das Gesamtgeschehen. Insgesamt ist dessen Tatbeitrag immer dann nach § 26 zu bestrafen, sobald der Haupttäter entschieden hat, die Tat auszuführen. Die „Herrschaft über die Tat“ obliegt vollends dem Angestifteten. Für den Anstifter ist es die Tat eines Fremden.[475] Ohne Haupttat scheidet dann wiederum eine Anstiftung aus, was sich aus dem Grundsatz der Akzessorietät ergibt.

Bei der mittelbaren Täterschaft liegen „Defekte“ wie beispielsweise objektiv tatbestandsloses Handeln, vorsatzloses Handeln oder rechtmäßiges Handeln[476] vor, die der Tatmittler, bezeichnender Weise auch „menschliches Werkzeug“ genannt[477], aufweist. Für Fälle der mittelbaren Täterschaft, bei welchen der Hintermann den Tatmittler zu einer Verhaltensweise nötigt, greift zudem das von *Roxin*[478] entwickelte Verantwortungsprinzip. Eine solche Nötigung, die dem Hintermann die Willensherrschaft verleiht, führe nach seiner Auffassung sogleich dazu, dass die Rechtsordnung dem Handelnden auf Grund der vom Hintermann geschaffenen Lage die strafrechtliche *Verantwortung* für sein Tun abnehme.[479]

Bei der Anstiftung hingegen weist der Angestiftete diese „Defekte“ ausweislich § 26 schon gar nicht auf; eine Nötigung durch den Anstifter liegt nicht vor. Der Angestiftete wird – zieht man wieder das Verantwortungsprinzip heran – *eigenverantwortlich* tätig, er weiß und will, was er tut. Ihm allein obliegt die Entscheidung, die Beeinflussung durch den Anstifter in ein strafbares Verhalten münden zu lassen.

d. Zwischenergebnis

Als Ergebnis lässt sich festhalten, dass der Anstifter die Willensfreiheit des Angestifteten nur insoweit beeinflusst, als dass Letzterer einen Willen dahingehend fasst, die vom Anstifter *vorgeschlagene* Handlung zu begehen. Im Gegensatz zum mittelbaren Täter hat der Anstifter jedoch keine Herrschaft über den Angestifteten.

---

475 Vgl. BT-Drucks. IV/650 auf Seite 150.

476 Ausführliche Darstellung der mittelbaren Täterschaft bei *Roxin*, AT 2, § 25, Rn. 45ff.

477 *Wessels/Beulke*, Allgemeiner Teil, Rn. 535.

478 *Roxin*, Täterschaft und Tatherrschaft, 144ff; 685f.

479 *Roxin*, Täterschaft und Tatherrschaft, 169. Ausführlich zum Verantwortungsprinzip auch *Bloy*, Beteiligungsform, 345ff.

Die bisherige Auslegung hat jedoch auch neue Probleme aufgeworfen. Aus der grammatischen Auslegung konnten mannigfaltige Begriffe gewonnen werden, die sich nur schwer unter Oberbegriffe fassen lassen. Auch die historische Auslegung ergab nur, dass zwar rein objektiv eine Änderung des Anstiftungstatbestands im Laufe der letzten Strafrechtsreformgesetze vorgenommen wurde, diese aber in erster Linie durch das Streichen der Tatexemplifikationen bezweckte, eine eindeutige inhaltliche Trennung zwischen mittelbarer Täterschaft und Anstiftung vorzunehmen.[480]
Einzig der systematische Vergleich zu § 25 I, 2. Var. war fruchtbar und ergab, dass der Anstifter keine Tatherrschaft über das Handeln des anderen hat. In diesem Fall wird die Verantwortung auf den Angestifteten übertragen, ob er die Tat ausführt oder nicht. Jedoch bleibt noch die Frage zu beantworten, welche Anforderungen an den strafbaren Anstiftungsakt hinsichtlich der Art der Anstiftungshandlung zu stellen sind. Innerhalb dieser Problematik ist außerdem die Frage zu klären, ob tatanreizende Situationen unter den Tatbestand von § 26 subsumiert werden können. Ebenfalls ist auf das aufgeworfene Problem einzugehen, welchen Inhalt der strafbare Anstiftungsakt erfordert.

2. Art der Anstiftungshandlung

Im Zuge der grammatischen Auslegung der Tathandlung wurde beim Vergleich zu den Straftatbeständen §§ 111 sowie 176 II die Frage aufgeworfen, inwieweit die direkte Kontaktaufnahme zwischen Anstifter und Angestiftetem eine Kommunikation voraussetzt. Ausgangspunkt waren beide Male die ausschließlich auf Verursachung abstellenden Meinungen.
Grundsätzlich gilt und ist wohl unbestritten: Der Anstifter muss gemäß § 26 den Haupttäter zu dessen Tat „bestimmt" haben, und davon kann nur die Rede sein, wenn er den Haupttatentschluss sowie dessen (zumindest i.S.d. § 22 „ansatzweise") Ausführung und damit – causa causae est causa causati – ggf. auch den Haupttaterfolg mitverursacht hat.[481] Strittig ist mithin lediglich, auf welche Art bzw. in welcher Form, diese (Mit-)Verursachung erfolgen muss.
Hierzu wird in der Literatur vertreten, dass diese Verursachung zwingend einen kommunikativen Akt voraussetzt.[482] Im Kontext der Behandlung dieser Frage soll neben

480 Zur teleologischen Auslegung vgl. die Ausführungen im Rahmen der teleologischen Auslegung der Tathandlung von § 27 I, vgl. Seite 57ff, da keine neuen Erkenntnisse im Hinblick auf die Tathandlung des § 26 gewonnen werden können. Beachte zudem das Kapitel zum Strafgrund der Teilnahme auf Seite 22ff.

481 *Stein*, Beteiligungsformenlehre, 147.

482 Wenn dem so wäre, müsste man sich im Anschluss an die Bejahung des Kommunikationsakts

der Ansicht, die einen solchen „geistigen Kommunikationsakt" erfordert, auch die sogenannte Verursachungstheorie und die „Lehre vom Unrechtspakt zwischen Anstifter und Täter" aufgezeigt werden.

aa. Die Verursachungstheorie

Nach der sogenannten Verursachungstheorie bedeutet das Bestimmen i.S.d. § 26, dass im Täter der Entschluss zur Tat durch irgendeine dafür ursächliche Anstiftungshandlung conditio sine qua non hervorgerufen wird.[483] Dieses „Hervorrufen" wird (schlicht) mit dem Wort „verursachen" übersetzt.[484] Welche Mittel der Anstifter einsetzt, um beim Täter den Tatentschluss hervorzurufen, ist dabei grundsätzlich gleichgültig.[485] *Heghmanns* leitet diese rein kausale Betrachtungsweise aus der Verbotsmaterie des § 26 ab, welche allein die Beeinflussung der Täterpsyche sei. Dementsprechend seien die dabei gewählten Mittel schon allein aus Gefährdungsgesichtspunkten irrelevant.[486] Als „verhaltensneutraler Begriff" lege das Bestimmen des § 26 laut *Kühl* eine weite Auslegung sogar nahe.[487] Auch die Gesetzesbegründung zur Anstiftung sprechen sich für eine uneingeschränkte Form der Bestimmungshandlung aus.[488]

Die Verursachungstheorie ist trotz alledem nicht haltbar. Zum einen kann sich diese Auffassung nur scheinbar auf die Gesetzesbegründung zur Anstiftung berufen. Ein eindeutige Aussage für diese Meinung findet sich in den Motiven nämlich nicht. Dort wurde nämlich festgehalten, dass *im Grunde* jedes Mittel genüge, wenn es einen anderen zu dessen Tat bestimmt. Dies bedeutet im Umkehrschluss, dass es davon auch Ausnahmen geben muss.

Zum anderen führt diese Meinung zu einem zu weiten Anwendungsbereich des § 26. Eine nahezu uferlose Strafausdehnung der Teilnahmeform ist schon aus rechtsstaatlicher Sicht abzulehnen (insbesondere wegen eines Verstoßes gegen die Grundsätze

---

fragen, ob auch ein non-verbaler Kommunikationsakt ausreicht, um von einer Anstiftung sprechen zu können.

483 Vgl. *Fischer*, § 26, Rn. 3; *Kühl*, Allgemeiner Teil, § 20, Rn. 170f; *Lackner/Kühl*, StGB, § 26, Rn. 2; jede Art der Willensbeeinflussung kann Mittel für eine Anstiftung sein, vgl. die Entscheidung des BGH GA 1980, 184; BGHSt 41, 245 sowie eine Entscheidung des BGHSt 45, 373f.

484 *Amelung*, F.-C. Schroeder-Festschrift, 147.

485 *Baumann*, JuS 1963, 125.

486 *Heghmanns*, GA 2000, 487.

487 Dazu m.w.N. *Kühl*, Allgemeiner Teil, § 20, Rn. 171.

488 BT-Drucks. IV/650 auf Seite 150.

„nulla poena sine lege certa" sowie „nulla poena sine lege scrita"). Hierzu ist ebenfalls zu beachten, dass der Anstifter gleich einem Täter bestraft wird. Eine fakultative Strafmilderung oder gar eine obligatorische Strafmilderung wie bei der Beihilfe gibt es bei dieser Teilnahmeform nicht.[489] Dies gebietet, jede extensive Auslegung der Tathandlung abzulehnen. Andernfalls würde dies angesichts der hohen Strafandrohung dem Wesen einer *Teilnahme*form nicht gerecht.[490]
In diesem Zusammenhang soll erneut Kritik an der Ausführung *Kühls* geübt werden, der die Bestimmungshandlung als verhaltensneutralen Begriff sieht. Mit dieser Ansicht würden absurde Ergebnisse die Folge sein: Jede Eröffnung eines Selbstbedienungsgeschäfts wäre danach dem Grunde nach „Anstiftung" zum Diebstahl.[491]
Man muss schlussendlich davon ausgehen, dass im Regelfall der (Haupt-)Täter derjenige ist, der die kriminelle Energie aufbringt und die Herrschaft über die Tat hat. Die Verantwortung zur Begehung der Haupttat trägt der Angestiftete. Würde es nun schon ausreichen, dass der Anstifter mit einer lediglich kausalen Handlung strafbare Anstiftung begehen könnte, so ist dies im Hinblick auf die dem Teilnehmer zugedachte Rolle nicht gerechtfertigt. Wenn schon die Rechtsfolge dieselbe wie die des Täters ist, so müssen zumindest die Anforderungen an den Tatbestand des § 26 restriktiv ausgelegt werden. Gerade der Strafrahmen der Anstiftung gebietet es also, dass diese Teilnahmeform einem qualifizierten Anwendungsbereich vorbehalten bleibt.[492]

bb. Lehre vom Unrechtspakt zwischen Anstifter und Täter

Ein restriktiverer Ansatz zur Bestimmung des Begriffs fordert einen Unrechtspakt zwischen dem Anstifter und dem Täter. Die Hauptvertreterin dieser Lehre *Puppe* fordert, dass sich der Täter durch eine Unrechtsvereinbarung zur Tat verpflichtet, welche den Täter im Moment der Tatausführung motiviert oder mitmotiviert.[493] Zwischen den Beteiligten liegt folglich eine Art kollusives Handeln vor.[494] Die Verbindung über den Unrechtspakt zwischen dem Anstifter und dem Angestifteten sei keine Bindung rechtlicher, sondern faktischer Art, schließlich erschwere sich für den Angestifteten durch diese Verbindung das Aufgeben des Tatplans.

---

489 Die fakultative Strafmilderung für den Anstifter, welche der „Alternativ-Entwurf eines Strafgesetzbuches" vorsah, vgl. nochmals Alternativ-Entwurf-*Baumann*, 7ff, wurde nicht umgesetzt.

490 Ähnlich *Jakobs*, Allgemeiner Teil, 22. Abschnitt, Rn. 31.

491 Vgl. die Ausführung von *Stratenwerth/Kuhlen*, Allgemeiner Teil Band I, § 12, Rn. 143.

492 Hierzu *Jakobs*, Allgemeiner Teil, Abschnitt 22, Rn. 31; SK-*Hoyer*, § 26, Rn. 12 m.w.N.

493 *Puppe*, GA 1984, 118.

494 Eine ähnliche Auffassung vertritt D. *Meyer*, JuS 1970, 530.

Diese Meinung begründet *Puppe* mit dem Freiheitspostulat: Eine freie Person könne durch eine andere freie Person nur dann bestimmt werden, wenn sie dieser einen bestimmten Einfluss auf ihr Verhalten eingeräumt habe.[495] Ebenso leitet *Puppe* den Unrechtspakt aus der Überlegung ab, dass der Anstifter an der Planung der Tat einen großen Anteil hatte, sodass man in Anlehnung an die Mittäterschaft von einem gemeinsamen Tatplan ausgehen kann.[496] *Puppe* begründet ihren Ansatz überdies mit dem Verweis auf § 48 a.F.,in dessen Wortlaut eine Unrechtsvereinbarung angedeutet wurde.[497]

Diese Meinung ist mannigfaltiger Kritik ausgesetzt: *Roxin* begründet seine Ablehnung mit dem Wortlaut der Norm des § 26. Bestimmen könne demnach eben nicht dasselbe sein „wie den Täter dazu verpflichten".[498] Die Theorie *Puppes* wird also schon dem de lege lata vorgegebenen Gesetzestext nicht gerecht. Deshalb werden zum zweiten rechtspolitische Argumente angeführt: Die Strafbarkeit der Anstiftung wird durch das Erfordernis eines Unrechtspakts zu sehr eingeengt[499]. Auch wenn bereits auf die gebotene restriktive Bestrafung angesichts der tätergleichen Bestrafung des Anstifters hingewiesen wurde, pervertiert diese Ansicht diese Anforderung. Zahlreiche Fälle einer Anstiftungshandlung müssten schon deshalb für straflos erklärt werden, weil ein Unrechtspakt vor Gericht schlechterdings sowohl durch den Anstifter als auch durch den Angestifteten negiert werden kann.

Zum dritten ist *Puppe* zwar positiv zuzugeben, dass die von ihr vertretene Ansicht die Akzessorietät der Teilnahme berücksichtigt („zu dessen"). Der Unrechtspakt und die Argumentation, dass dieser für den Angestifteten das Aufgeben des Tatplans erschwere, suggeriert jedoch eine Art zivilrechtlicher Vertrag. Insofern kann auch nicht davon gesprochen werden, dass es sich um eine Bindung faktischer Natur handelt. Diese Ansicht führt insoweit eher zu einer Überstrapazierung der Akzessorietät, die ebenfalls kaum mit dem Gesetz vereinbar ist.

Zum vierten ist gleichfalls in diesem Zusammenhang zu erwähnen, dass sich *Puppe* laut *Hilgendorf* selbst widerspricht: Gerade das von ihr dargestellte Freiheitspostulat gebietet, die Bindung zwischen den beiden Beteiligten nicht als ein Abhängigkeitsverhältnis zu werten. Für diese Auffassung findet sich laut *Hilgendorf* „keinerlei Stütze

495 *Puppe*, NStZ 2006, 425.

496 *Puppe*, GA 1984, 112.

497 *Puppe*, GA 1984, 114.

498 LK-*Roxin*, 11. Aufl., § 26, Rn. 11.

499 *Kühl*, Allgemeiner Teil, § 20, Rn. 173.

im Wortlaut".[500] Gleichsam spricht dagegen das im Strafrecht geltende Verantwortungsprinzip, welches die Verantwortung über strafbare Handlungen gerade bis zur (versuchten) Tatbegehung dem Täter und damit dem Angestifteten überträgt. Ein solches von *Puppe* gefordertes Abhängigkeitsverhältnis wird dem Verantwortungsprinzip indes nicht gerecht.
Zum fünften ist diese Meinung abzulehnen, da sie die Anstiftung zu sehr der Mittäterschaft annähert.[501] Dieses Annähern der beiden Beteiligungsformen ist wohl getragen durch den identischen Strafrahmen („gleich einem Täter"). Man muss aber berücksichtigen, dass der Strafrahmen jedoch eine positivrechtliche Setzung darstellt, während die Typen der Beteiligung normative Realtypen darstellen und daher nicht beliebig (ver-)formbar sind.[502]
Aber schon aus systematischer Sicht trägt diese Ansicht nicht: Die mittäterschaftliche Form der Beteiligung ist (aus guten Gründen) eine Form der Täterschaft und eben nicht eine Form der Teilnahme. Diese durch den Strafgesetzgeber gezogene Grenze würde angesichts der Nähe eines Unrechtspakts zur Mittäterschaft überschritten.

Diese Theorie ist zusammengefasst viel zu restriktiv, entspricht nicht dem Sinn und Zweck der Norm und ist zudem mit dem Wortlaut und der Systematik von § 26 nicht vereinbar.[503]

cc. Erfordernis eines geistigen Kommunikationsakts

Nun folgen die Theorien, die – wenn man sie auf das Wesentliche zusammenfasst – eine kommunikative Beeinflussung des Täters durch den Anstifter verlangen. Das Bestimmen i.S.d. § 26 erfordert nach deren Meinung einen geistigen Kommunikationsakt.[504]

---

500 *Hilgendorf*, Jura 1996, 10.

501 *Bloy*, Beteiligungsform, 329.

502 So *Bloy*, aaO., 329.

503 *Rogall* begründet die restriktivere Auslegung mit der Kausuistik von § 48 a.F., vgl. *Rogall*, GA 1979, 12.

504 Vertreter sind u.a. *Geppert*, Jura 1997, 304; *Jescheck/Weigend*, Allgemeiner Teil, § 64, Kapitel 2; *Kretschmer*, Jura 2008, 266; *Krey*, Allgemeiner Teil, 255ff; *Marxen*, Allgemeiner Teil, 168; *Rogall*, GA 1979, 12; *Stratenwerth/Kuhlen*, Allgemeiner Teil Band I, § 12, Rn. 143; *Welzel*, Lehrbuch, 116. Im Ansatz im Übrigen auch von *Puppe* vertreten, vgl. *Puppe*, GA 1984, 113. Es finden sich hierzu die unterschiedlichsten Formulierungen, u.a. wird ein „psychischer Kontakt", ein „offener geistiger Kontakt", eine „geistige Beeinflussung" oder ein „geistiger Kontakt" verlangt. Weshalb derart viele Begriffe verwendet werden, ist nicht ersichtlich.

Begründet wird diese gegenüber der Verursachungstheorie restriktivere Ansicht damit, dass der Anstifter die „Initialzündung“ zur Tatbegehung durch den Täter sein muss.[505] Aufgrund der Autonomie des Täters aber bedarf es einer intensiven Einwirkung des Anstifters, damit sein Verhaltensunwert so schwer wiegt, dass er denselben Strafrahmen wie die Haupttat verdient.[506] Die Herrschaft über die Motivation in Verbindung mit konkreten kommunizierten Vorgaben für die Tatbegehung legitimiere laut *Jakobs* dann die tätergleiche Bestrafung des Anstifters.[507]
Beispiele für Fälle kommunikativer Beeinflussung des Täters sind das Überreden, die Raterteilung, die Beauftragung, das Versprechen einer Belohnung.[508] Ebenso Anregungen, scheinbar allgemeine Erwägungen (als Ratschlag für Lebenssituationen des präsumtiven Täters) und Verharmlosungen, wenn sie auf die Herbeiführung eines konkreten Tatentschlusses abzielten.[509]

Kritik an dieser Meinung üben hauptsächlich die Vertreter der Verursachungstheorie, schließlich sind deren Meinung nach *alle* Anstiftungshandlungen gefährlich, also auch die, die gerade nicht über die Kommunikation hervorgerufen werden. Dies gilt insbesondere für die Fälle des Schaffens eines Tatanreizes (Herumliegenlassen einer Waffe, wie beispielsweise einem Messer).[510] In diesem Zusammenhang wird deshalb gerne auf die Erfolgswahrscheinlichkeit tatanreizender Situationen hingewiesen.[511] Nach der Verursachungstheorie ist nämlich auch das kommunikationslose Tatsachenarrangement (das absichtsvolle „Vergessen“ einer Pistole) eine Anstiftung.[512] Deshalb geht *Jakobs* sogleich davon aus, dass auch derjenige i.S.d. § 26 bestimmt, „wer eine Gelegenheit schafft, deren Versuchungen oder Zwängen ein anderer erwartungsgemäß erliegt und deshalb einen Deliktsvorsatz fasst“.[513]

---

505 Vgl. u.a. *Renzikowski*, Täterbegriff, 124 m.w.N.

506 *Renzikowski*, aaO., 124.

507 MüKo-*Joecks*, § 26, Rn. 17.

508 *Kühl*, Allgemeiner Teil, § 20, Rn. 176.

509 *Fischer*, § 26, Rn. 4.

510 Beachte auch die Fälle des Erregens von Gefühlen (Missgunst, Eifersucht, Hass oder asthenische Affekte).

511 Dazu z.B. *Herzberg*, Täterschaft und Teilnahme, 53.

512 Vgl. *Amelung*, F.-C. Schroeder-Festschrift, 147.

513 *Jakobs*, Allgemeiner Teil, Abschnitt 22, Rn. 21. Für eine Bestrafung selbst der raffiniertesten Methoden plädiert *Widmaier*, JuS 1970, 242. Zusätzlich wird als Gegenargument zum Erfordernis eines geistigen Kommunikationsakts angeführt, dass der Teilnehmer, der sich selbst gegenüber dem Täter nicht offen zur Tat bekenne, kriminell besonders gefährlich sei; Nachweise bei SK-*Hoyer*, § 26, Rn. 11.

dd. Eigene Stellungnahme

Den Kritikern jener Lehren, welche einen geistigen Kontakt im Sinne einer Kommunikation fordern, ist zuzugeben, dass ihre Argumentation möglicherweise aus generalpräventiver Sicht trägt. Sie verkennen jedoch den durch den Wortlaut vorgegebenen Zusammenhang zwischen dem Teilnehmer und dem Haupttäter. Derjenige, der nicht „mit offenem Visier kämpft", kann auch nicht wegen der durch die Norm vorgegebenen (zwingenden) Akzessorietät einen anderen bestimmen. Der Haupttäter muss nämlich über diesen inneren Zusammenhang mindestens wissen, welches Rechtsgut verletzt werden soll, sprich: welche Haupttat begangen werden soll. Das gerade erwähnte herumliegende Messer verdeutlicht dies ganz gut: Jedermann kann mit einer herumliegenden Waffe, wie dem Messer, etwas anderes anfangen. Das Messer kann als Besteck, als Werkzeug, aber eben auch als Tötungswerkzeug verwendet werden. Ein herumliegendes Messer kann also zu strafbarem Verhalten benutzt werden, muss es aber nicht. Es ist Sache des Betrachters, welche der Möglichkeiten er ergreift. Es ist Sache des Betrachters, ob er sich strafbar macht. Ein herumliegendes Messer lässt sich nicht unter die Tathandlung von § 26 subsumieren.

Eine Bestrafung wegen des Herumliegenlassens einer Tatwaffe, wie der des Messer, gebietet sich aber auch schon deshalb nicht, weil andernfalls auch derjenige, der aus Versehen ein Messer liegen lässt – allein aus objektiver Sicht – wegen (versuchter) Anstiftung bestraft werden müsste. Ein Ergebnis, welches schon hinsichtlich der Rechtsfolge unvertretbar erscheint.

Was das Tatanreizen weiterhin anbelangt, ist zudem das Verantwortungsprinzip in Rechnung zu stellen, welches bereits im Zusammenhang mit der Parallele von mittelbarer Täterschaft und Anstiftung angesprochen wurde.[514] Das Strafgesetzbuch unterstellt das Selbstbestimmungsrecht eines jeden Menschen.[515] Die Anstiftung ist im Sinne des Strafgrundes der Teilnahme eine Einwirkung auf den Haupttäter, der jedoch frei über sein weiteres Handeln entscheiden kann. Es obliegt mithin dem Angestifteten, ob er sich im Sinne *Jakobs* der „Versuchung" hingibt.

Es gibt einzelne Ausnahmefälle zu diesem Grundsatz. Gerade im Zusammenhang mit dem Tatanreiz ist eine dieser Ausnahmen gegeben: die mittelbare Täterschaft. Über die Form der mittelbaren Täterschaft werden all die Verhaltensweisen unter Strafe gestellt, die durch einen mit einem „Makel" behafteten Tatmittler ausgeführt werden, also auch

514 Vgl. dazu nochmals Seite 101.

515 Ausführlich dazu auch *Jescheck/Weigend*, Allgemeiner Teil, § 37, Kapitel 1; vgl. dazu auch *Baunack*, Grenzfragen, 137 sowie *Kretschmer*, Jura 2008, 265.

die von *Jakobs* angesprochenen Zwangshandlungen. Daher leitet der BGH vom Verantwortungsprinzip richtigerweise ab, dass die Strafbarkeit wegen mittelbarer Täterschaft dort nicht gegeben ist, „wo das Werkzeug selbst verantwortlicher Täter ist“.[516] Man kann also denjenigen, der absichtsvoll ein Messer herumliegen lässt und dadurch einen anderen „animiert“, im Wege einer *Täterschafts*form (also § 25 I, 2. Var.) bestrafen, sollten die anderen Voraussetzungen vorliegen.[517]

Ebenfalls ist nochmals auf das in § 26 statuierte Akzessorietätsprinzip hinzuweisen, um die Frage beantworten zu können, ob es einer Kommunikation zwischen Anstifter und Angestifteten bedarf. Dieses Akzessorietätsprinzip ordnet die Verbindung von Haupttat und Teilnahmehandlung an. Diese Akzessorietät verbindet beides jedoch nicht nur im objektiven Rahmen. Der Anstifter muss ausweislich des Wortlauts von § 26 in subjektiver Hinsicht ebenfalls die Verwirklichung der Haupttat wollen (voluntatives Element). Man könnte meinen, dass der Anstifter dieses voluntative Element gegenüber dem Angestifteten grundsätzlich in beliebiger Art und Weise geltend machen kann – wie es die Verursachungstheorie vorgibt. Dies ist jedoch nicht der Fall. Das voluntative Element kann gegenüber dem Haupttäter nur dann eine Auswirkung auf diesen haben, wenn das Verhalten des Anstifters ihm gegenüber wahrnehmbar ist. Der Täter muss schließlich wissen, dass gerade er angestiftet werden soll. [518]

Bestimmen bedeutet schlussendlich auch vorsätzliches Initiieren einer Tat. Der Gesetzgeber hat sich bewusst dafür entschieden, fahrlässiges Verhalten nicht in den Bereich von § 26 einzubeziehen. Bei dem Liegenlassen eines später verwendeten Tatwerkzeuges entstünde insofern eine Grauzone, welche es ausgehend von der gesetzgeberischen Absicht zu verhindern gilt. Die Grenzziehung zwischen Fahrlässigkeit und Vorsatz muss also darin erblickt werden, dass die Bestimmungshandlung wahrnehmbar nach außen tritt. Dies geschieht durch Kommunikation. Sollte selbst das Tatanreizen als

516 BGHSt 35, 351 m.w.N. Vgl. hierzu ebenfalls *Geppert*, Jura 1997, 304.

517 Ginge man von einer anderen Prämisse aus, wäre dies eine Abkehr vom Verantwortungsprinzip und damit auch ein Systembruch. Es wäre dann auch nicht zu erklären, weswegen der Gesetzgeber bewusst § 111 eingefügt hat, der – wie dargelegt – gerade keine Anforderungen an die Konkretisierung von Haupttäter und Haupttat stellt.

518 Im Übrigen kann schon gar nicht nachvollzogen werden, wie überhaupt ein nicht-wahrnehmbares und nicht-mitteilendes Verhalten einer Kausalitätsprüfung zugänglich sein soll. Dass aber Kausalität zwischen der Anstiftungshandlung und der Haupttat bestehen muss, ist jedoch völlig unbestritten; vgl. nochmals *Stein*, Beteiligungsformenlehre, 147.

Anstiftungshandlung zugelassen werden, uferte diese Teilnahmeform aus. Die angesichts der tätergleichen Bestrafung gebotenen restriktive Auslegung würde umgangen.

Aber auch aus der vorher vorgenommenen Wortlautauslegung lassen sich Argumente ziehen: Dort wurde festgehalten, dass ursprünglich unter Bestimmen „durch seine Stimme auswählen" verstanden wurde, ebenso „anordnen", „befehlen" und „verfügen" verstanden wird. Diese Begriffe haben also einen kommunikativen Charakter. Sie verbinden einen Erklärenden mit einem Erklärungsempfänger.[519] Andere Begriffe, die sich aus der Wortlautauslegung ergaben, hatten hingegen keinen zwingenden kommunikativen Charakter (vgl. nochmals „festlegen", „festsetzen", „ermitteln" oder „definieren"). Bei letzterer Art der Interpretation reicht also schon das Fassen eines Gedankens aus. Eine Entäußerung gegenüber einem Erklärungsempfänger ist demnach nicht zwingend notwendig. Jedoch kann auf auf diese Art und Weise von Interpretation nicht zurückgegriffen werden. Dies liegt nämlich daran, dass das Fassen eines Gedankens, dass menschliches Denken und Wollen ohne Willensbetätigung nach außen gerade *nicht* strafbar sind.[520] Das „Gedankenstrafrecht" darf mihtin nicht im Rahmen der Anstiftung Eingang in das Strafrecht finden.

Es lässt sich zwischenzeitlich festhalten, dass erstens tatanreizende Handlungen nicht unter den Begriff des Bestimmens subsumiert werden können[521] und zweitens, dass ein kommunikativer Akt unabdingbare Voraussetzung für das Bejahen der Tathandlung des § 26 ist.

Zum Abschluss ist noch darauf hinzuweisen, dass konsequenterweise der (wahrnehmbare) Kommuniktionsakt auch non-verbal, also konkludent sein kann: Bestimmen kann schließlich auch derjenige, der beispielsweise mit dem Finger auf eine Person zeigt und beispielsweise mit seiner Hand am eigenen Hals das Erdrosseln des Opfers andeutet. In beiden Fällen macht es keinen Unterschied, ob die Tat über Worte oder über die entsprechende Gestik oder Mimik hervorgerufen wird – alles ist Kommunikation. Bloßes Schweigen gegenüber einem möglicherweise Tatbereiten genügt mithin nicht.

---

519 Vgl. auch *Sippel*, Kettenanstiftung, 67.

520 Hierzu *Wessels/Beulke*, Allgemeiner Teil, § 3, Rn. 95.

521 Ebenso D. *Meyer*, JuS 1970, 530; *Marxen*, Allgemeiner Teil, 168, *Satzger*, Jura 2008, 517. Zum selben Ergebnis gelangt *Baunack*, indem sie im Rahmen allgemeiner Zurechnung ein Überschreiten des erlaubten Risikos bei tatanreizenden Situationen ablehnt; *Baunack*, Grenzfragen, 136.

Vielmehr ist in den Fällen von Wortlosigkeit eine entsprechende körperliche Entäußerung wie Mimik oder Gestik zur Bestrafung wegen Anstiftung notwendig.

Der Täter muss nicht nur objektiv dem Gedanken des Teilnehmers folgen, sondern dies auch subjektiv wissen.[522] Ein solches subjektives Wissen setzt zwingend *Wahrnehmbarkeit* des Gedankens des Teilnehmers durch Mimik, Gestik, o.ä. voraus, womit Tatsachenarrangements bei non-verbaler Kommunikation ausscheiden.[523]
Als Mittel der Anstiftung kommen zunächst die verbalen Kommunikationsakte wie Aufforderungen, Ratschläge, Bitten sowie sonstiges konkludentes Verhalten in Betracht, sofern beim konkludenten Verhalten der Gesamtzusammenhang der Situation es als Aufforderung zu einem bestimmten Tun ausweist.[524] Ebenso die Beauftragung, das Versprechen einer Belohnung und die Überredung.[525] Für das Reichsgericht genügte das Einwirken auf den Willen in Form eines Wunsches zur Bejahung einer Anstiftung.[526] Der BGH lässt sogar das Stellen einer Frage als strafbare Bestimmungshandlung zu („Willst Du auch noch?“).[527] Es genügt also eine wahrnehmbare Entäußerung des Anstifters gegenüber dem Angestifteten.

ee. Zwischenergebnis

Es lassen sich also drei Zwischenergebnisse im zweiten Kapitel festhalten: Für einen strafbaren Anstiftungsakt ist erstens eine kommunikative Beeinflussung notwendig, wobei zweitens diese verbal oder non-verbal erfolgen kann. Jede verbale und non-verbale Kommunikation setzt Wahrnehmbarkeit des Gedankens des Teilnehmers durch Mimik, Gestik, o.ä. voraus, was drittens dazu führt, dass tatanreizende Handlungen ohne Kommunikation keine Anstiftung i.S.d. § 26 ist.

---

522 So auch SK-*Hoyer*, § 26, Rn. 10.

523 Nur über diese Herangehensweise kann im Übrigen die Anstiftung von der versuchten Anstiftung (§ 30 I) abgrenzt werden, bei welcher diese Bestimmungshandlung entweder vom Haupttäter nicht wahrgenommen wird oder vom Haupttäter zwar wahrgenommen, jedoch nicht umgesetzt wird.

524 *Geppert*, Jura 1997, 303. Grundsätzliche Zustimmung zu konkludetem Verhalten als Mittel der Anstiftung bei LK-*Roxin*, 11. Auflage, § 26, Rn. 58.

525 Sch/Sch-*Cramer/Heine*, § 26, Rn. 5.

526 RGSt 36, 405.

527 BGH GA 1980, 183f; Reine informatorische Fragen scheiden hingegen aus, vgl. Sch/Sch-*Cramer/Heine*, § 26, Rn. 5.

3. Der erforderliche Inhalt des kommunikativen Akts

Nachdem bislang festgestellt wurde, dass die strafbare Bestimmungshandlung i.S.d. § 26 einen kommunikativen Akt, sei er verbal oder non-verbal, voraussetzt, steht immer noch die Frage im Raum, welche Anforderungen an den Inhalt einer strafbaren Anstiftungshandlung zu stellen sind. Es ist also zu untersuchen, welchen konkreten Inhalt der Anstifter gegenüber dem Haupttäter entäußern muss.[528]
In diesem Zusammenhang stellt der Ausspruch „Dann müsstest Du eine Bank oder Tankstelle machen“ einen in der modernen Rechtslehre gerne verwendeten Sachverhalt dar, welcher zur Veranschaulichung der Thematik herangezogen werden soll. Diesen Satz „Dann müsstest Du eine Bank oder Tankstelle machen“ äußerte der später Angeklagte gegenüber einem Dritten. Tage später überfiel der so „Beratene“ eine Zweigstelle der Sparkasse.[529]
Fraglich ist, ob dieser Ausspruch seinem Inhalt nach den Erfordernissen eines strafbaren Anstiftungsverhaltens überhaupt entspricht. Man könnte nämlich fordern, dass der Anstifter neben einer Tathandlung und dem anzugreifenden Rechtsgut auch noch Tatmodalitäten (wie z.B. Tatzeit und Tatort) konkretisieren muss.

Wenn man etwas zur inhaltlichen Qualität der Tathandlung „bestimmen“ wissen will, muss zunächst die objektive Seite einer Entäußerung bewertet werden, also das, was nach außen tritt und von einem Dritten aufgenommen wird. Es ist mehr als verwirrend, wenn bei dem geschilderten Sachverhalt sowohl das Landgericht als auch der BGH undeutliche Ausführungen im Hinblick auf die objektive Tatbestandsseite der Bestimmungshandlung machen und den Schwerpunkt ihrer Überlegungen sogleich auf die subjektive Tatbestandsseite legen. Das Landgericht lehnte eine Bestrafung des Angeklagten kurzerhand ab, da sich dessen Vorsatz auf keine bestimmte Tat bezog.[530] Dem schloss sich der BGH an: Es reiche nicht aus, wenn der Wille des Anstifters nur darauf

528 *Roxin* fordert in diesem Zusammenhang das Kriterium der Unrechtsdimension zu berücksichtigen. Der Vorsatz des Anstifters müsse die wesentliche Dimension des Unrechts erfassen, *Roxin*, AT 2, § 26, 133ff. Diese Auffassung versagt allerdings bei Erfolgsdelikten, die nicht im Bereich der Vermögensdelikte angesiedelt sind. Man denke insbesondere an Körperverletzungs- und Tötungsdelikte. Hierzu passt auch die Entscheidung des BGH im Motassadeq-Fall, der ausdrücklich auf die Problemstellung hinweist. Dort wörtlich: „Ist jedoch das höchstpersönliche Rechtsgut des menschlichen Lebens betroffen, so verbietet sich jede Betrachtung, die geeignet wäre, dessen Schutz dadurch zu relativieren, dass das einzelne Menschenleben als unbedeutender Einzelposten gegenüber einem allein maßgeblichen „Gesamtunrechtsgehalt“, einer „Gesamtunrechtsdimension“ nicht mehr ins Gewicht fiele“, BGHSt NJW 2007, 390.

529 Vollständiger Sachverhalt BGHSt 34, 63ff.

530 BGH aaO., 64.

gerichtet sei, den Täter ohne weitere Konkretisierung überhaupt zu strafbaren Handlungen oder zu Straftaten einer lediglich dem gesetzlichen Tatbestand nach beschriebenen Art zu veranlassen.[531] Dies sind aber Ausführungen zum subjektiven Tatbestand. Für den objektiven Tatbestand der Bestimmungshandlung geht der BGH davon aus, dass durch den Vorschlag des Angeklagten die in Frage kommenden Tatobjekte nach allgemeinen Artmerkmalen (Tankstelle oder Bank) zwar festgelegt waren, diese Tatobjekte allerdings nicht bestimmt genug waren.[532] Es fehle an einer konkret-individualisierbaren Tat.[533]

Sogleich wechselt der BGH wieder auf die subjektive Tatbestandsseite, um festzuhalten, dass sich der Vorsatz des Anstifters zwar nicht auf „alle Einzelheiten“, wohl aber auf die in ihren wesentlichen Merkmalen oder Grundzügen konkretisierte Tat beziehen müsse.[534] „Wesentliche Merkmale oder Grundzüge“ sieht der BGH darin, dass objektiv Tatbestandstypus und allgemeine Gattungsmerkmale der Tat festgelegt sind und dem Anstifter aus subjektiver Sicht ein „wenigstens umrisshaft *individualisiertes* Geschehen“ vor seinem geistigen Auge als Bild erscheint.[535]

Aus dieser Vermischung des objektiven mit dem subjektiven Unrechtstatbestand kann kein klares Bild von den Anforderungen an die Qualität der Bestimmungshandlung gezeichnet werden. Die Gedanken der Judikatur sind vielmehr unter zur Hilfenahme der Meinung *Kretschmers* weiterzuentwickeln. Nach *Kretschmer* ist das typische Bild der Anstiftung, die Tatbegehung einem erfahrenen Spezialisten zu überlassen. Der Anstifter brauche sich keine Gedanken über Tatzeit, Tatort, Art und Weise der Tat zu machen. Gerade dafür bediene er sich des Täters und zahle ihm vielleicht viel Geld.[536] Diese Ausführungen erkennen an, dass der Teilnehmer nicht derjenige ist, welcher die Tatherrschaft innehat. Im Umkehrschluss dazu kann man meinen, dass die inhaltliche Qualität der Bestimmungshandlung nur auf das jeweilige Tatobjekt [scil: das geschützte Rechtsgut] und auf die dem Haupttäter vorgeschlagene Tathandlung gerichtet ist.

Denn nur über diese Herangehensweise trägt man der fehlenden Tatherrschaft Rechnung. Die Tatherrschaft umfasst schließlich die Kontrolle über die Ausführung der Tat. Der Täter hält die Fäden in der Hand und steuert sein Werkzeug. Würde der Anstifter

531 BGH aaO., 64 m.w.N.
532 BGH aaO., 65.
533 BGH aaO., 65.
534 BGH aaO., 66.
535 BGH aaO., 66.
536 *Kretschmer*, NStZ 1998, 402, Anmerkung zum Urteil des BGH NStZ 1998, 387.

Tatzeit, Tatort, Tatmittel der Tat für die strafbare Anstiftung vorgeben müssen, so hätte er in Verbindung mit dem Vorschlag, welcher Straftatbestand und welches Tatobjekt zu verletzen ist, im Grunde die Tatherrschaft. Ein Ergebnis, das trotz oder gerade wegen der Parallele von Anstiftung zur mittelbaren Täterschaft nicht erzielt werden darf.

Der ausführende „Täter" dieser derart konkretisierten „Anstiftung" müsste vielmehr als Mittäter (oder, bei weiteren entsprechenden Voraussetzungen, als Tatmittler einer mittelbaren Täterschaft) angesehen werden. Eine derartige „Kontrolle" des Anstifters über den Täter – aufgrund dieser exzessiven Anforderungen an die erforderlichen Inhalte der Entäußerung – ist im Bereich einer Anstiftungshandlung nicht vorgesehen. Es genügt daher, wenn der Anstifter durch eine Entäußerung das zu schädigende Rechtsgut – wie der BGH ausführt – nach allgemeinen Artmerkmalen benennt und dem Haupttäter einen Handlungsvorschlag unterbreitet, folglich eine durch die Straftatbestände des Besonderen Teils sanktionierte Tathandlung benennt.[537]

Um den für diesen Abschnitt genannten Sachverhalt mit den hier vorgeschlagenen Kriterien zu lösen, folgt noch einmal der Ausspruch „Dann müsstest Du eine Bank oder Tankstelle machen". Durch diesen Ausspruch müsste der Angeklagte eine Tathandlung benannt haben. Dieses Verhalten des Anstifters wird unter Berücksichtigung des Gesamtbildes der Anstiftungssituation ausgelegt, [538] wobei auch der situative Kontext berücksichtigt werden muss.[539] Nimmt man diesen situativen Kontext als Maßstab, so entspricht diese Aussage dem typischen „Jargon" eines Delinquenten. Die Aufforderung war aufgrund der im Sachverhalt geschilderten vorangegangenen Situation dahingehend zu verstehen, dass eine Bank oder Tankstelle ausgeraubt werden soll. Der vom BGH geforderte „Tatbestandstypus"[540] ist durch die Aussage mithin gegeben.

Ob dies aber schon ausreicht, ist mehr als fraglich. Problematisch ist nämlich in diesem Fall, ob das geforderte Rechtsgut, welches durch die Rechtsordnung geschützt wird,

537 Im Zusammenhang mit einer durch non-verbale Kommunikation ausgelösten Anstiftung gilt, dass der Täter durch geeignete Mimiken, Körperbewegungen bzw. Gesten eine Tathandlung und ein geschütztes Rechtsgut bezeichnet, vgl. dazu nochmals das Beispiel auf Seite 110. Gleichsam ist auf die (eher geringe) Bedeutung der Tatmodalitäten hinzuweisen. *Geppert* meint hierzu, dass Änderungen des Tatmittels, des Tatorts oder der Tatzeit äußere Tatmodalitäten darstellen. Die Tat aber bleibe diesselbe, dazu *Geppert*, JK 96, StGB § 26/5 m.w.N.

538 LK-*Roxin*, 10. Auflage, § 26, Rn. 9.

539 *Nepomuck*, Anstiftung, 211 m.w.N.

540 BGHSt 34, 66.

konkret benannt wurde. Man könnte meinen, dass hierbei die *Integrität des Eigentums eines anderen* als geschütztes Rechtsgut ausreicht. Sowohl der Raub in einer Bank als auch in einer Tankstelle verletzen dieses Rechtsgut Eigentum. Diese Herangehensweise ist jedoch mit dem in Art. 103 II GG verankerten Bestimmtheitsgebot (nulla poena sine lege certa) kaum vereinbar. Ein derart abstrakter Maßstab darf nicht im Zusammenhang mit der Bestrafung wegen Anstiftung angelegt werden. Nach der hier vertretenen Auffassung unter Berücksichtigung des Bestimmtheitsgebots wäre es im vorliegenden Fall *erstens* erforderlich gewesen, entweder eine Tankstelle oder eine Bank, aber nicht mehrere Tat*möglichkeiten* zu benennen.[541]
Damit aber nicht genug: Der Angestiftete muss *zweitens* wissen, welches Rechtsgut konkret angegriffen werden soll. Allgemeine beschreibende Angaben zum Rechtsgut, wie beispielsweise sein Aufenthaltsort, sein Name, seine Identität, seine Größe reichen dabei aus. (Nähere) Angaben zum Tatort sind indes nicht zwingend für die Bestrafung nach § 26 erforderlich.[542] Da es sich im vorliegenden Fall um eine Kreissparkasse handelte, hätte der Angeklagte zur Bestrafung wegen Anstiftung sagen müssen: „Dann müsstest du die Bank X machen."
Da der Anstifter aber im Zusammenhang mit dem Tatobjekt von *irgendeiner* Bank *oder* Tankstelle sprach, genügt dies nicht den Anforderungen am Inhalt der Bestimmungshandlung.[543]

Zusammengefasst lässt sich festhalten, dass jeder Anstiftungsakt im Hinblick auf die Tathandlung und das geschützte Rechtsgut schon objektiv konkretisiert sein muss. Allgemeine beschreibende Angaben zum Rechtsgut in Verbindung mit *einer* Handlungsmöglichkeit genügen diesen Anforderungen. Insoweit erfüllt der Ausspruch „Dann müsstest Du eine Bank oder Tankstelle machen" die inhaltlichen Anforderung einer Bestimmungshandlung i.S.d. § 26 I nicht.

4. Ergebnis zum 2. Kapitel

Definiert man mit der überwiegend vertretenen Meinung das Bestimmen als das Hervorrufen des Entschlusses zur Tatbegehung[544], so muss (ausgehend von den Ergebnis-

---

541 Im Ergebnis ebenso BGHSt 34, 66.

542 Betrachte dazu nochmals die Argumentation auf Seite 114.

543 Hierzu auch *Satzger*, Jura 2008, 519.

544 Statt vieler vgl. Sch/Sch-*Cramer/Heine*, § 26, Rn. 4; *Kühl*, Allgemeiner Teil, § 20, Rn. 169; *Wessels/Beulke*, Allgemeiner Teil, Rn. 568; sinngemäß BT-Drucks. IV/650 auf Seite 150.

sen dieses Teils) das Hervorrufen gegenüber dem Haupttäter erfolgen. Dieses Hervorrufen kann aufgrund des hohen Strafrahmens nicht durch jede beliebige Form der Beeinflussung geschehen. Erforderlich ist beim Bestimmen die Einflussnahme auf den Willen des Angestifteten, die ihn zu einem Verhalten veranlasst, zu dem er sich ohne die Beeinflussung nicht entschlossen haben würde. Dabei bedarf es eines in kommunikativer Weise entäußerten nach außen wahrnehmbaren Verhaltens.
Der kommunikative Akt kann verbal oder non-verbal erfolgen. Es reicht allerdings aus, dass der Haupttäter diese Bestimmungshandlung – wie Mimik, Gestik, etc. – durch die Sinnesorgane Ohren bzw. Augen wahrnehmen kann.[545] Die nicht im Wege verbaler oder non-verbaler Kommunikation erfolgten Tatsachenarrangements werden von § 26 nicht erfasst.

Im Hinblick auf die erforderlichen Inhalte einer Bestimmungshandlung reicht es aus, dass der Täter weiß, zu welchem Straftatbestand (Wortlaut: „zu dessen *Tat*“) ihn der Anstifter bestimmt hat, also die Handlung und das anzugreifende Rechtsgut kennt. Angaben zu Tatort, Tatzeit, etc. muss der Anstifter dem Haupttäter nicht zwingend machen. Dieses Ergebnis gebietet sich schon wegen der fehlenden Tatherrschaft des Anstifters.

545 Bei der Kettenanstiftung gilt entsprechendes für die dazwischengeschalteten Glieder dieser Kette.

3. Kapitel: Lösungswege zur Abgrenzung von Anstiftung und psychischer Beihilfe

Nachdem nacheinander § 26 und § 27 ausgelegt und allgemein erläutert wurden, soll nun in diesem Kapitel die Abgrenzung von Anstiftung und psychischer Beihilfe im Mittelpunkt der Überlegungen stehen. Im Zuge der Auslegung der Tathandlungen von § 26 und § 27 stießen wir auf die Problematik, dass sowohl im Rahmen psychischer Gehilfenschaft als auch im Rahmen einer Anstiftung eine Einwirkung auf die Psyche einer anderen Person vorliegt. Vergleicht man die Kurz-Definitionen der Tathandlungen von § 26 und § 27 I, so definiert man das Bestimmen i.S.d. § 26 als *Hervorrufen* des Tatentschlusses,[546] das Hilfeleisten i.S.d. § 27 in Form der voluntativ-wirkenden psychischen Beihilfe als *Bestärken* des Tatentschlusses.[547] Es geht es also im Folgenden um die Aufgabe, das Hervorrufen des Tatentschlusses vom Bestärken des Tatenschlusses i.S. einer voluntativ-wirkenden psychischen Beihilfe voneinander abzugrenzen.[548]

1. Meinungen zur Lösung der Umstimmungsproblematik

Zuvorderst soll auf die Umstimmungsproblematik eingegangen werden, da es dabei im Kern ebenfalls um die Abgrenzung von psychischer Beihilfe und Anstiftung geht: In diesen Fällen wird durch ein Einwirken eines Hintermannes auf die Psyche des Täters dessen Tatentschluss *verändert*. Dies kann man daher einerseits mit den Fällen der Anstiftung, andererseits mit den Fällen der voluntativ-wirkender Beihilfe vergleichen. Auch dort wird schließlich durch Einwirkung auf die Psyche des Täters, dessen Tatentschluss hervorgerufen bzw. er in seinem Tatentschluss bestärkt. Möglicherweise können nachfolgend Rückschlüsse aus der Lösung der Umstimmungsproblematik für die allgemeine Abgrenzung von Anstiftung und psychischer Beihilfe gezogen werden.
Es empfiehlt sich, zunächst die Grundlagen der Umstimmungsproblematik darzulegen. Wenn möglich, sollen später die Auffassungen, die zur Lösung der Umstimmungsproblematik führen, gleichsam auf die allgemeine Abgrenzungsproblematik von Anstiftung und psychischer Beihilfe transferiert werden.

---

546 Statt vieler Sch/Sch-*Cramer/Heine*, § 26, Rn. 4; *Küpper*, JuS 1996, 23; *Oppenhoff*, StGB für den Norddeutschen Bund, § 48, Rn. 5; *Stratenwerth/Kuhlen*, Allgemeiner Teil Band I, § 12, Rn. 140.

547 Vgl. u.a. *Kühl*, Allgemeiner Teil, § 20, Rn. 225.

548 Eine andere Frage ist die nach dem allgemeinen Verhältnis zwischen Beihilfe und Anstiftung. Darauf wird im Dritten Teil ab Seite 159 eingegangen.

a. „Umstimmen“ - Die Auf-, Ab- und Umstiftungsproblematik

Zunächst werden die einzelnen Fallgruppen der Umstimmung aufgezeigt. Hierbei unterscheidet man allgemein zwischen den Fällen der Aufstiftung, denen der Abstiftung und denen der Umstiftung.

aa. Aufstiftung

Unter einer Aufstiftung[549] versteht man den Fall, bei der ein zum Grunddelikt entschlossener Täter durch den Hintermann dazu gebracht wird, die Tat in einer unrechtsschwereren Form zu begehen.[550] Der Täter ist hinsichtlich der Begehung des Grunddelikts fest entschlossen (sogenannter omnimodo facturus).[551] Die Begehung der Qualifikation stellt mithin ein Plus an Unwert dar. Bei der Aufstiftung liegt also ein Sachverhalt vor, bei dem ein Tatentschluss durch eine Einwirkung eines Dritten (des Teilnehmers) zu Ungunsten des Opfers verändert wird.

Typische Beispiele sind hierzu der Entschluss des Täters zu einem einfachen Diebstahl gemäß § 242 oder der Entschluss zu einer Körperverletzung gemäß § 223. Der „Hintermann“ beeinflusst den Täter dahingehend, dass dieser statt des Diebstahls einen Raub (§ 249) bzw. statt der Körperverletzung eine gefährliche Körperverletzung (§ 224) begeht.[552]

---

549 Synonym dazu werden die Begriffe Übersteigerung, Überstiftung, Anstiftung zum übersteigertem Tatentschluss bzw. Hochstiftung verwendet.

550 *Geppert*, Jura 1997, 305.

551 Vgl. BeckOK-*Kudlich*, § 26, Rn. 16.

552 Neben der Qualifikation zum Grundtatbestand wird als typischer Fall einer Aufstiftung auch die Wahl der gefährlicheren Ausführungsweise innerhalb desselben Tatbestandes genannt. *Nepomuck*, Anstiftung, 244.

bb. Abstiftung

Bei der Abstiftung liegt im Vergleich zur Aufstiftung der genau gegenteilige Fall vor. Der zur Begehung einer Qualifikation entschlossene Täter wird vom Hintermann dazu verleitet, „nur“ den Grundtatbestand zu begehen. Dies stellt also ein Minus an Unwert im Vergleich zum ursprünglich gefassten Tatentschluss des Täters dar. Entsprechend häufig wird zur Lösung der Fälle eine Straflosigkeit des Hintermannes – zumindest im Hinblick auf § 26 – angenommen, was teilweise mit dem Gedanken der Risikoverringerung[553] teilweise mit dem fehlenden Anstiftungsunrecht[554] oder aber auch mit Verweis auf eine Rechtfertigung gemäß § 34[555] begründet wird. Diese Fallgruppe bereitet insofern keine weiteren Schwierigkeiten.

Typische Beispiele sind entsprechend der Beispiele bei der Aufstiftung die Beeinflussung des Tatenschlusses des Täters dahingehend, statt einer gefährlichen Körperverletzung (§ 224) eine Körperverletzung (§ 223) zu begehen oder aber den zur Begehung eines zum Raub (§ 249) entschlossenen Täter dazu zu bringen, einen einfachen Diebstahl (§ 242) zu verüben.

cc. Umstiftung

Demgegenüber wird bei der Umstiftung der bereits Tatentschlossene vom Hintermann zu einer Änderung seines Tatplans veranlasst, die nicht in die Kategorien der Auf- oder Abstiftung passt.[556] Dabei wird nicht wie bei der Aufstiftung ein Plus an Unwert bzw. bei der Abstiftung ein Minus an Unwert, sondern vielmehr ein Aliud an Unwert verwirklicht, also ein anderes als das avisierte Verhalten.

Man kann die Umstiftung nicht als eine homogene Gruppe vergleichbarer Fälle bezeichnen. Vielmehr muss zur besseren Verständlichkeit die Umstiftung in zwei unterschiedliche Fallgruppen aufgeteilt werden.

Zum einen die Fallgruppe, welche als Umstiftung im engeren Sinne bezeichnet werden soll. Bei dieser führt die Beeinflussung durch den Hintermann zur gänzlichen Änderung der Haupttat oder zum (vollständigen) Austausch des Tatobjekts. Zu denken ist an folgende Beispiele: Statt der vom Täter geplanten Körperverletzung (§ 223) beeinflusst der Hintermann den Täter dahingehend, dass dieser einen Diebstahl (§ 242) begeht;

---

553 Hierzu *Kühl*, Allgemeiner Teil, § 20, Rn. 185.

554 *Freund*, Allgemeiner Teil, § 10, 122.

555 Hierzu mehr bei *Kudlich*, JuS 2005, 593f.

556 BeckOK-*Kudlich*, § 26, Rn. 18.

Statt den X zu töten, wie es der Täter ursprünglich vorhatte, beeinflusst der Hintermann den Täter dahingehend, dass dieser schließlich den Y umbringt.

Es gibt aber auch eine zweite Fallgruppe bei der Umstiftung. Bei dieser bewirkt die Beeinflussung des Hintermannes eine Änderung des Tatmotivs oder eine Änderung der Tatmodalitäten. Beispiele hierzu wären: Der Hintermann wirkt auf den Täter ein, sodass dieser statt der von ihm geplanten Körperverletzung durch Beibringung von Gift oder anderen gesundheitsschädlichen Stoffen (§ 224 I Nr. 1) die Körperverletzung mittels einer Waffe (§ 224 I Nr. 2) begeht (*Änderung des Tatmittels*). Oder die Beispiele, dass der Täter den X wegen des Ehebruches an seiner Frau verletzen wollte, woraufhin der Hintermann den Ehebruch verharmlost und dem Täter stattdessen ein besseres Motiv gibt (*Änderung des Tatmotivs*); der Hintermann regt an, statt die Sparkasse X in Y, die Sparkasse Y in X zu überfallen (*Änderung des Tatorts)*; Der Hintermann besteht darauf, die Tat nicht am Montag, sondern am Dienstag auszuführen (*Änderung der Tatzeit*). Diese Fallgruppen sollen als Umstiftung im weiteren Sinne bezeichnet werden.

b. Lösung des Bundesgerichtshofes und teilweise der Literatur

Nun folgen die Lösungsansätze des BGH und diejenigen der Literatur. Zur besseren Übersichtlichkeit werden diese für die Aufstiftungsfälle, die Umstiftungsfälle im engeren Sinne und die Umstiftungsfälle im weiteren Sinne getrennt voneinander dargestellt.

aa. Lösung der Umstiftungsfälle im engeren Sinne

Bei den Fällen der Umstiftung im engeren Sinne hat der BGH in einem der wenigen bekannten Fälle entschieden, dass Anstiftung vorliegt, wenn der Täter veranlasst wird, anstelle der Tat, zu der dieser entschlossen war, eine andere Tat zu begehen.[557] Auch Teile der Literatur schließen sich dem an.[558] „Tat“ i.S.d. § 26 StGB bedeutet die rechtswidrige Erfüllung eines bestimmten gesetzlichen Tatbestandes. Wenn also eine andere als die geplante Tathandlung, aber auch wenn ein anderes als das avisierte Rechtsgut verletzt wird, ist eine andere Haupttat anzunehmen.[559]

---

557 Leitsatz BGH StV 1996, 2.

558 Vgl. u.a. *Kühl*, Allgemeiner Teil, § 20, Rn. 180; *Küpper*, JuS 1996, 23; *Otto*, JuS 1982, 561; Sch/Sch-*Cramer*/*Heine*, § 26, Rn. 8.

559 BeckOK-*Kudlich*, § 26, Rn. 18. Andere wiederum verwiesen auf das „Maß der Rechtsgutsverletzung“, um eine Umstiftung beispielsweise von Erpressung zum Betrug als Anstiftung werten

Die Fälle der Umstiftung im engeren Sinne sind also einfach zu lösen. Sie führen dazu, dass Anstiftung anzunehmen ist.[560]

bb. Lösung der Umstiftungsfälle im weiteren Sinne

Wesentlich problematischer und umstrittener sind die Fälle der Umstiftung im weiteren Sinne. Fraglich ist, wie die Sachverhalte gelöst werden, bei denen die Tatmodalitäten (also Tatzeit, Tatort, Tatmittel) oder das Tatmotiv ausgewechselt werden. Einer der wenigen dem BGH vorgelegte Sachverhalte in diesem Bereich war folgender[561]: L wollte von Mannheim in die Niederlande reisen. L, F, dessen Bruder, und der später Angeklagte waren zu diesem Zweck mit dem PKW auf dem Weg zum Hauptbahnhof der Stadt. Der PKW gehörte dem Angeklagten. L trennte sich zwischenzeitlich von seinen Begleitern, sah auf der Straße den S. und schoss diesen nieder und rannte weg. F, der seinen Bruder flüchten sah, folgte ihm und forderte ihn auf, in den PKW des Angeklagten zu steigen. Da F seinen Bruder vor einer raschen Festnahme bewahren wollte, startete er den PKW des später Angeklagten. L, der sich auf dem Beifahrersitz setzte, erklärte, dass er in die Niederlande flüchten wolle. Der sich im PKW ebenfalls befindliche Angeklagte war nicht damit einverstanden, dass sein PKW für die Flucht in die Niederlande genutzt wurde und forderte den F stattdessen auf, zu seiner Wohnung [scil: Wohnung des Angeklagten] im Mannheimer Vorort Rheinau zu fahren.

Die Vorinstanz wertete diesen Vorschlag des Angeklagten als Anstiftung zu einer versuchten Strafvereitelung. Der BGH folgte dieser Auffassung nicht, indem er darauf abstellte, dass in diesem Fall nur die Tatmodalitäten geändert wurden. Es habe sich lediglich das Ziel der Fahrt, nicht aber deren Zweck geändert. Insoweit lag ein Fall eines omnimodo facturus vor. F war bereits fest entschlossen, L vom Tatort wegzufahren und in die Niederlande zu bringen. Zu dieser Tat konnte der Angeklagte deshalb nur Beihilfe leisten.[562]

---

zu können, *Küpper*, JuS 1996, 23; zur a.A. vgl. die Meinung *Samsons*. Dieser geht davon aus, dass das Umstimmen von der Erpressung zum Betrug keine Anstiftung sei, da nur bei einem „aliud" eine Anstiftung vorliegt. Dieses „aliud" liegt dann nach seiner Auffassung nur dann vor, wenn das Maß der Rechtsgutsverletzung nicht gleich bleibe, *Samson*, JA 1989, 1.

560 *Stree* stellt die Frage in den Raum, warum nicht immer Anstiftung vorläge, wenn jemand einen Tatentschlossenen dazu verleite, die Tat anders als vorgesehen zu begehen, mehr bei *Stree*, Heinitz-Festschrift, 280. Würde man den *Stree'*schen Vorschlag umsetzen, so läge auch Anstiftung im Fall der Abstiftung vor, schließlich hat der Täter die Tat anders als vorgesehen ausgeführt.

561 BGH NStZ-RR 1996, 1.

562 BGH aaO., 1

Ebenso auf (psychische) Beihilfe stellen Stimmen im Schrifttum bei Fällen der Änderung von Tatmodalitäten ab.[563] Die Frage, wie dieser und vergleichbare Fälle zu lösen sind, muss zunächst im Raum stehen bleiben. Die Lösung wird zu einem späteren Zeitpunkt in dieser Abhandlung geboten.[564]

cc. Lösung der Aufstiftungsfälle – Die synthetische Konzeption

Die Fälle der Aufstiftung löst der BGH mit dem Kriterium der erheblichen Übersteigerung des Tatentschlusses. Der Bundesgerichtshof hatte zu entscheiden, wie folgender Sachverhalt[565] zu bewerten ist: Zwei zum Raub entschlossenen Tätern wurde von A geraten, dem Opfer zusätzlich mit einem Knüppel auf den Hinterkopf zu schlagen. Dies taten die beiden Täter. Die Frau verstarb infolge des Angriffs. Die Vorinstanz verurteilte die beiden Täter wegen Mordes in Tateinheit mit besonders schwerem Raub. Problematisch ist jedoch, wonach sich der A strafbar gemacht hat.
In der wegweisenden, da ersten Entscheidung des Bundesgerichtshofes zu dieser Problematik wurde der Angeklagte wegen Anstiftung zur gesamten Tat verurteilt, weil er den Tatentschlossenen dazu verleitet hat, die Tat „in einer Art und Weise auszuführen, durch die ihr Unwertgehalt gegenüber dem ursprünglichen Plan erheblich erhöht worden ist".[566] Der erheblich erhöhte Unrechtsgehalt liege nach den Ausführungen des BGH in der gefährlichen Ausführungsart.[567] Der Hintermann habe also den Tatentschluss der beiden Haupttäter übersteigert.[568]

Dieser sogenannten synthetischen Konzeption schließen sich zahlreiche Vertreter im Schrifttum an.[569] Laut *Otto* sei die Qualifikation nicht nur als ein „Mehr" an Unrecht zu interpretieren, sie ändere dieses auch qualitativ, so besitzt der Qualifikationstatbestand (hier § 250 I Nr. 2) im Gegensatz zum Grundtatbestand (hier § 249) einen erhöhten Unwert.[570]

---

563 Vgl. MüKo-*Joecks*, § 26, Rn. 40; BeckOK-*Kudlich*, § 26, Rn. 18; *Küpper*, JuS 1996, 23, *Roxin*, AT 2, § 26, Rn. 100.

564 Vgl. die eigene Lösung ab Seite 133.

565 BGHSt 19, 339ff.

566 BGHSt aaO., 341.

567 BGHSt aaO., 341; Es müsste aber wohl „gefährlicher*en* Ausführungsart" heißen.

568 BGHSt aaO., 340.

569 Vgl. Lösungen bei *Fischer*, § 26, Rn. 3; *Geppert*, Jura 1997, 305; *Hünerfeld* 249; *Otto*, JuS 1982, 561; *Roxin* AT/II, § 26 Rn 104 a.E.

570 Vgl. *Otto*, JuS 1982, 561.

Die synthetische Konzeption nimmt also einen Vergleich des Unrechts von geplanter zur tatsächlich vorliegender Tat vor. Anhand dieses Vergleichs – was nichts anderes als eine normative Betrachtung ist – entscheidet sich, ob Anstiftung oder „nur" (psychische) Beihilfe vorliegt.

c. Theorie vom analytischen Trennungsprinzip

Bei der Lösung der Aufstiftungsfälle geht eine andere Ansicht nicht von einer normativen Betrachtungsweise aus, wie bei der synthetischen Konzeption, sondern betrachtet den Grundtatbestand völlig getrennt von der Qualifikation.[571] Diese Meinung, die eher einer mathematischen Formel gleicht, wird als analytisches Trennungsprinzip bezeichnet.[572] Vertreter dieser Ansicht bringen vor, dass nur durch diese Aufspaltung eine angemessene Bestrafung des Teilnehmers angesichts der Strafandrohung für den Anstifter gewährleistet werde.[573] Mit Hilfe des analytischen Trennungsprinzips wird in einem ersten Schritt geschaut, ob bei isolierter Betrachtung die Qualifikation eine eigenständige Strafbarkeit begründet würde. Wenn man beim ersten Schritt zum Ergebnis kommt, dass der erweiterte Teil, also die Qualifikation, selbstständig nicht strafbar ist, so ist demzufolge auch eine Bestrafung wegen Anstiftung zur Qualifikation mangels Haupttat nicht möglich.[574] Ebenfalls scheidet eine Anstiftung aus, da der mitbestrafte Unrechtsgehalt des Grunddelikts nicht auf die Beeinflussung des Hintermannes zurückzuführen ist, schließlich war der Täter insoweit ein omimodo facturus.[575] Eine Bestrafung wegen Anstiftung zum Grundtatbestand und zur Qualifikation (dem „plus") scheidet somit aus. Es bleibt den Vertretern nur noch eine Bestrafung wegen (psychischer) Beihilfe.[576]

Wenn man allerdings beim ersten Schritt zum Ergebnis kommt, dass der erweiterte Teil selbstständig strafbar ist, so bestraft die eine Meinung den Hintermann wegen

---

571 Vertreten u.a. *Bemmann*, Gallas-Festschrift, 276; Sch/Sch-*Cramer*, § 26, Rn. 8; MüKo-*Joecks*, § 26 Rn 35; SK-*Samson*, § 26, Rn. 4.

572 Begriff u.a. zu finden bei *Joachim Schulz*, JuS 1986, 935.

573 Hierzu MüKo-*Joecks*, § 26 Rn 35.

574 Vgl. diesbezüglich SK-*Hoyer*, § 26, Rn. 19; *Kühl*, Allgemeiner Teil, § 20, Rn. 183.

575 Vgl. ebenso *Kühl*, Allgemeiner Teil, § 20, Rn. 183.

576 *Bemmann*, Gallas-Festschrift, 274; *Jescheck/Weigend*, Allgemeiner Teil, § 64 II 2c; Kühl, Allgemeiner Teil, § 20, Rn. 183; MüKo-*Joecks*, § 26 Rn 35f; Sch/Sch-*Cramer/Heine*, § 26, Rn. 8.

Anstiftung zum Tatganzen (Grunddelikt und Qualifikation)[577], eine andere Meinung legt jenen dann nur Anstiftung zur Qualifikation zur Last.[578]

d. Lösung unter Berücksichtigung subjektiver Gesichtspunkte

Heinze hat sich ebenfalls dem Umstimmungsproblem gewidmet. Er entwickelte einen Ansatz, welcher subjektive Gesichtspunkte, also die „inneren Vorgänge des Täters" berücksichtigt.[579] Dabei unterteilt er die gedankliche Planung im Inneren des Hauptttäters in zwei Phasen: Phase 1 liegt vor, wenn sich der Täter ein Ziel gesetzt hat. Phase 2 wiederum dann, wenn dieser die erforderlichen Mittel (zur Erlangung dieses Ziels) ausgewählt hat. Nach seiner Auffassung wird ein neuer Entschluss hervorgerufen, sobald ein anderes Ziel verfolgt werde.[580] Der ursprüngliche Tatentschluss werde folglich nur verändert, also nicht hervorgerufen, „wenn er die zur Erreichung seines – gleichbleibenden – Ziels erforderlichen Mittel und Wege ändert [...]."[581] Es läge also Beihilfe vor, wenn dem Täter nur die Änderung der Tatmittel geraten wird.

Dagegen liegt Anstiftung vor, sobald der Beteiligte den Täter veranlasst, das Tatziel zu ändern.[582] Durch die Änderung eines Tatziels würde sich laut *Heinze* eben auch die Unrechtsrichtung und mithin ebenfalls der Unrechtsgehalt der Tat ändern.[583]

Man muss dementsprechend unbedingt wissen, was man unter dem Tatziel zu verstehen hat. *Heinze* definiert daher im Anschluss an diese Grund-Hypothese drei Kategorien für das Tatziel: Eines dieser Tatziele sei die Verletzung oder Gefährdung eines

---

577 So ausdrücklich *Haft*, Allgemeiner Teil, 217 und *Krey*, Allgemeiner Teil, 263; vgl. auch *Stree*, Heinitz-Festschrift, 283; ebenso *Amelung/Boch*, JuS 2000, 267; Die Autoren sprechen von „Kombination alter und neuer Deliktselemente".

578 Vgl. *Bemmann*, Gallas-Festschrift, 274; *Lackner/Kühl*, StGB, § 26, Rn. 2a; Sch/Sch-*Cramer/Heine*, § 26, Rn. 8. Wie bereits erwähnt, soll der endgültige Lösungsvorschlag der Umstimmungsproblematik erst bei der eigenen Lösung dargelegt werden, mehr dazu Seite 133ff. Teilweise wird als Gegenmeinung zur sogenannten synthetischen Konzeption auch auf die Identität des Tatentschlusses abstellt, vgl. dazu *Bemmann*, Gallas-Festschrift, 275ff; *Stree*, Heinitz-Festschrift, 281ff. Ähnlich, jedoch unter Berücksichtigung der Identität der *Tat*, Sch/Sch-*Cramer/Heine*, § 26, Rn. 8; *Fischer*, § 26, Rn. 3. *Schulz* vertritt eine Sondermeinung: Er stellt fest, dass Modifikationen des Tatplans, die sich innerhalb des vom Täters anvisierten Tatbestandes halten, nie zu einem „aliud" führen könne. Ein „aliud" könne deshalb nur vorliegen, wenn der Tatbestand wechsele und der neue Tatbestand zum alten nicht im Verhältnis der Spezialität stehe, vgl. diesbezüglich *Joachim Schulz*, Bestrafung des Ratgebers, 27.

579 *Heinze*, Verleitung des Tatentschlossenen, 43.

580 *Heinze*, aaO., 43.

581 *Heinze*, aaO., 43.

582 *Jakobs* sieht mit dem Wechsel des Tatziels eine Abstiftung verbunden mit der erneuten Anstiftung, siehe Jakobs, Allgemeiner Teil, 22. Abschnitt, Rn. 26.

583 *Heinze*, aaO., 43.

bestimmten Rechtsguts. Sobald dieses Rechtsgut ausgetauscht werde, liege Anstiftung vor.[584]

Ein zweites Tatziel sieht er in der Beeinflussung des generellen Vorsatzes eines Täters, also die Phase, in der zukünftige Handlungen noch nicht näher konkretisiert sind. Die Entschlussfassung werde dabei in das Anfangsstadium der Wissens- und Willensbildung „zurückgespult“. *Heinze* veranschaulicht dies mit dem Beispiel des Einbrechers, der in das Landhaus des Millionärs eindringen und fremdes Eigentum beeinträchtigen will, sich jedoch noch nicht vorgenommen hat, welche konkreten Gegenstände er entwenden will.[585]

Ein drittes und letztes Tatziel sieht er in der Bedrohung oder Verletzung höchstpersönlicher Rechtsgüter eines anderen Rechtsgutsträgers.[586] *Heinze* kommt mit diesem Vorschlag dazu, im folgenden Sachverhalt keine Anstiftung zu sehen: Derjenige, der ursprünglich entschlossen gewesen sei, einen Diebstahl im Wert von 100 € zu begehen und dahingehend beeinflusst wurde, 100.000 € zu stehlen, werde nicht angestiftet, da sein Tatziel schließlich nicht geändert wurde.[587] Hierbei ist die Begründung, dass sich das Tatziel nicht verändert hat, weil der Tatvorsatz nicht *neu* gefasst werden musste, sondern der vorhandene Tatentschluss nur quantitativ (also 100.000 € statt 100 €) verändert werde.[588]

Diese Lösung führt indes zu keinem befriedigenden Ergebnis. Dies liegt daran, dass sie anfällig für Willkür aus zweierlei Sicht ist: Problematisch ist auf der einen Seite, dass beiden Phasen (also Tatziel und die Mittel zur Erlangung dieses Ziels) nicht exakt voneinander getrennt werden können. Selbst *Heinze* gesteht, dass die beiden Phasen ineinander übergehen.[589] Da selbst *Heinze* Probleme hat, die Phasen exakt voneinander zu trennen, kann man kaum von einem Tatrichter erwarten, dass dieser weiß, wie die Phasen voneinander zu trennen sind. Deshalb ist diese Lösung schon aus Praktikabiltätserwägungen unanwendbar.[590]

584 *Heinze*, aaO., 44ff.

585 *Heinze*, aaO., 48f. Er unterscheidet hierbei auch zwischen quantitativen und qualitativen Änderungen des Unrechts.

586 *Heinze*, aaO., 49ff

587 *Heinze*, aaO., 58f.

588 *Heinze*, aaO., 83f.Ebenfalls läge keine Anstiftung im Fall der Aufstiftung vor, wenn beispielsweise der zum Raub (§ 249) entschlossene dazu gebracht werde, einen schweren Raub (§ 250) zu begehen.

589 Vgl. *Heinze*, aaO., 43.

590 Überdies ist die Differenzierung in zwei Phasen nicht ausreichend. Vgl. zur Problematik der Willensbildung aus psychologischer Sicht *Platzgummer*, Vorsatz, 25ff.

Zweitens kommt zur Willkür hinzu, dass nicht ersichtlich ist, in welchem Verhältnis die Tatziele zueinander stehen. Dies liegt daran, dass diese sehr abstrakt definiert sind. Zur Unterstreichung sollte man sich einen Fall denken, bei dem der Täter das Ziel verfolgt, an X „seine Wut herauszulassen", dieser aber noch zwischen mehreren Straftatbeständen schwankt. Ist das Tatziel des Täters nach *Heinzes* Auffassung nicht schon bestimmt, da der Täter einem Rechtsgut (den X) Schaden zufügen möchte? Einerlei, ob der Hintermann dem Täter rät, den X zu bestehlen oder an dessen Körper zu verletzen, das Tatziel hat der Täter entsprechend den Ausführungen *Heinzes* gefasst. In diesem Fall wäre eine Anstiftung schlechthin nicht möglich.
Anders verhielte es sich, wenn man das Tatziel darin erblickt, dass der Tatvorsatz neu zu fassen ist oder nicht. Da der vorhandene Tatentschluss des Täters in diesem Fall wohl qualitativ durch den Hintermann verändert wurde, müsste man das Verhalten des Hintermannes als Anstiftung bewerten. Es käme einem Lotteriespiel gleich, „wenn der Beteiligte erst nach rechtskräftiger Verurteilung weiß, wie er an der Tat beteiligt war[591]." *Heinze* führt dies zwar ohne Bezug auf seine eigene Meinung aus. In Wirklichkeit ist aber genau dies der Fall. Die Tatziele sind – wie selbst *Heinze* einräumt – folglich zu abstrakt formuliert.[592]
Schlussendlich ist zu beachten, dass diese Ansicht das voluntative Element des Tatentschluss gar nicht beachtet. Vielmehr steht ausschließlich die intellektuelle Komponente im Mittelpunkt der Überlegungen des Autors. Da aber gerade das volunative Element zur Abgrenzung zur Anstiftung herangezogen werden muss, kann schon deshalb diese Lehre nicht weiter verwendet werden.
Da also *Heinze* selbst Schwachstellen seiner Lehre einräumt, da ferner wohl unstreitig die intellektuelle Seite überbetont wird und dieser Ansatz aufgrund der Austauschbarkeit seiner Kategorien nicht auf die Abgrenzung voluntativ-wirkender psychische Beihilfe und Anstiftung übertragen werden kann, ist diese Lösung abzulehnen.

e. Lösung über die Planherrschaft

Nach der Auffassung *Schulz'* werden die Umstimmungsfälle über das Kriterium der Planherrschaft gelöst. Der Hintermann[593] sei dann Anstifter, wenn er die Planherrschaft

591 Vgl. *Heinze*, aaO., 19.

592 So der Autor selbst, vgl. *Heinze*, aaO., 49.

593 *Schulz* nennt ihn „Ratgeber".

innehat; Gehilfe sei derjenige, der sich mit seinem Rat in die vom Täter gesetzte Vorgabe einfügt, Anstifter, derjenige, der die Vorgabe schafft oder modifiziert.[594]
Auf das Kriterium der Planherrschaft stieß *Schulz* deshalb, weil er den Versuch unternommen hat, eine Gemeinsamkeit zwischen Täterschaft und Anstiftung zu finden: Wenn bei der Täterschaft von der erforderlichen Tatherrschaft gesprochen werde, so verlange der identische Strafrahmen bei der Anstiftung eine ähnliche qualitative Dominanz.[595] Da bei der Beihilfe der Strafrahmen ein anderer ist, wird diese Dominanz, also die Planherrschaft, bei ihr nicht verlangt.
Schulz hält aber zum besseren Verständnis im Hinblick auf das Verhältnis zur Täterschaft ebenfalls fest, dass sich die Dominanz des Anstifters nicht als *Herrschaft über die Tat* ausdrücke, was schließlich für die täterschaftliche Begehung gilt, sondern als *Herrschaft über den Plan*: Anstiftung sei intellektuelle Herrschaft über die Planung, nicht aber über die Ausführung der Tat.[596] Der Anstifter beherrsche nicht das „Ob" der Tatausführung, sondern nur das „Wie".[597] Mit dieser Herrschaft gebe der Anstifter dem Tatplan seine Gestalt.[598] Dabei habe derjenige die Planherrschaft inne, der den deliktischen Sinnzusammenhang gesetzt hat, in dem die verwirklichte Tat steht.[599]

Zunächst einmal stehen dieser Lehre die bisher gefundenen Ergebnisse der Auslegung der Tathandlung von § 26 entgegen. Der Begriff Planherrschaft würde – wie schon *Roxin* zutreffend feststellt – dazu führen, dass beispielsweise eine Handlung wie die (kommunikative) Beauftragung durch einen Dritten nicht mehr als Bestimmen i.S.d. § 26 gewertet werden könnte.[600] Dies führt damit zu einer stark restriktiven Auslegung der Tathandlung (ähnlich der Lehre vom Unrechtspakt *Puppes*), die keinesfalls geboten scheint. Diesbezüglich sei noch einmal auf die schon erwähnte Kritik an der Lehre *Puppes* erinnert.[601]

---

594 *Joachim Schulz,* Bestrafung des Ratgebers, 140ff.

595 *Joachim Schulz,* aaO., 140.

596 *Joachim Schulz,* aaO., 142.

597 *Joachim Schulz,* aaO., 142.

598 *Joachim Schulz,* aaO., 143.

599 *Joachim Schulz,* aaO., 145, so noch einmal *Joachim Schulz*, JuS 1986, 938. Es komme diesbezüglich nicht darauf an, ob zwischen den anvisierten Tatorten vor und nach dem Rat ein enger räumlicher Zusammenhang bestehe oder ob die Distanz erheblich sei; *Joachim Schulz,* Bestrafung des Ratgebers, 146.

600 Vgl. Ausführungen *Roxins*, LK-*Roxin* 11. Auflage, § 26, Rn. 8.

601 Vgl. dazu nochmals die Ausführungen ab Seite 104.

Auch aus methodisch-dogmatischer Sicht ist die Meinung *Schulz´* zu kritisieren. Das Kriterium der Planherrschaft entwickelte er ausgehend vom Strafrahmen für den Anstifter, was nach dem Gesetz bekanntlich eine tätergleiche Bestrafung für den Bestimmenden zur Folge hat. Diese Herangehensweise geht damit zunächst von der Rechtsfolge des § 26 aus, was gleichfalls dazu führt, dass die Tatbestandsmerkmale diesem Ergebnis entsprechend „angepasst" wurden.

Zusätzlich lässt es sich nicht vermeiden, auf die Ähnlichkeit dieser Theorie zu der Lehre *Heinzes* hinzuweisen. Ob der deliktische Sinnzusammenhang geändert oder das Tatziel geändert wird, ist eher ein Spiel um Worte. Insofern verwundert es nicht, wenn der Autor selbst in einer späteren Stellungnahme dogmatische Schwächen seiner Theorie einräumt. *Schulz* gesteht nämlich, dass sich seine Konzeption der Planherrschaft nur auf die intellektuelle Seite bezieht. Wann eine *Willens*beeinflussung Anstiftung sei, läßt diese Meinung letztlich offen.[602] Ein Problem, welches im Übrigen schon bei der Lehre *Heinzes* auftauchte.[603] *Neidlinger* hält *Schulz* deshalb berechtigterweise vor, dass die voluntative Ebene vollständig ausgeblendet werde.[604] Aber gerade die volunative Seite der psychischen Beihilfe ist insofern die wichtigere, da sie darüber entscheidet, ob jemand in seinem Willen bestärkt wurde oder nicht.

Deshalb gilt: Entsprechend der dort genannten Gründe ist auch diese Theorie abzulehnen.

f. Zwischenergebnis

Eine abschließende und befriedigende Lösung der Umstimmungsproblematik ist noch nicht gefunden worden. Das Problem wird verschoben und im Rahmen der eigenen Lösung wieder aufgegriffen.[605]

2. Spezifische Lösungen zur Abgrenzung der Teilnahmeformen

Nachfolgend werden Lösungen zur allgemeinen Abgrenzungsproblematik der psychischen Beihilfe von der Anstiftung aufgezeigt. Anschließend folgt die eigene Lösung.

---

602 *Joachim Schulz*, JuS 1986, 939.

603 Lese nochmals ab Seite 124.

604 *Neidlinger*, Abgrenzung, 150; gleichfalls *Ingelfinger*, Anstiftervorsatz, 142.

605 Eigene Lösung nachzulesen ab Seite 133. Die angebotene eigene Lösung zur Umstimmungsproblematik nachzulesen ab Seite 155.

a. Theorie der entscheidenden Bedingung

Neidlinger vertritt die Theorie der entscheidenden Bedingung.[606] Ausgangspunkt seiner Theorie ist der Umstand des unterschiedlichen Strafrahmens von § 26 und § 27. Daraus schlussfolgert er, dass bei der Anstiftung etwas Strafwürdigeres im Vergleich zur Beihilfe vorliegen müsse. Den Namen seiner Theorie entnimmt er der Begründung des Gesetzgebers zu § 26. Dort heißt es, dass der Anstifter den entscheidenden Anstoß gegeben habe.[607] Das strafwürdigere Verhalten der Anstiftung müsse in diesem „entscheidenden Anstoß" liegen.[608]

Eine Differenzierung zwischen dem Bestärken des Tatentschlusses (also § 27) und dem Hervorrufen des Tatentschlusses (also § 26) versucht *Neidlinger* zunächst (ausschließlich) über die conditio sine qua non-Formel zu begründen. Gedanklich gelangt er dazu, einen Unterschied zwischen der Kausalität der Beihilfe und derjenigen der Anstiftung über das Auslösen des Handlungswillens festzustellen. Für *Neidlinger* ist das Auslösen des Handlungswillens der für § 26 notwendige Kausalzusammenhangs zwischen der Handlung (also dem Bestimmen) und dem dazugehörigen notwendigen Bestimmungserfolg.[609] Seiner Meinung nach läge ein Hervorrufen des Tatentschlusses vor, wenn der Handlungswille (des Haupttäters) kausal ausgelöst wurde.[610] Nach Fassung des Tatentschlusses läge kein auslösender Charakter vor. Eine kausale Auslösung des Handlungswillens bestehe logischerweise nicht.[611]
Übertragen auf die Ausgangsfrage nach der Abgrenzung von Hervorrufen und Bestärken des Tatenschlusses ist also zusammengefasst Untersuchungsgegenstand, ob der Handlungswille des Haupttäters bereits vorhanden ist. Ist kein Handlungswille vorhanden, so liegt mithin Anstiftung vor. *Neidlinger* versucht in dem Tatbestandsmerkmal „Bestimmen" ein Plus gegenüber dem „Auslösen des Handlungswillens" zu begründen. Jedoch realisiert er, dass man nicht *ausschließlich* auf die entscheidende Bedingung i.S.d. conditio sine qua non-Formel abstellen kann.[612]

---

606 *Neidlinger*, Abgrenzung, 118ff.

607 Vgl. BT-Drucks. V/4095, Dritter Teil: „[...] dass er den entscheidenden Anstoß gegeben hat". Hierzu ebenfalls BGH MDR 1957, 395.

608 *Neidlinger*, Abgrenzung, 118.

609 *Neidlinger*, aaO., 129.

610 *Neidlinger*, aaO., 138. Dieser Umstand müsse vom Vorsatz des Teilnehmers zwingend jedoch umfasst sein.

611 *Neidlinger*, aaO., 133.

612 *Neidlinger*, aaO., 147.

Ebenso wie *Schulz*[613] verwendet *Neidlinger* sodann den Dominanzgedanken. Dabei macht er jedoch nicht denselben Fehler wie *Schulz*, der ausschließlich die intellektuelle Komponente berücksichtigt hat. *Neidlinger* berücksichtigt bei der Fassung des Tatentschlusses neben der intellektuellen auch die voluntative Komponente. Auf intellektueller Seite nennt er diese Art von „Dominanz" Planherrschaft im Anschluss an die Lehre *Schulz'*. Übertragen auf die voluntative Seite der Anstiftung nennt er sie dort Entscheidungsdominanz.[614] Betrachtet man den voluntativen Bereich, so liegt Anstiftung nur dann vor, wenn neben der im Kern festgelegten Tat die entscheidende Bedingung für die Auslösung des Handlungswillen gesetzt wurde.[615] Um nun zu wissen, was entscheidend ist oder was nicht, wird eine hypothetische Betrachtung vorgenommen, also auf die hypothetische Kausalität zurückgegriffen.[616] Hätte der Täter den zur Ausführung der Tat drängenden Handlungswillen auch eigenständig gefasst, so läge keine Entscheidungsdominanz beim Teilnehmer vor, also auch kein Fall der Anstiftung.[617]

Wenn man die Meinung *Neidlingers* kritisiert, so kann diese Kritik einerseits im Hinblick auf dessen Ausführungen zur Entscheidungsdominanz, andererseits zu seinen Ausführungen zur Planherrschaft erfolgen. Zur Entscheidungsdominanz auf der voluntativen Seite ist kritisch zu bemerken, dass das Abstellen auf die hypothetische Kausalität das Problem nicht konstruktiv löst. Vielmehr werden aufgrund der hypothetischen Kausalität Folgeprobleme geschaffen – insbesondere sei an die forensischen Beweisschwierigkeiten erinnert. *Ingelfinger* formuliert deshalb zutreffend, dass die hypothetische Kausalität für diesen Bereich kaum prüfbar wäre sowie unsicher sei. Es käme über die hypothetische Betrachtung letztlich zu einer Entscheidung durch das Rechtsgefühl.[618] Damit wäre jedoch wieder Rechtsunsicherheit und Willkür verbunden: Eine Konsequenz, die nicht anzustreben ist.

Hinzu kommt, dass die Auffassung ebenfalls an einem entscheidenden Makel krankt: *Neidlinger* meint, dass das Auslösen des Handlungswillens ein objektives Merkmal darstellt, auf welches sich dann auf der subjektiven Tatbestandsseite der Vorsatz

613 Dessen Thesen sind nochmals nachzulesen auf Seite 126ff.
614 *Neidlinger*, aaO., 174.
615 *Neidlinger*, aaO., 152 sowie 158f.
616 *Neidlinger*, aaO., 156.
617 *Neidlinger*, aaO., 157.
618 *Ingelfinger*, Anstiftervorsatz, 144.

erstrecken muss.[619] Ob der Beteiligte die Handlung ausführen will, ist jedoch nicht Gegenstand des objektiven Tatbestandes. Das Kriterium der Entscheidungsdominanz auf voluntativer Seite ist nach alledem abzulehnen. Ebenso verhält es sich mit dem intellektuellen Element.[620]

Folglich ist die Lehre *Neidlingers* zur Lösung der Abgrenzungsproblematik von Anstiftung und psychischer Beihilfe so nicht verwendbar.

b. Lösung über die Schadenshöhe beim Opfer

Möglicherweise lässt sich die Abgrenzung der beiden Teilnahmeformen durch eine These *Roxins* lösen, die er in einem anderen Zusammenhang aufgestellt hat: Bei dem Versuch der Definition des Ausmaßes der Unrechtssteigerung erklärt *Roxin*, dass der Hintermann dann mittelbarer Täter sei, wenn sein Herrschaftsanteil den des unmittelbar Handelnden überwiegt.[621] Der vom Hintermann herbeigeführte Schaden müsse nach *Roxins* Auffassung folglich doppelt so groß sein wie der Schaden, den der Ausführende selbst bewusst verwirklicht hat.[622] Wohlgemerkt, dies sind Ausführungen zur Begründung der Rechtsfigur „Täter hinter dem Täter“. Da aber nicht ersichtlich ist, ob *Roxin* diesen Gedanken auch auf die Abgrenzung Anstiftung und Beihilfe übertragen will[623], soll ihm also folgender Gedankengang unterstellt werden: Sobald der Rat des Teilnehmers zu einer Unrechtssteigerung führt, welcher den doppelten Schaden im Vergleich zum ursprünglichen Plan bewirkt, dann ist der Hintermann Anstifter.[624]

Diese Ansicht begegnet jedoch sogleich Bedenken. Einerseits kann mit dieser mehr mathematischen Formel kein späteres Judikat gefunden werden, wenn man den Ausgangsschaden nur ansatzweise erahnen kann. Denkbar wäre, dass eine Abstiftung dazu

---

619 So *Neidlinger*, aaO., 140f.

620 Was das Kriterium der Planherrschaft anbelangt, soll auf die bereits aufgeführten Argumente gegen die Lehre *Schulz'* verwiesen werden.

621 *Roxin*, Lange-Festschrift, 186.

622 *Roxin*, aaO., 186.

623 Vgl. *Roxin*, aaO., 189.

624 Eine ähnliche Auffassung vertritt *Stork*, Anstiftung, 39f, welche auf die Erheblichkeit der Unwertssteigerung abzustellen versucht. Nur bei erheblicher Unterscheidung des zuvor ins Auge gefasste Unrechts liegt nach ihrer Auffassung Anstiftung vor. Die Erheblichkeit versucht sie anhand von Beispielen zu erläutern, welche krass gebildet sind, sodass sie unbrauchbar für die weitere Diskussion werden. Dazu zwei Zitate aus ihrer Abhandlung, *Stork*, Anstiftung, 39: „Mit dem Diebstahl von Goldbarren im Werte von mehreren Millionen Mark ist beispielsweise erheblich größeres Unrecht gesetzt als durch die Wegnahme eines Pfennigbetrags.“ Und vgl. *Stork*, Anstiftung, 95, wo statt eines kleines Transistorradios der Familienschmuck im Wert von rund 10.000,- DM entwendet wird. Kritik an *Storks* Auffassung auch bei *Neidlinger*, Abgrenzung, 94ff.

führt, dass der Schaden beim Opfer im Vergleich zum ursprünglichen Tatplan verdoppelt wird. Es wäre nicht nur unbillig, sondern rechtsstaatlich unvertretbar, diesen „Ratgeber" wegen Anstiftung zu bestrafen.

Ebenso ist zu beachten, dass dieser Lösungsweg nur bei Erfolgsdelikten beschritten werden kann. Besser gesagt nur bei den Erfolgsdelikten, die einen quantifizierbaren Erfolg haben.[625] Es sind jedoch zahlreiche Straftatbestände (gerade außerhalb der Vermögensdelikte), welche über diese Theorie nicht gelöst werden können. So ist es schwer möglich, bei zwei Morden einen doppelten Schaden gegenüber einem Mord zu bejahen.[626] Und selbst dort, wo eventuell ein messbarer Schaden besteht, kann nicht zwangsläufig auf dessen Erfolgsunrecht abgestellt werden, schließlich – so *Schulz* – verwirkliche derjenige ein höheres Erfolgsunrecht der einem Sozialhilfeempfänger 100 DM stiehlt als derjenige, der einem Millionär 1000 DM stiehlt.[627]

Im sensiblen Bereich der Anstiftung mit der Strafandrohung „gleich einem Täter" führte eine solche Formel nicht zu einem rechtsstaatlich begrüßenswerten Ziel. Diese Auffassung wird demgemäß nicht zur Lösung der Problematik berücksichtigt.

---

625 Außerdem sind Fälle denkbar, bei denen unvorhersehbare Ereignisse im Kausalverlauf auftreten, welche den Ausgangs- oder auch Endwert verändern.

626 Der BGH weist im Motassadeq-Fall ausdrücklich auf die Problemstellung hin: „Ist jedoch das höchstpersönliche Rechtsgut des menschlichen Lebens betroffen, so verbietet sich jede Betrachtung, die geeignet wäre, dessen Schutz dadurch zu relativieren, dass das einzelne Menschenleben als unbedeutender Einzelposten gegenüber einem allein maßgeblichen „Gesamtunrechtsgehalt", einer „Gesamtunrechtsdimension" nicht mehr ins Gewicht fiele", vgl. nochmals BGHSt NJW 2007, 390.

627 Dazu *Joachim Schulz*, JuS 1986, 937.

3. Eigene Lösung

Nach all den Lösungsvorschlägen, die m.E. nicht zu einem befriedigenden Ergebnis zur Lösung der Abgrenzungsproblematik von Anstiftung und psychischer Beihilfe sowie zur Lösung der Umstimmungsproblematik beigetragen haben, folgt nun die eigene Lösung.

Allgemein wird davon ausgegangen, dass ein omnimodo facturus nicht mehr angestiftet werden kann, da dessen Tatentschluss zum Zeitpunkt der Beeinflussung durch den Hintermann fest gefasst ist. Ausgehend von dieser völlig herrschenden Meinung[628] wird die hier vertretene Lösung konzipiert. Dieser herrschenden Meinung kann für die Fälle des omnimodo facturus entnommen werden, dass sie auf den Haupttäter – oder präziser formuliert – auf die Möglichkeit der Beeinflussung der Psyche des Haupttäters abstellt. Der Tatentschluss dieses Haupttäters ist fest gefasst. Eine Beeinflussung seiner Psyche durch den Hintermann ist nicht möglich, da er unter allen Umständen (omnimodo) die Tat begehen wird. Eine Anstiftung scheidet aus.

Es erscheint fraglich, warum diese in Rechtsprechung, Literatur und in der Gesetzesbegründung zu findende Meinung, dass der Tatentschluss maßgeblich zur Beurteilung der Möglichkeit von Anstiftung ist, ausschließlich für den omnimodo facturus gelten soll. So wird man doch zustimmen können, dass im gegenteiligen Fall des non facturus Gleiches gelten muss: In den Fällen des non facturus führt der nicht-vorhandene Tatentschluss dazu, dass dieser ausschließlich hervorgerufen werden kann. Es kommt folglich nur Anstiftung in Betracht, psychische Beihilfe scheidet konsequenterweise aus. Auch in dieser Fallgruppe ist der (nicht vorhandene) Tatentschluss mithin maßgeblich.

---

628 Vgl. nochmals die Meinungen in der Judikatur, im Schrifttum sowie in den Motiven des StGB: RGSt 13, 121; 59, 27; 72, 375; BGH MDR 1957, 395; BGH StV 1996, 2; BGH NJW 2000, 1878; OLG Stuttgart 1950, 118; *Bär*, Subsidiarität, 36f; *Baumann/Weber/Mitsch*, § 30, Rn. 31; *Bemmann*, Gallas-Festschrift, 273; *Bock*, JR 2008, 144; Sch/Sch-*Cramer/Heine*, § 26, Rn. 7; *Frister*, Allgemeiner Teil, 360; *Geppert*, JK 96, StGB § 26/5; *Haft*, Allgemeiner Teil, 216; *Heinrich*, Allgemeiner Teil, Rn. 1294; *Hruschka*, JR 1983, 177f; MüKo-*Joecks*, § 26, Rn. 23; *Kaspar*, JuS 2004, 411; *Kindhäuser*, Allgemeiner Teil, § 41, Rn. 11; *Krey*, Allgemeiner Teil, 260; *Kühl*, Allgemeiner Teil, § 20, Rn. 177; *Lackner/Kühl*, StGB, § 26, Rn. 2a; *Oppenhoff*, StGB für den Norddeutschen Bund, § 48, Rn. 5; LK-*Schünemann*, § 26, Rn. 17; *Stratenwerth/Kuhlen*, Allgemeiner Teil Band I, § 12, Rn. 144; Begründung zum Entwurf eines Strafgesetzbuches (StGB) E 1962, abgedruckt in der BT-Drucks. IV/650 auf Seite 150.

Man gelangt m.E. zu dem noch zu zeigenden Ergebnis, dass nicht nur in den Fällen des omnimodo facturus und nicht nur in den Fällen des non facturus die Qualität des Tatentschlusses des Haupttäters den Schlüssel zur Einordnung der Strafbarkeit bietet, sondern vielmehr jeden der hier relevanten Fälle lösen kann.

Zur Abgrenzung von Anstiftung („Hervorrufen des Tatentschlusses") und der volunativ-wirkenden psychischen Beihilfe („Bestärken des Tatentschlusses") wird es daher notwendig sein, die Haupttäter in drei Fallgruppen zu kategorisieren: Eine der Haupttäterkategorien ist der bereits erwähnte „omnimodo facturus", eine weitere Haupttäterkategorie ist der bereits erwähnte „non facturus". Es wird jedoch eine letzte Haupttäterkategorie notwendig sein, in welche derjenige Täter fällt, der im Gegensatz zum non facturus schon einen Tatentschluss gefasst hat, diesen aber im Gegensatz zum omnimodo facturus nicht unbedingt durchführen will.[629]
Um den einzelnen Haupttäter in einer der genannten Täterkategorien verorten zu können, braucht es ein zuverlässiges, dogmatisches Instrument. Dieses letztlich zur Unterscheidung der voluntativ-wirkenden psychischen Beihilfe von der Anstiftung dienende Instrument ist die Qualität des Tatentschlusses des Haupttäters zum Zeitpunkt der Beeinflussung durch den Haupttäter.

a. Dogmatische Begründung der eigenen Lösung

Jedes Verhalten eines Teilnehmers hinterlässt Spuren in der Psyche eines Haupttäters.[630] Zur Unterstreichung dieser These soll ein Beispiel gebildet werden: A ist unentschlossen, ob er seinen Erbonkel töten soll und hadert seit Wochen mit diesem Gedanken. Wenn der Teilnehmer B dem A eine Waffe aushändigt und mit dieser den sicheren Tod des Erbonkels verspricht, wird man wohl davon ausgehen müssen, dass der B Anstifter ist, sollte der Erfolg eintreten. Was ist nun aber mit dem Teilnehmer, der rät, erst einmal zu Testzwecken eine andere Person zu töten, damit die Tötung des Erbonkels später leichter fällt? Was ist mit dem Teilnehmer, der dem Täter vorrechnet, wie hoch das Erbe sein wird? Ohne das Ergebnis vorwegnehmen zu wollen: Es zeigt sich insbesondere mit Hilfe der letzten beiden Fälle, dass wohl niemand sagen würde, dass *eindeutig* Anstiftung zur Tötung des Erbonkels vorliegt. Jedoch kann mit den genannten Beispielen verdeutlicht werden, dass – unterstellt man die spätere Tötung des Erbonkels – die Psyche des A in unterschiedlicher Weise beeinflusst wurde. Es

629 Näheres zur Haupttäterkategorie sogleich auf Seite 146ff.
630 Vgl. dazu nochmals die Ausführungen auf Seite 83ff.

lässt sich also festhalten, dass der Tatentschluss des Haupttäters eine entscheidende Rolle spielt.

Ein Argument für die dogmatische Herleitung der eigenen Lösung, wonach die Qualität des Tatentschlusses des Haupttäters zum Zeitpunkt der Beeinflussung durch den Hintermann maßgeblich ist, ergibt sich aus dem Wortlaut beider Teilnahmenormen. Der Teilnehmer hat einen anderen bestimmt bzw. er hat einem anderen Hilfe geleistet. Die Wahl der Vergangenheitsform der §§ 26f stellt auf das *vorgelagerte* Teilnehmerverhalten ab. Beide Male hat der Haupttäter dieses Teilnehmerverhalten bei seinem Tatentschluss in Rechnung gestellt. Ohne das vorgelagerte, also in der Vergangenheit befindliche Verhalten des Teilnehmers ist der Tatentschluss des Haupttäters mithin schlechthin nicht vorstellbar.

Damit aber nicht genug: Eine wichtige Grundlage der Teilnahmelehre ist nach dem deutschen Strafgesetzbuch die Akzessorietät von Anstiftung und Beihilfe. Diese ist zugleich zentraler Bestandteil bei der Herleitung der eigenen Lösung: Der Tatbestand von § 26 ist erfüllt, wenn der Teilnehmer den Haupttäter zu dessen Tat bestimmt hat; § 27 I verlangt, das der Teilnehmer dem Haupttäter Hilfe geleistet hat. Eine Bestrafung wegen Teilnahme i.S.d. §§ 26f ist somit nur möglich, wenn eine vorsätzlich begangene, rechtswidrige Haupttat gegeben ist. Liegt eine solche Haupttat nicht vor, so kann im Umkehrschluss eine Teilnahme im Wege der §§ 26f nicht mehr bestraft werden(Grundsatz der Akzessorietät).

Dieses für die Teilnahmelehre konstitutive Element der Akzessorietät stellt aber nicht nur ein objektives Band zwischen Täterhandlung und Teilnehmerhandlung dar. Es verbindet Täter und Teilnehmer zusätzlich über einen inneren Zusammenhang. Dieser innere Zusammenhang ist die Einwirkung des Teilnehmers auf den Tatentschluss des Haupttäters: Die Beeinflussung bei Anstiftung und voluntativ-wirkender psychische Beihilfe formt den Tatentschluss dahingehend, dass der Haupttäter zur Tatbegehung veranlasst wird bzw. in seinem zuvor gefassten Tatentschluss bestärkt wird. Mit anderen Worten: Die Beeinflussung des Teilnehmers führt bei der Anstiftung zur Bildung bzw. bei voluntativ-wirkender psychischer Beihilfe zur Festigung des Tatentschlusses des Haupttäters.

Dass die Akzessorietät nicht nur eine objektive Verbindung von Haupttat und Teilnahme ist, sondern darüber hinaus auch eine subjektive Verknüpfung herstellt, unterstreicht auch *Joecks*. Nach dessen Meinung wirkt jede Teilnahme in der Regel über

den Täter auf die Tat ein.[631] Andere Stimmen im Schrifttum unterstreichen dies.[632] Auch *Hruschka* vertritt die Ansicht, dass zumindest bei der Teilnahmeform der Anstiftung eine Einwirkung auf den Täter vorläge.[633]
Man muss den Willen, sprich den Tatentschluss des Haupttäters kennen, wobei die Akzessorietät eine Brücke zwischen dem Willen des Teilnehmers und dem Willen des Haupttäters schlägt.

Der Tatentschluss des Haupttäters zum Zeitpunkt der Beeinflussung durch den Hintermann ist alles in allem Dreh- und Angelpunkt für die Beurteilung der Strafbarkeit des Hintermannes. Jedes Handeln des Teilnehmers muss folglich – wie es schon *Roxin* zutreffend formuliert hat – als Einwirkung auf den Haupttäter verstanden werden.[634] Nur indem man auf die Motivationslage in der Psyche des Haupttäters abstellt, dessen Vorstellungsbild bzw. dessen Einstellung kennt, kann man wissen, ob dieser noch angestiftet werden kann oder aber ob diesem möglicherweise „nur" noch psychische Beihilfe in Form des Bestärkens des Tatentschlusses geleistet werden kann.
Wenn man also weiß, dass der Haupttäter ein omnimodo facturus oder ein non facturus ist oder einen Entschluss zwischen den beiden Extremen omnimodo facturus und non facturus gefasst hat, kann man das Verhalten des Teilnehmers richtig einordnen.

Es führt nach den hier vertretenen Überlegungen kein Weg daran vorbei, zunächst – wie auch sonst üblich – die Strafbarkeit des Haupttäters zu überprüfen. Neben der Prüfung der rechtswidrigen und vorsätzlichen Haupttat muss überdies bei strittigen Konstellationen der Grad des Tatentschlusses des Haupttäters geprüft werden.[635] Anschließend kann über den Grundsatz der Akzessorietät das Verhalten des Beteiligten rechtlich eingeordnet werden.

631 MüKo-*Joecks*, § 27, Rn. 36.
632 Vgl. *Rogat*, Beihilfe, 10; *Roxin*, Miyazawa-Festschrift, 509.
633 *Hruschka*, JR 1983, 177ff.
634 *Roxin*, Miyazawa-Festschrift, 509.
635 Zur Prüfung des Tatenschlusses vgl. die Ausführungen auf Seite 152ff.

b. Die einzelnen Haupttätergruppen

Nacheinander werden die drei Haupttäterkategorien definiert. Diese Kategorien sollen später dazu dienen, die Abgrenzung von psychischer Beihilfe und Anstiftung durchzuführen.

aa. Der „omnimodo facturus“

Die Rechtsfigur wird in der rechtswissenschaftlichen Literatur und Judikatur stets mit „ein zur Tat fest Entschlossener dargestellt“.[636] Dass diese abstrakte Aussage noch vertieft werden muss, ist angesichts der Abgrenzung zur psychischen Beihilfe unvermeidlich. Etwas präziser formuliert *Schulz*. Ein Täter sei dann omnimodo facturus, wenn er zu den konkreten Entschluss zu einer ganz bestimmten Tat gehabt hat.[637] *Schulz* meint jedoch auch, dass die Rechtsfigur nicht abstrakt festgelegt werden könne, sondern im Einzelfall einer vernünftigen Analyse überlassen werden müsse.[638] Nichtsdestotrotz soll der Versuch einer abstrakten Festlegung unternommen werden.

(1) Historie des Begriffs

Der Terminus „omnimodo facturus“ wird *Ulpian* zugeschrieben: „Immo et si erat servus *omnimodo* fugiturus vel furtum *facturus*, hic vero laudator huius propositi extitit, tenetur: non enim oportet laudando augeri malititiam.“[639] Diesem Text wurden die beiden Wörter „omnimodo“ und „facturus“ herausgenommen und zu einer der wichtigeren Rechtsfiguren der Strafrechtsdogmatik (zumindest im Bereich der Teilnahmelehre) zusammengefasst.

Auch im Mittelalter ist diese Rechtsfigur verwendet worden. So hielt *Carpzov* fest, dass eine Person straflos bleibt, falls sie eine andere Person zu bestimmen versucht, welche jedoch schon den Willen zur Tat gefasst hatte. Zur Rechtsfigur „omnimodo facturus“ führte *Carpzov* weiter aus: „Praeterea poena homicidii ordinaria in mandante locum non habet, quando mandatarius erat absque mandato, sua voluntate et causa delictum perpetraturus.“[640]

636 Statt vieler MüKo-*Joecks*, § 26, Rn. 23 sowie BGH NJW 2000, 1878.

637 *Joachim Schulz,* Bestrafung des Ratgebers, 125.

638 *Joachim Schulz,* aaO., 162.

639 „Sogar wenn der Sklave unter allen Umständen schon zur Flucht oder zum Diebstahl entschlossen war, haftet auch derjenige, der nur gekommen ist und seinen Plan gelobt hat.“ Sämtliche Nachweise bei *Bock*, JR 2008, 144.

640 „Ferner findet die ordentliche Strafe für Mord keine Anwendung auf den Mandanten, wenn der Mandatar auch ohne das Mandat aus eigenem Willen und aus eigenen Gründen das Delikt bege-

Übersetzt man „omnimodo“ und „facturus“ , so liegt ein Täter, der „unter allen Umständen“ bzw. „unbedingt“ (omni modo) entschlossen ist, eine Tat zu begehen (facturus, Futur des Verbes facere). Ein omnimodo facturus ist mithin ein „in jedem Fall tun Werdender“.[641] Diese Übersetzung ist die Grundlage, auf welche aufgebaut werden muss. Zum einen ist der Tatentschluss das zentrale Elemente dieser Rechtsfigur, zum anderen das Element des unbedingten Handelns („unter allen Umständen“). Letzteres wirft die Frage nach den inhaltlichen Anforderungen an den Tatentschluss des Haupttäters auf. Auf beide Elemente ist nun näher einzugehen.

(2) Der Tatentschluss des „omnimodo facturus“

Bei der Auslegung des Wortlauts der Tathandlung von § 26 wurde festgestellt, dass unter „bestimmen“ unter anderem „durch seine Stimme auswählen“ aber auch „Jemandes Entschließung auf eine überwiegende Art auf etwas lenken“ gemeint ist. Die erste Interpretation „Das durch seine Stimme auswählen“ bedingt indes, dass auf der anderen Seite eine noch für die Beeinflussung zugängliche Person steht. Eine Person kann schließlich schon begriffslogisch nicht zu einer Tat ausgewählt werden, die sich selbst zu dieser Tat ausgewählt hat. So verhält es sich auch bei der zweiten Definition „jemandes Entschließung auf eine überwiegende Art auf etwas zu lenken“. Dies kann man nur, wenn derjenige „Auserwählte“ sich noch nicht selbst hierzu gelenkt hat. Um es positiv mit anderen Worten zu formulieren: Bestimmen kann man nur diejenige Person, die noch bestimmbar ist. Der Tatentschluss des omnimodo facturus ist derart stark gefasst („unbedingt“, „unter allen Umständen“), sodass dieser nicht mehr bestimmbar ist.

Das Element des Tatentschlusses ist ein subjektives Element. Wie auch sonst üblich umfasst der subjektive Tatbestand das „Wissen und Wollen“[642] zur Tatbegehung. Bei der hier behandelten Rechtsfigur ist das konstituierende Merkmal der Wille zur Handlung (also das volunatives Element des Tatentschlusses). Diesen Willen stellt der omnimodo facturus selbst über das intellektuelle Element des Vorsatzes. Subjektiv muss er den Taterfolg nicht nur für möglich halten und billigend in Kauf nehmen (wie beim dolus eventualis), ihm kommt es gerade darauf an, den Taterfolg herbeizuführen.

hen wollte.“ Nachweise bei *Bock*, JR 2008, 146.

641 Köbler Juristisches Wörterbuch - Für Studium und Ausbildung, 14. Auflage, München 2007, 299. Kritik am Begriff „omnimodo facturus“ übt *Puppe*, GA 1984, 116f.

642 Hierzu *Roxin*, AT 1, § 12, Rn. 4.

Diesem Täter geht es um den tatbestandsmäßigen Erfolg.[643] Sein Handlungswille ist final auf den vom Gesetz bezeichneten Handlungserfolg gerichtet.[644] Der Erfolg ist das Ziel seiner Handlung, auf das er die Kausalkette hinzusteuern versucht.[645]
Zur Bejahung des omnimodo facturus darf sich niemals die Frage stellen, *ob* der Täter handelt. Er führt gerade zielgerichtet die Rechtsgutsverletzung herbei. Das voluntative Element seines Tatentschlusses ist also dasjenige, welches in diesem Fall überwiegt. Insofern hat der Täter einen *un*bedingten Vorsatz. Der Täter handelt aus dessen subjektiver Sicht mit Absicht.

Den Tatentschluss des omnimodo facturus zum Zeitpunkt der Beeinflussung durch den Hintermann kann synonym mit der Vorsatzart dolus directus ersten Grades verwendet werden. Der Täter hat demzufolge vor bzw. spätestens zum Zeitpunkt der Beeinflussung durch den Hintermann eine solche Absicht (i.S.d. dolus directus ersten Grades) gefasst, welchen er auch zum Zeitpunkt der Tatbegehung („Koinzidenzprinzip") nicht aufgegeben hat.

(3) Der Inhalt des Tatentschlusses („unter allen Umständen")

Nun ist zu klären, wie konkret der Tatentschluss eines omnimodo facturus gefasst sein muss, welche Umstände er bereits zum Zeitpunkt der Beeinflussung durch den Hintermann in Rechnung gestellt haben muss, sodass der Hintermann nicht mehr kausal i.S.d. conditio sine qua non-Formel werden kann.
Auf der einen Seite könnte man behaupten, dass sich der Tatentschluss eines zur Tat fest Entschlossenen auf das Tatobjekt, die Tathandlung, das Tatmotiv sowie weiterer Tatmodalitäten (wie den Tatort und mitgeführten Tatmittel), ggf. sogar auf die gemeinsame Ausführung mit anderen Beteiligten erstrecken muss. Der Vorsatz eines „unter allen Umständen" Tatentschlossenem – so könnte man fordern – müsste sogar die exakte Tatzeit umfassen.
Dabei sind Erfolgsdelikte denkbar, bei denen der Täter fest entschlossen ist, die Tat z.B. exakt um 23:55 Uhr auszuführen. Was passiert allerdings, wenn die Tat wenige Stunden vorher ausgeführt wurde oder wenige Minuten nach Mitternacht, also an einem anderen Tag? War der Haupttäter wegen der Veränderung der Tatzeit schon deshalb kein omnimodo facturus mehr? Liegt also Anstiftung vor, wenn der Hintermann

643 *Stratenwerth/Kuhlen*, Allgemeiner Teil Band I, § 8, Rn. 100.
644 So Sch/Sch, *Cramer/Sternberg-Lieben*, § 15, Rn. 65.
645 So *Samson*, JA 1989, 450.

den zur Tat fest Entschlossenen dahingehend beeinflusst, die Tat eben nicht exakt um 23:55 Uhr auszuführen?

Auf der anderen Seite könnte man behaupten, dass für die Bejahung der Rechtsfigur eines omnimodo facturus eben nicht sämtliche Tatumstände im Tatentschluss des Haupttäters gefasst sein müssen. Hierfür spricht, dass allgemein anerkannt ist, dass auch der Begriff der „Absicht" i.S.d. dolus directus ersten Grades immer nur einen Teil der zum Vorsatz notwendigen Elemente beinhaltet.[646] Demnach ist nicht relevant, dass der Haupttäter *alle* in Betracht kommenden Tatumstände absichtlich herbeiführt.
Auf welche Tatumstände sich der Vorsatz des Haupttäters erstrecken muss, lässt sich beantworten, indem man sich nochmals § 26 vergegenwärtigt: Als Anstifter wird gleich einem Täter bestraft, wer vorsätzlich einen anderen zu dessen vorsätzlich begangener rechtswidriger *Tat* bestimmt hat. Der Gesetzgeber hat sich dafür entschieden, im Allgemeinen Teil eine abstrakte Formel zur Positivierung der Teilnahme zu verwenden. Die Tat i.S.d. § 26 ist Synonym für einen Straftatbestand aus dem Besonderen Teil. Konstitutives Element eines jeden Straftatbestandes ist der Tatbestand und die Rechtsfolge.[647] Im rechtstheoretischen Sinne ist der Tatbestand die Summe aller Rechtsfolgenvoraussetzungen.[648] Jeder einzelne Tatbestand setzt mithin zwingend (zu Bestimmung einer Rechtsfolge) zumindest eine Tathandlung (bestes Beispiel hierfür § 212 mit der Tathandlung „töten")[649] voraus. Diese Tathandlung gefährdet oder verletzt ein geschütztes Rechtsgut (bei § 212 „einen Menschen"). Tatobjekt und Tathandlung sind schon deshalb *zwingende* Voraussetzungen.[650] Genau deswegen muss der omnimodo facturus (ebenso wie der Anstifter) mindestens zu diesen beiden Tatumständen *(Tathandlung*, die sich gegen ein *Tatobjek*t richtet) fest entschlossen sein.
Betrachtet man aus rechtstheoretischer Sicht die Straftatbestände weiter, so findet man zur Konstitution der Strafbarkeit in einzelnen Normen Tatmodalitäten, die ebenfalls bei der Tat i.S.d. § 26 berücksichtigt werden müssen. Ein Beispiel hierfür ist das Tatmittel des § 244 I 1 lit. a („wer einen Diebstahl begeht, bei dem er oder ein anderer Beteiligter eine *Waffe* oder ein anderes *gefährliches Werkzeug* bei sich führt,..."). Im

646 Vgl. hierzu Sch/Sch, *Cramer/Sternberg-Lieben*, § 15, Rn. 67.

647 Weitere Ausführungen dazu macht *Zippelius*, Methodenlehre, 28ff.

648 Sch/Sch-*Lenckner/Eisele*, Vorbem §§ 13ff, Rn. 43/44.

649 Bei § 241 „bedrohen" bei § 242 „wegnehmen", bei § 278 „ausstellen", etc.

650 Schon im Rahmen der inhaltlichen Anforderungen an die Anstiftungshandlung wurden diese beiden wesentlichen Tatumstände herausgearbeitet, welche zwingend vorliegen mussten, um eine Bestrafung des Teilnehmers herbeizuführen. Einerseits musste der Anstifter das Tatobjekt benennen, andererseits die Tathandlung, dazu nochmals Seite 112ff.

Fall des § 244 I 1 lit. a erweitern sich also konsequent die Anforderungen an die Tatumstände, zu denen der omnimodo facturus fest entschlossen sein muss. Dies muss der Tatentschluss des omnimodo facturus zusätzlich aufzunehmen.
Dies gilt auch für andere Straftatbestände, bei denen eine Tatmodalität ergänzt wird: So liegt die Tatmodalität des Tatorts exemplarisch bei § 142 vor („vom Unfall*ort* entfernt").[651] Darauf müsste sich der Tatentschluss des omnimodo facturus also ebenfalls beziehen.
Zwingende Voraussetzung der Bestrafung wegen § 211 II, 5., 6., 7. Var. ist die besondere Ausführungsweise der Tat („Mörder ist, wer [...] *heimtückisch* oder *grausam* oder mit *gemeingefährlichen Mitteln* [...]"). Auch das Beispiel § 249 I sei genannt, wo eine bestimmte Ausführungsweise der Tat verlangt wird („Wer mit Gewalt gegen eine Person oder unter Anwendung von *Drohungen* mit gegenwärtiger *Gefahr* für Leib oder Leben [...]").[652]

Insoweit kann festgehalten werden, dass zur Bejahung der Rechtsfigur eines omnimodo facturus immer die Tatumstände zwingend erforderlich sind, welche objektiv in einem Straftatbestand stehen. Die Absicht des omnimodo facturus bezieht sich zumindest auf eine Tathandlung und ein Tatobjekt, was sich gleichfalls aus dem Umkehrschluss zu § 16 I entnehmen lässt.[653]

Fraglich bleibt abschließend noch, welche Rolle die Tatmotivation bzw. eine Änderung der Tatmotive beim omnimodo facturus spielt. Nach *Samson* kann der Teilnehmer bei einem omnimodo facturus die Tat nur dann mitverursachen, wenn er aus dem bereits „vorhandenen und hinreichenden Motivbündel ein Motiv herausbricht und durch ein neues ersetzt oder ein tatsächlich mitwirksames Motiv hinzufügt".[654]
Dem kann indes nicht zugestimmt werden. Entsprechend der hier vertretenen Ansicht führt jede Beeinflussung des Hintermannes, welche das Tatmotiv des Haupttäters ändert, gerade dazu, dass der Haupttäter weiterhin einen dolus directus ersten Grades besitzt, schließlich kommt es ihm weiterhin darauf an, *diese* Tat zu begehen. Die Motivationslage des Haupttäters spielt keine Rolle dabei. Ebenso verhält es sich, wenn der Hintermann dem Haupttäter weitere Motive zur Tatbegehung nennt. Es ist weiterhin nicht die Frage, *ob* er handelt, sondern nur *aufgrund welcher Motivation*.

651 *Kühl*, Allgemeiner Teil, 5. Auflage, § 5, Rn. 14.
652 Dazu ebenfalls *Kühl*, Allgemeiner Teil, 5. Auflage, § 5, Rn. 14.
653 Vgl. *Kühl*, Allgemeiner Teil, § 5, Rn. 13.
654 *Samson*, Hypothetische Kausalverläufe, 60.

Hierbei lässt sich auch die grundsätzliche Aussage *Vogels* einfügen, der meint, dass der Vorsatz unabhängig von Motiven des Täters zu bestimmen sei.[655] Man muss sich also von der Vorstellung lösen, dass andere oder zusätzliche Tatmotive den Tatentschluss des omnimodo facturus ändern.[656]

Es wurde folglich festgestellt, dass mit der in § 26 geregelten Tat („zu dessen vorsätzlich begangener rechtswidriger Tat") nichts anderes gemeint ist, als ein Straftatbestand des Besonderen Teils. Daraus ergibt sich, dass die nicht positivierten Umstände (insbesondere was die Tatmodalitäten, aber auch das Tatmotiv anbelangt) irrelevant für die Beurteilung sind, ob ein Täter omnimodo facturus ist.

(4) Teilnahme bei der Haupttat eines omnimodo facturus

Nun ist abschließend noch darzulegen, weswegen die Anstiftung eines omnimodo facturus erstens straflos bleibt und zweitens, ob eine psychische Beihilfe bei der Haupttat eines omnimodo facturus schlechthin bestraft werden kann.
Eine Anstiftung eines omnimodo facturus ist deshalb nicht strafbar, weil die Handlung des Hintermannes im Bezug auf die Ausführung der Haupttat nicht mehr kausal i.S.d. conditio sine qua non-Formel werden konnte. Der Hintermann hat die Kausalkette (durch seine Anstiftung) nicht in Gang gesetzt. Er kann dies aber auch gar nicht mehr, denn der Täter ist unbedingt bzw. unter allen Umständen ohnehin entschlossen. Im Grundlagenteil bei der Behandlung der Problematik Kausalität der Beihilfe[657] wurde schließlich festgestellt, dass nur die Bedingungen berücksichtigt werden können, die kausal zum Erfolg beigetragen haben. Wenn also der Erfolg, sprich die Haupttat ohnehin feststand, ist jeder Beitrag für sich gesehen im Bezug auf die Haupttat ohne Bedeutung.

---

655 LK-*Vogel*, § 15, Rn. 40.

656 Anders ist es hingegen, wenn der Täter, welcher sich grundsätzlich gegenüber einem anderen anbietet, eine bestimmte Handlung gegen Entgelt vorzunehmen, Sachverhalt abgedruckt bei RGSt 37, 172. Das Reichsgericht führte hierzu aus, dass dieser Täter nicht notwendig zur Ausführung der Straftat für alle Fälle entschlossen sei, vielmehr könne das Versprechen oder Gewähren des begehrten Geschenks den Entschluss zur Ausführung im Täter erst wecken, RGSt 37, 172. In diesem Fall könnte man eine Anstiftung bejahen, was aber daran liegt, dass der Täter schon gar kein omnimodo facturus ist. Er hat zwar einen grundsätzlichen Tatentschluss, brauchte aber zwingend den Auftrag des anderen, also die letzte Bedingung, um mit der Ausführung der Tat zu beginnen. Eine Absicht i.S.d. dolus directus ersten Grades zur Tatbegehung, wie beim omnimodo facturus, besteht bei diesem Täter zum Zeitpunkt der Beeinflussung durch den Teilnehmer nicht. Hier ist also die Frage, *ob* er handelt.

657 Vgl. nochmals Seite 34ff.

Ein weiterer Grund, weswegen eine Bestrafung des Hintermannes wegen Anstiftung ausscheidet, klärt sich, wenn man das Erfolgsunrecht seiner Handlung betrachtet. Der Beeinflussende kann als Anstifter nämlich selbst kein Erfolgsunrecht i.S.d. § 26 verwirklichen, sollte der Täter ein omnimodo facturus sein. Angenommen, der Täter ist „ohne Wenn und Aber" festentschlossen, den X zu töten und setzt dieses Unrecht in die Tat um. Unbestritten erfüllt der Täter diesbezüglich das Handlungs- und das Erfolgsunrecht, welches in den Tötungsdelikten §§ 211f enthalten ist. Der Anstifter dieses omnimodo facturus kann dann aber konsequenterweise kein *weiteres* Erfolgsunrecht verwirklichen.

Oftmals wird ausgeführt, dass der omnimodo facturus mangels Kausalität zwar nicht mehr angestiftet werden kann. Im unmittelbaren Anschluss daran findet man indes häufig die Bemerkung, dass stattdessen psychische Beihilfe in Betracht kommt.[658] Diese Ansicht wird einer kritischen Untersuchung unterzogen. Zugespitzt stellt sich nämlich die Frage, ob eine psychische Beihilfe beim omnimodo facturus überhaupt strafrechtlich zu sanktionieren ist.[659]

Es folgen nun zwei Beispiele, in welchen dem omnimodo facturus Beihilfe durch Tat und technische Beihilfe geleistet hat: Wer beispielsweise dem omnimodo facturus die Schusswaffe zu dessen Tatbegehung reicht, macht sich der Beihilfe strafbar.[660] Bei diesem Sachverhalt liegt mithin ein Fall der *physischen* Beihilfe vor (also durch Tat). Völlig losgelöst von der Frage, ob der Teilnehmer durch sein Verhalten auf den Tatentschluss des Haupttäters eingewirkt hat oder nicht: Der Teilnehmer hat immerhin conditio sine qua non eine physische Unterstützungshandlung zur Haupttat begangen. Wer dem Haupttäter erklärt, wie er schneller, geräuschärmer und effektiver den Tresor aufschweißt, unterstützt diesen. In diesem Beispiel liegt also eine technische Rathilfe. Auch hierbei scheint es nicht abwegig zu sein, dass psychische Beihilfe zumindest mitgewirkt hat.[661]

---

658 Statt vieler vgl. nur Sch/Sch, *Cramer/Heine*, § 26, Rn. 7; MüKo-*Joecks*, § 26, Rn. 23; *Otto*, Lenckner-Festschrift, 198. Auch *Murmann* muss so verstanden werden, als ob psychische Beihilfe beim omnimodo facturus noch möglich sei. Er stellt hierbei auf die personalen Entscheidungsstrukturen ab, welche nicht gleichsam naturhaft festgelegt seien, vgl. *Murmann*, JuS 1999, 551.

659 Seine generelle Ablehnung der Bestrafung wegen psychischer Gehilfenschaft bei der Handlung eines omnimodo facturus erklärt *Hruschka*, JR 1983, 178.

660 So *König*, NJW 2002, 1623, unbestritten.

661 Vgl. dazu nochmals den engen Zusammenhang zwischen der psychischen Beihilfe und der technischen Rathilfe auf Seite 83ff.

Problematisch sind jedoch nicht diese Fälle der Beihilfe durch Tat oder der technischen Rathilfe, sondern die Fälle, bei denen *ausschließlich* eine voluntative Einwirkung auf die Psyche des Täters durch den Teilnehmer stattfindet. Denn gerade diese sind es, die als Surrogat für die Verneinung der Möglichkeit einer Anstiftung eines omnimodo facturus herangezogen werden.
Zunächst ist einmal fraglich, ob es einen solchen Fall überhaupt gibt. Ein Beispiel für ausschließliche voluntativ-wirkende psychische Beihilfe eines omnimodo facturus könnte das Ausreden von Skrupel sein. Damit wird jedoch schon verkannt, dass diesbezüglich kein Fall eines omnimodo facturus vorliegt. Das Ausreden von letzten Skrupel lässt nämlich darauf schließen, dass dieser Täter eben gerade *kein* omnimodo facturus zum Zeitpunkt der Beeinflussung durch den Hintermann war.[662] Dessen Tatentschluss war gerade nicht final darauf gerichtet, die Tat *unbedingt*, unter allen Umständen zu verrichten. Der Haupttäter war sich unsicher, hatte Bedenken hinsichtlich seiner Tatausführung. Eine der Bedingungen, die jedoch konstitutiv für die Rechtsfigur omnimodo facturus ist. Das Ausreden letzter Skrupel ist darunter zu subsumieren, „ob" der Täter eine Tathandlung überhaupt begeht.

Pure Beifalls-, Zustimmungs- bzw. Solidaritätsbekundungen sind als ausschließlich voluntativ-wirkende psychische Beihilfe eines omnimodo facturus zu werten.[663] Aber: Laut *Otto* kann der endgültig zur Tat Entschlossene durch Beifalls-, Zustimmungs- und Solidaritätsbekundungen schon gar nicht entschlossener gemacht werden.[664] *Otto* vertritt in diesem Zusammenhang eine Lösung, die mit der hier vertretenen übereinstimmt. In dieser Fallgruppe ist der Haupttäter zwar ein omnimodo facturus. Die Beifalls-, Zustimmungs- bzw. Solidaritätsbekundungen haben indes schon ausgehend von den Überlegungen zur Kausalität der Beihilfe keinerlei Auswirkungen mehr. Es ist wie gesagt ausgeschlossen, dass ein zur Tat bereits *unbedingt Entschlossener* durch derartige Solidaritätsbekundungen noch *entschlossener* gemacht werden kann.[665] Hinzu kommt, dass durch die bloße Solidarisierung, die Bekundung von Zustimmung zu dem Vergehen des Täters oder die Bekundung von Sympathie damit, weder der Tatentschluss stabilisiert, noch auf eine breitere Grundlage gestellt, noch intensiviert wird.[666]

662 Zu der in Betracht kommenden Haupttäterkategorie mehr auf Seite 146ff.

663 Vgl. hierzu ebenso die Ausführungen *Gepperts*, JK 99, StGB § 27/12 mit Besprechung einer BGH NStZ 1998, 662.

664 *Otto*, JuS 1982, 564.

665 *Geppert*, Jura 1999, 270. Nochmals sei auf die grammatikalische Problematik hingewiesen.

666 *Roxin*, Miyazawa-Festschrift, 506. *Roxin* stellt hierbei auf § 140 ab, welcher das Billigen von Strafen mit weiteren Tatbestandsmerkmalen verbindet, *Roxin*, aaO., 506. In der Tat würde die-

(5) Zwischenergebnis

Mithin lässt sich Folgendes zusammenfassen: Erstens versteht man unter der Rechtsfigur eines „omnimodo facturus" - ausgehend von der Übersetzung - denjenigen Haupttäter, der zur Begehung seiner Tat unter allen Umständen entschlossen ist. Dies ist der Haupttäter, der zur Tat nicht mehr bestimmt werden kann, weil er nicht mehr bestimmbar ist.

Zweitens liegt ein Fall eines omnimodo facturus dann vor, wenn der Haupttäter einen dolus directus ersten Grades zur Begehung seiner Tat gefasst hat. Diese Absicht muss bereits vorhanden gewesen sein, als der Hintermann den Haupttäter zu beeinflussen versucht hat und ist auch noch vorhanden zum Zeitpunkt der Tatbegehung (sogenanntes Koinzidenzprinzip). In diese Absicht hat der Haupttäter all die Tatumstände aufzunehmen, welche ebenso im objektiven Straftatbestand des Besonderen Teils vorkommen. In jedem Fall sind dies die Tathandlung und das durch die Norm geschützte Tatobjekt. Über diese Lösung wird adäquat der Wortlaut von § 26 berücksichtigt.

Drittens kann nicht grundsätzlich davon gesprochen werden, dass einem omnimodo facturus wegen des Ausscheidens von Anstiftung zumindest psychische Beihilfe geleistet werden kann. Demjenigen, der fest zu seiner Tat entschlossen war, kann nur dann psychische Beihilfe geleistet werden, wenn sich diese Hilfeleistung überhaupt auf den Erfolg der Haupttat im Sinne der conditio sine qua non-Formel auswirken konnte. In den meisten Fällen wird man sich jedoch darauf verständigen müssen, dass die psychische Beihilfe keine Kausalität auf die Haupttat hatte.

bb. Der „non facturus"

Die weitere Haupttäterkategorie stellt der non facturus dar. Darunter versteht man das genaue Gegenteil zum omnimodo facturus. Übersetzt man nämlich „non" und „facturus" , so versteht man darunter denjenigen Haupttäter, der *nicht* entschlossen ist, eine Tat zu begehen (facturus, Futur des Verbs facere). In diese Kategorie von Haupttätern

---

ser Straftatbestand weitgehend sinn- und inhaltslos werden, wenn schon die bereits genannten Verhaltensweisen durch eine Strafnorm i.V.m. § 27 sanktioniert werden würde. Anders sei es laut *Otto* jedoch, wenn der Gehilfe auf die Tat des noch unentschlossenen Haupttäters dadurch Einfluss nimmt, dass er Bedenken des Täters zerstreut oder noch vorhandene Hemmungen beseitigt, *Otto*, JuS 1982, 564. In dieser Fallgruppe handelt es sich aber schon nicht nicht um einen omnimodo facturus, sondern um einen unentschlossenen, labilen Haupttäter.

ist folglich derjenige Haupttäter zu verorten, der völlig unvoreingenommen ist, der weder zur Begehung einer Tat geneigt ist noch einen Tatentschluss dahingehend gefasst hat. Dieser Täter wird aus „heiterem Himmel“ von einem Hintermann auf die Idee gebracht, eine bestimmte Tat zu begehen. Ohne diese Beeinflussung hätte der Täter weder das Wissen noch den Willen zur Begehung der Tat gehabt. Erst durch die Beeinflussung durch den Hintermann wird eine strafbare Gesinnung bei ihm hervorgerufen.

Entsprechend einfach lässt sich diese Kategorie lösen: Derjenige, der keinen Tatentschluss gefasst hat, kann auch nicht in seinem Tatentschluss *bestärkt* werden, was zur Folge hat, dass die voluntativ-wirkende psychische Beihilfe ausscheidet. Für diese Konstellation bleibt für den Hintermann – unter der Bedingung, dass auch alle anderen Voraussetzungen gegeben sind – ausschließlich die Möglichkeit einer Anstiftung.

cc. Der „labile Haupttäter“

Inmitten der beiden Extreme omnimodo facturus und non facturus liegt eine letzte Haupttäterkategorie: Der labile Haupttäter. Darunter versteht man denjenigen Täter, der zur Tat grundsätzlich geneigt ist, also einen Tatentschluss *vor* der Beeinflussung durch den Hintermann schon gefasst hat. Zur Ausführung der Tat fehlt ihm jedoch die Beeinflussung durch einen Hintermann.

Im Gegensatz zum omnimodo facturus bestehen insoweit zwei Unterschiede: Zum einen muss der Hintermann gerade die „letzte“ Bedingung i.S.d. conditio sine qua non-Formel gesetzt haben. Dies führt dann zur Ergänzung des Tatentschlusses dahingehend, dass der Haupttäter die Tat ausführt. Zum anderen besteht ein Unterschied darin, dass der Tatentschluss dieses Täters gerade keine Absicht i.S.d. dolus directus ersten Grades umfasst. Vielmehr ist in dieser Fallgruppe der Tatentschluss in verminderter Form ausgeprägt, worauf sogleich eingegangen wird.

Unter Berücksichtigung des Rats *Wilhelm von Ockhams* „Entia non sunt multiplicanda praeter necessitatem“ wird im Folgenden also von der Haupttäterkategorie des „labilen Haupttäters“ gesprochen. Das Adjektiv „labil“ (labilis, spätlateinisch) bietet sich insofern zur Umschreibung dieses Haupttäters an, da dieses mit „schwankend“, „unbeständig“, „leicht störbar“, „nicht in sich gefestigt “, „leicht zu beeinflussen“ umschrieben wird.[667]

667 Duden, Das große Wörterbuch der deutschen Sprache in 10 Bänden. 3. Auflage. Mannheim, Leipzig, Wien, Zürich: Dudenverlag 1999, labil.

(1) Der Tatentschluss des labilen Täters

Fraglich ist, wie der Tatentschluss des labilen Haupttäters ausgeprägt ist. Die Grundlage für die Bestimmung des Tatentschlusses eines jeden Haupttäters legen die Gesetzesnormen. Dem Wortlaut von §§ 26 und 27 ist zu entnehmen, dass es sich beim Handeln des Haupttäters um ein vorsätzliches Verhalten handeln muss („einen anderen zu dessen *vorsätzlich* begangener rechtswidriger Tat"). Standardmäßig wird der Vorsatz als Wissen und Wollen aller Umstände des gesetzlichen Tatbestandes definiert.[668] Wissen umfasst das intellektuelle, Wollen das voluntative Element des Vorsatzes, wobei beide Elemente in unterschiedlicher Intensität vorliegen können.[669] Beide Elemente sind folglich nicht starr, sondern individuell in verstärkter oder verminderter Form gegenüber dem jeweils anderen vorzufinden.

Das voluntative Element sei – so *Kühl* – von der Absicht angefangen bis hin zur Gleichgültigkeit oder gar Unerwünschtheit abstufbar.[670] Ebenso verhält es sich mit dem intellektuellen Element: Zu den Abstufungen des Wissenselements des Vorsatzes führt beispielsweise *Kühl* aus, dass dieses nicht nur sicheres Wissen, sondern auch das Wahrscheinlichkeitsurteil bis hin zur bloßen Möglichkeitsvorstellung erfasse.[671] Die Bandbreite des intellektuellen Elements des Vorsatzes ist insoweit sehr groß.[672]

Über die genannten Abstufungen haben sich neben der bereits im Rahmen der Prüfung des omnimodo facturus aufgeführten Vorsatzart des dolus directus ersten Grades zwei weitere Vorsatzarten herausgebildet[673], welche allgemein als dolus directus zweiten Grades[674] sowie als dolus eventualis bzw. als bedingter Vorsatz[675] bezeichnet werden.

Gerade wurde festgestellt, dass eines der wesentlichen Merkmale eines omnimodo facturus ist, dass dieser einen dolus directus ersten Grades vor bzw. zum Zeitpunkt der Beeinflussung durch den Hintermann gefasst hat. Der non facturus hingegen hat noch überhaupt keinen Tatentschluss entwickelt, sodass dieser keine der üblichen Vorsatzar-

668 Statt vieler siehe *Roxin*, AT 1, § 12, Rn. 4.

669 Vgl. dazu auch *Geppert*, Jura 2001, 56.

670 *Kühl*, Allgemeiner Teil, § 5, Rn. 10.

671 *Kühl*, Allgemeiner Teil, § 5, Rn. 9.

672 Dazu soll bemerkt werden, dass dem Gesetz aus dem Umkehrschluss zu § 16 I 1 die Unverzichtbarkeit des Elements für den Vorsatzbegriff zu entnehmen ist. Das intellektuelle Element ist zwingend konstitutives Merkmal für den Vorsatz, vgl. dazu auch *Kühl*, Allgemeiner Teil, § 5, Rn. 8.

673 Hierzu *Samson*, JA 1989, 450.

674 Bezeichnung bei *Samson*, JA 1989, 450. *Puppe* bezeichnet diese Vorsatzform als „dolus indirectus", vgl. *Puppe*, Allgemeiner Teil im Spiegel der Rechtsprechung, § 16, Rn. 6.

675 Bezeichnung bei *Roxin*, AT 1, § 12, Rn. 21 (Überschrift).

ten vor bzw. zum Zeitpunkt der Beeinflussung durch den Hintermann gefasst hatte. Entwickelt man diesen Gedanken weiter, so scheint es möglich zu sein, zu klären, welche Qualität der Tatentschluss des labilen Täters vor bzw. spätestens zum Zeitpunkt der Beeinflussung durch den Hintermann aufweisen muss.

Kennt man die Intensität bzw. die Qualität des Tatentschlusses des Haupttäters, so lässt sich herausfinden, ob der Haupttäter noch bestimmbar war. War der Täter vor bzw. zum Zeitpunkt der Beeinflussung durch den Hintermann bestimmbar, so liegt bei einer solchen Beeinflussung eine Anstiftung vor. Es ist im Folgenden daher nachzuprüfen, bei welcher der verbleibenden Vorsatzarten ein labiler Haupttäter vor bzw. zum Zeitpunkt der Beeinflussung durch den Hintermann bestimmbar war.

(a) Der „dolus directus zweiten Grades"

Möglicherweise ist ein labiler Haupttäter mit dolus directus zweiten Grades noch bestimmbar. Wenn man davon ausgeht, dass Vorsatz Wissen und Wollen ist,[676] so erfährt der dolus directus zweiten Grades im Vergleich zum dolus directus ersten Grades eine Abstufung im Hinblick auf das voluntative Element. Das kognitive Element beim dolus directus zweiten Grades verstärkt sich hingegen gegenüber dem dolus directus ersten Grades. Beim direkten Vorsatz zweiten Grades überwiegt also die intellektuelle Komponente des Tatentschlusses.[677]

Allerdings konstituiert sich der dolus directus zweiten Grades nicht nur auf der intellektuellen Komponente. Auch diese Vorsatzform ist gleichsam durch ein voluntatives Element gekennzeichnet.[678] Dies gilt insbesondere hinsichtlich der Nebenfolgen der Tat. So führte schon das Reichsgericht aus, dass die als notwendig erkannten Folgen der Handlung von dem Handelnden in den Willen aufgenommen werden, auch wenn ihm an diesen Folgen nichts läge, seine Absicht also nicht auf Herbeiführung derselben gerichtet sei.[679] Diese Art von Vorsatz bezieht sich also nicht nur auf das eigentliche Handlungsziel des Täters, sondern ebenso auf alle Umstände und Geschehnisse, die ihm als notwendige Voraussetzung oder Folge der Erreichung jenes Ziels erscheinen.[680] Wer also trotz dieser Kenntnis oder Voraussicht willentlich tätig wird, nimmt in

676 Für die Judikatur vgl. u.a. BGHSt 36, 10, für die Literatur vgl. u.a. *Wessels/Beulke*, Allgemeiner Teil, Rn. 203.

677 *Kühl*, Allgemeiner Teil, § 5, Rn. 38.

678 Vgl. mit Nachweisen *Hassemer*, Jahrbuch Band 2, 297; *Krey*, Allgemeiner Teil, 336; *Kühl*, Allgemeiner Teil, § 5, Rn. 43.

679 RGSt 5, 317.

680 So *Stratenwerth/Kuhlen*, Allgemeiner Teil Band I, § 8, Rn. 109.

seinem Verwirklichungswillen alles auf, was er sich als die notwendige und sichere Folge seines Verhaltens vorstellt.[681] *Lesch* formuliert zusammenfassend: Der Täter *will* die Hauptfolgen um ihrer selbst oder um ihrer Wirkungen willen.[682] In diesen Fällen ist also wissentliches Handeln mit absichtlichem kombiniert.[683]

(b) Der „dolus eventualis"

Möglicherweise ist ein labiler Haupttäter mit dolus eventualis noch bestimmbar. Der dolus eventualis wird auch als bedingter Vorsatz bezeichnet oder als Eventualvorsatz übersetzt.[684]

Unbestritten nach herrschender Meinung ist, dass bei dieser Vorsatzart ein intellektuelles Element konstitutiv ist, was schon ausgehend von § 16 I 1 begründet wird.[685] Hingegen ist die Intensität dieser intellektuellen Komponente umstritten. Die Meinungen gehen entweder davon aus, dass der Täter beim intellektuellen Element seines Vorsatzes die Rechtsgutsverletzung für (konkret) möglich[686], für wahrscheinlich[687] halten müsse bzw. ernstlich damit rechnet.[688]

Umstritten sind ebenfalls die beiden Fragen, ob der Eventualvorsatz eine voluntative Komponente hat und (wenn ja) in welcher Intensität diese vorliegen muss.[689] Grundsätzlich lassen sich zur ersten Frage zwei Lager finden. Das eine verneint eine voluntative Komponente beim Eventualvorsatz[690], das andere bejaht eine solche Komponente.[691]

---

681 So *Wessels/Beulke*, Allgemeiner Teil, Rn. 213.

682 *Lesch*, JA 1997, 806.

683 So MüKo-*Joecks*, § 16, Rn. 17.

684 *Wessels/Beulke*, Allgemeiner Teil, Rn. 214f.

685 Demnach muss der Täter bei Begehung der Tat die Umstände kennen, die zum gesetzlichen Tatbestand gehören. Nur dann handelt er vorsätzlich, vgl. dazu statt vieler *Kühl*, Allgemeiner Teil, § 5, Rn. 8.

686 Sogenannte Möglichkeitstheorie vertreten u.a. von *Lesch*, JA 1997, 805; *Morkel*, NStZ 1981, 178; *Schmidhäuser*, JuS 1980, 241.

687 Vgl. *Schünemann*, GA 1985, 364; ebenso LK-*Schroeder*, 11. Auflage, § 16, Rn. 93.

688 *Krey*, Allgemeiner Teil, 358. Dieser Streitstand spielt für die Bearbeitung keine Rolle und wird daher nur am Rande erwähnt.

689 Dieser Streitstand ist schon deshalb von Bedeutung, da darüber Vorsatz von der bewussten Fahrlässigkeit abgrenzt werden soll. Angesichts von § 15 spielt dieser Streitstand nicht nur eine dogmatische Rolle, vielmehr führt er zur Straflosigkeit bzw. Strafbarkeit eines Handelns.

690 Vgl. die o. g. Meinungen der Anhänger der sogenannten Möglichkeitstheorie; vgl. dazu auch *Langer*, GA 1990, 457ff; ebenso ablehnend *Puppe*, Allgemeiner Teil im Spiegel der Rechtsprechung, § 16, Rn. 8.

691 Statt vieler vgl. *Wessels/Beulke*, Allgemeiner Teil, Rn. 205.

Folgt man der Prämisse, dass ein dolus eventualis kein voluntatives Element besitzt, und überträgt dies auf die Auffassung zum labilen Täter, so kann man folgendes sagen: Liegt ein Sachverhalt vor, bei dem der Haupttäter zum Zeitpunkt der Beeinflussung durch den Hintermann kein voluntatives Element in seinem Tatentschluss aufweist (was wohl schwerlich möglich sein wird), kann der Hintermann diesen auch nicht bestärken. Vielmehr ruft er durch die Beeinflussung erst das Wollen hervor. In diesem Fall müsste man also konsequent davon ausgehen, dass jede Beeinflussung durch einen Hintermann Anstiftung ist.

Fraglich ist, ob man zu einem anderem Ergebnis kommt, wenn man mit der anderen Meinung davon ausgeht, dass ein voluntatives Element den Eventualvorsatz konstituiert. Dies ist laut *Geppert* schon für die Abgrenzung zur bewussten Fahrlässigkeit unabdingbar.[692] Diese Meinungen spaltet sich wiederum in unterschiedliche Meinungen auf, indem an die Intensität des voluntativen Elements unterschiedliche Anforderungen gestellt werden. Die Rechtsprechung fordert ein voluntatives Element und geht davon aus, dass der Täter den Erfolg zumindest billigend in Kauf nimmt[693]. Andere Stimmen im Schrifttum lassen es genügen, wenn der Täter den Taterfolg ernstnimmt und sich mit diesem abfindet.[694]
„Billigend in Kaufnehmen", „Ernstnehmen" bzw. „sich mit etwas abfinden" sind Umschreibungen, die sich in der Hierarchie der Intensität des Willens auf einer der untersten Stufen wiederfinden. Der Haupttäter hat mithin die von *Roxin* angesprochenen ernsten Bedenken[695]. Diese liegen jedoch auf der ***intellektuellen*** Seite seines Tatentschlusses. Auf der voluntativen Seite indes fehlt ihm der *un*bedingte Drang, den Taterfolg herbeizuführen.[696] Ihm kommt es *nicht* regelrecht darauf an, gerade diese Rechtsgutsverletzung zu verwirklichen. Dem Täter wird beim Eventualvorsatz im Gegensatz zu den beiden anderen Vorsatzarten eben gerade keine Absicht unterstellt.[697]

---

692 Siehe hierzu *Geppert*, Jura 2001, 56. Näheres bei *Wessels/Beulke*, Allgemeiner Teil, Rn. 205. Ebenso könnte man zur Unterstreichung der Argumentation ausführen, dass Fahrlässigkeit gerade als *ungewollte*, Vorsatz als *gewollte* Rechtsgutsverletzung verstanden werden muss.

693 Vgl. BGHSt 7, 363; 21, 284; BGH StV 1986, 198.

694 Diese Auffassung vertreten u.a. *Krey*, Allgemeiner Teil, 358; *Kühl*, Allgemeiner Teil, § 5, Rn. 84.

695 Siehe LK-*Roxin*, 11. Aufl., § 26, Rn. 19.

696 Diese Vorsatzform wird wohl auch daher *bedingter* Vorsatz genannt.

697 Vgl. *Roxin*, AT 1, § 12, Rn. 5.

Fasst man die unterschiedlichen Meinungen zusammen, ergibt sich das Bild, dass die voluntative Komponente in ihrer Intensität gegenüber dem dolus directus ersten und zweiten Grades stark verkümmert ist.

(c) Schlussfolgerungen

Fraglich ist, ob der labile Täter sowohl mit einem Tatentschluss i.S.d. dolus directus zweiten Grades als auch mit einem Tatentschluss i.S.d. Eventualvorsatzes bestimmbar ist. Möglicherweise liegt genau hier die Trennlinie, die gleichsam Anstiftung von der psychische Beihilfe abgrenzt. Die Trennlinie vom direkten Vorsatz zum bedingten Vorsatz verläuft nach der Auffassung *Roxins* nämlich dort, wo es an der Absicht fehle und der Täter sich nicht sicher sei, ob ein bestimmter Tatumstand vorliegt oder eine tatbestandliche Folge eintreten wird.[698] *Stratenwerth* und *Kuhlen* fügen in ihrem Lehrbuch hinzu, dass der Täter beim Eventualvorsatz den tatbestandsmäßigen Erfolg nur *möglicherweise* ins Kalkül gezogen hat. Direkter Vorsatz hingegen erfordere vielmehr die Bereitschaft, die Verwirklichung des Tatbestandes als Folge des eigenen Verhaltens hinzunehmen. Diese Bereitschaft stünde außer Frage, wo die Tatbestandsverwirklichung ganz auf der Linie der vom Täter verfolgten Ziele – wie im Fall des direkten Vorsatzes – läge.[699]

Beim dolus directus zweiten Grades wird man zudem sagen müssen, dass der Täter auf intellektueller Ebene die Sicherheit hat, seine Tat werde den gesetzlichen Tatbestand verwirklichen. Hinzu kommt aber noch das volunative Element. *Hassemer* führt dazu aus: „Er [scil: der Täter] muss die Information über die Gefahr für das Rechtsgut nicht nur „haben“, sondern er muss sie für sich „annehmen“, „für sich gelten lassen“ sie zur Grundlage „seines“ Handelns machen, und das heißt: sie „wollen“ “.[700] Und weiter: „Es führt also kein Weg daran vorbei, beim dolus directus zweiten Grades beide Komponenten zu verbinden“.[701]

Man muss sich also nur vorstellen, wie dieses stark ausgeprägte Wissenselement nun zur Grundlage des Wollens des Täters wird. Es liegt zwar noch immer nicht die Intensität eines dolus directus ersten Grades vor, jedoch ist es im Gegensatz zum Eventualvorsatz deutlich ausgeprägter. Der Täter hat schließlich das Wissen (und damit

---

698 *Roxin*, AT 1, § 12, Rn. 20. Bemerkt werden soll, dass Roxin den dolus directus zweiten Grades als direkten Vorsatz bezeichnet, vgl. dazu Roxin, AT 1, § 12, Rn. 2.

699 *Stratenwerth/Kuhlen*, Allgemeiner Teil Band I, § 8, Rn. 100.

700 *Hassemer*, Armin-Kaufmann-Gedächtnisschrift, 297.

701 *Hassemer*, aaO., 299.

„Grundlage seines Handelns") bei Ausführung der tatbestandlichen Handlung, dass der tatbestandsmäßige Erfolg als Folge seines Handelns sicher eintreten wird.[702]
Wie gesehen ist das intellektuelle Vorstellungsbild des Täters mit dolus directus zweiten Grades inhaltlich stark fixiert. Indem man diese intellektuelle mit der gerade genannten voluntativen Komponente verbindet, führt dies dazu, dass dem Hintermann eine ernstzunehmende Einflussmöglichkeit genommen wird, bei diesem Haupttäter dessen fortgeschrittenen und stark ausgeprägten Tatentschluss hervorzurufen. In Kombination mit dem voluntativen Element kann der Hintermann den Tatentschluss des Haupttäters also nicht hervorrufen. Anstiftung ist in diesem Fall nicht mehr möglich.

Anders verhält es sich bei dem Täter, dessen Tatentschluss nur ein verkümmertes oder aber nach einer Mindermeinung überhaupt kein voluntatives Element aufweist, sprich beim Eventualvorsatz. Dieser Vorsatzart fehlt das unbedingte Wollen des Handelns eines Täters mit dolus directus ersten Grades. Dieser Haupttäter beabsichtigt schließlich gerade nicht den Erfolg.[703] Ihm fehlt aber auch das sichere Wissen eines Täters mit dolus directus zweiten Grades. Insbesondere in Verbindung mit dessen Willen, den Taterfolg herbeizuführen.
Ist der Tatentschluss des labilen Täters also vom Eventualvorsatz vor bzw. zum Zeitpunkt der Beeinflussung durch den Hintermann in seinem Tatentschluss geprägt, so wäre dies kein Tatentschluss, der nicht mehr nach dem Willen und dem Vorstellungsbild des Hintermannes formbar wäre, sowohl aus intellektueller als auch aus voluntativer Sicht. Insofern ist der Tatentschluss eines solchen Täters noch bestimmbar.
Der Tatentschluss des Haupttäters wird durch die Beeinflussung des Hintermannes dahingehend geprägt, dass der Haupttäter die Ausführung der Tat nicht nur billigend in Kauf nimmt, sondern diese (verstärkt durch den Einfluss) unbedingt herbeiführen will. Die Einflussnahme durch einen Hintermann stellt diesbezüglich Anstiftung dar.

Die hier vertretene eigene Lösung zur Abgrenzung der Anstiftung von der voluntativ wirkenden psychischen Beihilfe schlägt also vor, auf die Intensität des gefassten Tatentschlusses des labilen Haupttäters zum Zeitpunkt der Beeinflussung durch den Hintermann abzustellen.

702 *Kühl*, Allgemeiner Teil, § 5, Rn. 38.

703 So MüKo-*Joecks*, § 16, Rn. 18.

(d) Die Beweisbarkeit des kognitiven und voluntativen Tatentschlusses

Nicht zu verschweigen ist die grundsätzliche Schwierigkeit der Feststellbarkeit des subjektiven Gehalts in der Täterpsyche. Auf diese soll hingewiesen werden, aber zugleich sollen auch Indikatoren zur Feststellbarkeit der inneren Tatseite aufgezeigt werden, welche von der Wissenschaft entwickelt und von der Judikatur angewendet werden.[704]

Zur Indikation des *kognitiven* Elements des Vorsatzes wird teilweise auf die typische Gefährlichkeit der Handlung abgestellt (beispielsweise tödlich wirkendes Tatmittel bzw. schwere, harte Gegenstände,[705] Dauer und Intensität der Würgehandlung,[706] ungehemmte Agressivität,[707] oder auf letal empfindliche Körpergegend als Angriffsziel[708]).[709] Außerdem gibt das Gefahrbewusstsein des Handelnden (beispielsweise Handlungen, bei denen der spätere Erfolgseintritt schon vorausgesetzt ist) oder auch Taterprobungen Auskunft über die intellektuelle Komponente des Vorsatzes.[710] Ebenso wird auf die Zeit, die der Täter für die Wahrnehmung der Situation hat sowie die Überschaubarkeit der Situation abgestellt.[711] Teils wird überdies auf die „offen zutage tretende Lebensgefährlichkeit",[712] teils auf die Zeitspanne, während der Verletzungsvorgang andauert abgestellt; Auch die Sichtbarkeit des Geschehens durch den Handelnden oder das Naheliegen rettender oder abschirmender Auswege können als Indikatoren dienen.[713] Gleichfalls kann die intellektuelle Möglichkeit des Täters, diese Gefährlichkeit zu erkennen, dolus eventualis indizieren (der „Experte", der „Belehrte").[714] Schlussendlich kann außerdem eine besondere Motivierung wie Jugendlichkeit oder Behinderung eine Indikation liefern.[715] Intelligenzdefizite beim Täter, komplizierte Tatumstände oder aber Alkoholintoxikation bzw. der Einfluss von Dro-

704 Die Feststellung der inneren Beteiligung wird hauptsächlich und regelmäßig im Zusammenhang mit der Abgrenzung des dolus eventualis zur bewussten Fahrlässigkeit angewandt.

705 *Trück*, NStZ 2005, 240.

706 BGH NStZ 1992, 588.

707 *Trück*, NStZ 2005, 234.

708 Vgl. dazu auch die Entscheidung des BGH NStZ, 2003, 369f.

709 Zahlreiche weitere Beispiele mit Nachweisen bei *Trück*, NStZ 2005, 234f.

710 Nachzulesen bei *Philipps*, Roxin-Festschrift, 366 (aus der der Festschrift beigefügten Aufstellung).

711 *Kühl*, Allgemeiner Teil, § 5, Rn. 87.

712 BGH NStZ 2002, 315.

713 *Hassemer*, aaO., 308.

714 *Kühl*, Allgemeiner Teil, § 5, Rn. 87; *Philipps*, Roxin-Festschrift, 366 (aus der der Festschrift beigefügten Aufstellung).

715 *Hassemer*, aaO., 308.

gen sowie affektive Erregung des Täters schränken hingegen das Wissenselement ein.[716]

Zur Indikation des *voluntativen* Elements des Vorsatzes wird teilweise auf das Nichtnutzen präsenter Vermeideverhalten[717], teilweise auf die Wahrscheinlichkeit der Selbstverletzung abgestellt.[718] Auch kann die Aufforderung „aus der Schusslinie zu gehen" ein Indiz für das Wollen des Täters sein.[719] Teilweise indiziert eine feindseelige Einstellung zum Opfer ggf. sogar die Risikokalkulation als Selbstzweck die Existenz eines Willenselements.[720] Auch enthält die Persönlichkeit des Täters – der Taterfolg wird beispielsweise als etwas Fürchterliches und Bedrückendes empfunden[721] – eine Aussage über den Zustand der volunativen Seite. Ferner unterstreichen Äußerungen vor, bei bzw. nach der Tat das Wollenselement.[722] Außerdem werden Gewinnstreben des Täters und frustrationsbedingte Gewaltbereitschaft genannt.[723]
Gegenmotive oder aber Gegenaktionen (wie ein Anruf bei der Polizei, Wiederbelebungsversuche, etc.) sind hingegen Indikatoren, die gegen eine willentliche Entscheidung zur Tatbegehung sprechen.[724]

(e) Zwischenergebnis

Unter einem labilen Haupttäter versteht man eine zur Tatausführung geneigte Person. Zur Abgrenzung, ob dieser Haupttäter noch i.S.d. § 26 bestimmt werden kann oder ob diesem Haupttäter psychisch geholfen wurde (dann § 27 I), ist auf die Intensität des Tatentschlusses des Haupttäters zum Zeitpunkt der Beeinflussung durch den Hintermann abzustellen. Zur Feststellung der Intensität des Tatentschlusses wird auf die beiden Vorsatzarten dolus eventualis und dolus directus zweiten Grades zurückgegriffen.

---

716 Nachzulesen bei *Philipps*, Roxin-Festschrift, 366 (aus der der Festschrift beigefügten Aufstellung). Ausführliche Darstellung bei *Trück*, NStZ 2005, 236f. Weitere Ausführungen auch bei *Geppert*, Jura 2001, 59.

717 *Hillenkamp*, Armin-Kaufmann-Gedächtnisschrift, 366.

718 *Kühl*, Allgemeiner Teil, § 5, Rn. 87.

719 Vgl. Anmerkung *Puppe* zu BGH NStZ 1987, 363.

720 Nachzulesen bei *Philipps*, Roxin-Festschrift, 366 (aus der der Festschrift beigefügten Aufstellung).

721 Vgl. Anmerkung von *Schwarz* zum BGH-Urteil vom 7.11.1991 (Az: 4 StR 451/91), JR 1993, 32.

722 BGHSt 36, 10.

723 *Trück*, NStZ 2005, 235.

724 Vgl. *Philipps*, Roxin-Festschrift, 366 (aus der der Festschrift beigefügten Aufstellung).

Der Tatrichter muss im Strengbeweisverfahren (ggf. unter zur Hilfenahme der aufgeführten Indikatoren) herausfinden, welche Intensität der Tatentschluss des Haupttäters zum Zeitpunkt der Beeinflussung durch den Täter hatte. Diese Leistung hat die Rechtsprechung ohnehin regelmäßig zur Bestimmung der Vorsatzformen zu erbringen. Die von der Wissenschaft entwickelten und von der Judikatur angewandten Indikatoren zur Bestimmung der subjektiven Seite der Täterpsyche sind also entsprechend auf diese Problematik zu übertragen.

c. Lösung der Umstimmungsfälle mit Hilfe der eigenen Lösung

Zu Beginn des 3. Kapitels wurde auf die Umstimmungsproblematik hingewiesen, wobei dem Leser noch Antworten schuldig geblieben sind, wie diese Fälle zu lösen sind.[725] Die hier vertretene Ansicht wird daher nun auf die Umstimmungsfälle übertragen.

aa. Aufstiftung

Zunächst zur Aufstiftung: Zur Lösung der Aufstiftungsproblematik ist zuvorderst der Streit zu entscheiden, ob der synthetischen Konzeption oder der Lehre vom analytischen Trennungsprinzip gefolgt werden soll.

Grundsätzlich sprechen beachtliche Argumente für beide Positionen. Ein Argument für beide Betrachtungsweisen lässt sich beispielsweise aus dem folgenden Fall[726] herleiten: Der A beeinflusst den B dahingehend, statt der 100 € 105 € zu stehlen. Beide Ansichten wären in der Lage, das Strafantragserfordernis nach § 248a zu würdigen: Die eine Meinung über eine Bewertung (5 %), die andere über die Analyse des isolierten Teils (5 €), was sie dann im Lichte des Wortlauts von § 248a auslegen müssten.

Für die synthetische Konzeption spricht eher ein rechtspolitisches bzw. generalpräventives Argument: Folgt man nämlich dieser Konzeption, so ist es möglich, dass der Hintermann wegen Anstiftung zum Tatganzen bestraft werden kann, schließlich ist der Haupttäter im Hinblick auf die *Gesamt*tat kein omnimodo facturus.[727] Betrachtet man aber den Umstand, dass der Täter im Hinblick auf den Grundtatbestand ein omnimodo facturus war und damit zur „Verletzung des grundtatbetandlichen Rechtsguts“ ohnehin

725 Vgl. nochmals die Problematik auf Seite 117ff.

726 Dieser und weitere Beispielsfälle bei *Nepomuck*, Anstiftung, 256.

727 So zutreffend *Baumann/Weber/Mitsch*, § 30, Rn. 34.

entschlossen war, so „reduziert sich die Dringlichkeit des Strafrechtseinsatzes“.[728] Für den Hintermann muss dann schuldangemessen berücksichtigt werden, dass der Haupttäter eben im Hinblick auf den Grundtatbestand ein omnimodo facturus war. Diese Berücksichtigung schafft nur das vorher als mathematische Formel geschmähte analytische Trennungsprinzip. Darin ist die richtige Lösung zu sehen.
Da der Haupttäter hinsichtlich des Grundtatbestandes ein omnimodo facturus ist, scheidet also eine Anstiftung hierzu aus. Was die Qualifikation anbelangt, so ist zu schauen, ob der selbstständige Teil strafbar ist. Sollte dies der Fall sein, kommt eine Bestrafung des Hintermannes in Betracht. Da dem Haupttäter bezüglich der Qualifikation unterstellt werden darf, dass er ein non facturus war, liegt eine Anstiftung vor.
Damit kann nun auch der Fall des Bundesgerichtshofs gelöst werden, der vorhin als erster zu entscheidender Fall Rechtsgeschichte schrieb und die Umstimmungsproblematik auslöste.[729] Laut Sachverhalt waren die Täter zum Raub entschlossen. Insoweit waren sie *omnimodo facturi.* Das Schlagen mit einem Knüppel auf eine Person stellt einen eigenständigen Straftatbestand dar (§ 223, § 224, ggf. sogar § 227). Zu diesem Tatbestand waren die Täter nicht entschlossen, insoweit waren sie *non facturi.* Es liegt mithin eine Anstiftung zum schweren Raub gemäß § 250 II Nr. 1 vor.[730]

bb. Umstiftung im engeren Sinne

Gleichsam können die Fälle der Umstiftung im weiteren Sinne durch die angebotene eigene Lösung gelöst werden: Vorher wurde festgehalten, dass der omnimodo facturus festentschlossen im Hinblick auf die *Tathandlung* gegenüber einem geschützten *Rechtsgut* (ggf. auch im Hinblick auf Tatort, Tatmittel, etc.) ist.[731] Derjenige Hintermann, der einen anderen also dazu bringt, eine andere Tathandlung als die avisierte auszuführen, traf auf einen Haupttäter, der zu diesem Zeitpunkt nicht als omnimodo facturus bezeichnet werden kann. Die Tathandlung ist zwingend konstitutives Merkmal i.S.d. § 26f („zu einer Tat“). Ebenso verhält es sich mit der Änderung des Tatobjekts (ggf. auch Änderung weiterer unrechtskonstituierender Tatbestandsmerkmale).

---

728 *Nepomuck*, Anstiftung, 318. Das rechtspolitische Argument trägt also nur bis dorthin, wo noch eine schuldangemessene Bestrafung möglich ist.

729 Nochmals der Sachverhalt: Zwei zum Raub entschlossenen Tätern wurde von B geraten, dem Opfer mit einem Knüppel auf den Hinterkopf zu schlagen. Dies taten die beiden Täter. Die Frau verstarb infolge des Angriffs, BGHSt 19, 339ff.

730 Vgl. hierzu die weiteren möglichen Lösungen, *Kindhäuser*, § 41, Rn. 14.

731 Vgl. nochmals Seite 139ff.

Wird dieses ausgewechselt, so führt dies zur Verneinung der Rechtsfigur eines omnimodo facturus.

Der Täter kann auf der anderen Seite aber auch nicht als non facturus bezeichnet werden, da er schließlich schon einen Tatentschluss zum Zeitpunkt der Beeinflussung durch den Hintermann gefasst hatte. Der Haupttäter ist also ein labiler Täter zum relevanten Zeitpunkt gewesen. Insofern ist sowohl eine Anstiftung als auch eine voluntativ-wirkende Beihilfe möglich. Die Bestrafung ist abhängig davon, welche Indikatoren in der Beweisaufnahme für das voluntative Element des Tatentschlusses des Täters entnommen werden können.

cc. Umstiftung im weiteren Sinne

Änderungen des Tatmittels, des Tatorts oder der Tatzeit – so schon *Geppert* – stellen äußere Tatmodalitäten dar, was zur Folge hat, dass die Tat i.S.d. § 26 dadurch dieselbe bleibt.[732] Änderung der Tatmodalitäten führen demzufolge dazu, dass der Haupttäter noch immer als omnimodo facturus bezeichnet werden kann. Insofern scheidet eine Anstiftung aus. Eine voluntativ-wirkende Beihilfe kommt indessen nur dann in Betracht, wenn sich diese kausal auf den Taterfolg der Haupttat ausgewirkt hat.

4. Ergebnis zum 3. Kapitel

Somit konnte in diesem dritten Kapitel dogmatisch hergeleitet werden, dass es auf den Tatentschluss des Haupttäters ankommt, will man die voluntativ-wirkende psychische Beihilfe von der Anstiftung abgrenzen. Genauer gesagt ist die Qualität des gefassten Tatentschlusses des Haupttäters zum Zeitpunkt der Beeinflussung durch den Hintermann maßgeblich.

Für eine anschauliche Abgrenzung ist es unerlässlich, den Tatenschluss der Haupttäter in drei Haupttäterkategorien zu verorten: Einerseits gibt es den omnimodo facturus, andererseits gibt es den non facturus. Inmitten dieser beiden Extreme steht die hier genannte Haupttäterkategorie „labiler Haupttäter". Der Tatentschluss des labilen Täters kann – wie gezeigt – nicht einheitlich beschrieben werden, sondern ist aufzugliedern in dolus directus zweiten Grades und dolus eventualis.

Genau dort verläuft dann auch die Trennlinie zwischen Anstiftung und voluntativ-wirkender psychischer Beihilfe: Hat der Haupttäter einen dolus directus ersten Grades

---

732 Hierzu *Geppert*, JK 96, StGB § 26/5. Vgl. dazu auch *Lackner/Kühl*, StGB, § 26, Rn. 2a; LK-*Roxin*, 11. Auflage,§ 26, Rn. 31.

(Fallgruppe omnimodo facturus) oder zweiten Grades im Hinblick auf das Tatgeschehen gefasst (Fallgruppe labiler Haupttäter mit dolus directus zweiten Grades), so ist dieser nicht mehr bestimmbar mit der Konsequenz, dass eine Anstiftung zu dessen Haupttat nicht mehr möglich ist. In Betracht kommt lediglich Teilnahme durch psychische Beihilfe, wobei darauf abgestellt werden muss, ob die Beeinflussung durch den Hintermann überhaupt kausal für den Tatentschluss geworden ist.

Hat der Haupttäter hingegen vor bzw. zum Zeitpunkt der Beeinflussung durch den Hintermann überhaupt keinen Vorsatz (Fallgruppe non facturus) oder lediglich einen bedingten Vorsatz (Fallgruppe labiler Haupttäter mit dolus eventualis) gefasst, so kann der Tatentschluss des Täters immer noch durch den Hintermann geprägt werden; Insofern ist der Haupttäter noch bestimmbar. In diesen Fällen stellt die Beeinflussung durch den Hintermann eine Anstiftung dar.

Wie soeben gezeigt, kann diese Lösung auch für die Umstimmungsproblematik fruchtbar gemacht werden.

Dritter Teil: Zur Wahlfeststellung zwischen Anstiftung und Beihilfe

Im nun folgenden dritten Teil steht die Durchführung einer Wahlfeststellung zwischen Anstiftung und Beihilfe im Mittelpunkt. Dabei stellt sich die Frage, wie eine solche Wahlfeststellung durchgeführt werden kann, insbesondere ob eine sogenannte unechte Wahlfeststellung oder eine sogenannte echte Wahlfeststellung zwischen den beiden Teilnahmeformen in Betracht kommt. Um zu wissen, welche der beiden Formen von Wahlfeststellung einschlägig ist, muss man zunächst prüfen, in welchem allgemeinen Verhältnis die beiden Teilnahmetatbestände zueinander stehen. In Betracht kommt ein „Ausschließlichkeitsverhältnis" oder aber ein „Einschließlichkeitsverhältnis".[733] Es geht mithin in diesem Teil gleichsam um das abstrakte Verhältnis der beiden Teilnahmetatbestände zueinander. Das erste Kapitel widmet sich den Grundsätzen der Wahlfeststellung sowie gegen Ende der Konkurrenzlehre. Das zweite Kapitel widmet sich der Durchführung einer Wahlfeststellung ausgehend von einer BGH-Entscheidung zu dieser Thematik. In diesem Kapitel wird dann speziell das Verhältnis der Anstiftung zur Beihilfe geklärt werden.

1. Kapitel: Grundsätze der Wahlfeststellung

Die Wahlfeststellung ist laut *Dreher* ein Irrgarten.[734] Nicht nur die Frage der Zulässigkeit einer solchen Wahlfeststellung wird kontrovers diskutiert, sondern auch die unterschiedlichen Formen dieses Rechtsinstituts samt deren möglichen Einschränkungen als Korrektiv.

In diesem Kapitel folgen zunächst Ausführungen zur Zulässigkeit von wahlweiser Feststellung, zur historischen Entwicklung sowie zu den beiden Formen der Wahlfeststellung. Wie sich später zeigen wird, ist auch ein Überblick über die Arten der Gesetzeskonkurrenz nützlich. Dieser Überblick folgt am Ende des Kapitels.

1. Zulässigkeit der Wahlfeststellung

Zur Erforschung der Wahrheit hat das Gericht von Amts wegen die Beweisaufnahme auf alle Tatsachen und Beweismittel zu erstrecken, die für die Entscheidung von Bedeutung sind (§ 244 II StPO). Es gibt indes Sachverhalte, bei denen das Gericht – trotz der in § 244 II StPO aufgeführten Verpflichtung – nicht in der Lage ist, den Tata-

733 Definitionen samt näheren Erläuterungen auf Seite 179ff.

734 *Dreher*, MDR 1970, 369.

blauf vollumfänglich aufzuklären. Einzelne Tatsachen zum Geschehensablauf einer Tat bleiben in diesen Fällen ganz oder teilweise unsicher.[735] In diesem Falle wird davon gesprochen, dass eine Wahlfeststellung zur Lösung des Problems in Betracht kommt.

Im Zusammenhang mit Unklarheiten über Tatsachen werden typischerweise folgende Beispiele genannt: Den Fall, bei welchem zwei sich gegenseitig ausschließende Aussagen einer Person vor Gericht getätigt werden. Notwendigerweise ist eine der widersprüchlichen Aussagen falsch. Diese erfüllt den Straftatbestand einer falschen uneidlichen Aussage gemäß § 153 I.[736]
Bekannt ist auch das Beispiel, bei dem ein Gegenstand beim Angeklagten gefunden worden ist, der definitiv nicht in dessen Eigentum steht. Fraglich ist sodann, ob der Angeklagte einen Diebstahl gemäß § 242 I oder eine Hehlerei gemäß § 259 I begangen hat.[737]

Als drittes Beispiel sei auf einen Sachverhalt[738] verwiesen, bei welchem nicht eindeutig geklärt werden konnte, ob die Angeklagte sich wegen Anstiftung zum Mord oder aber wegen (psychischer) Beihilfe zum Mord strafbar gemacht hat. Es stand nur fest, dass sie in jedem Fall eines der aufgezeigten strafwürdigen Handlungen vorgenommen hat.

Die genannten Fälle haben die Gemeinsamkeit, dass eine eindeutige Zuordnung der Strafbarkeit des Angeklagten nicht erfolgen kann. Es steht nicht zweifelsfrei fest, was der Täter getan hat, sodass ein Grundrechtseingriff wie der einer Verurteilung dem Grunde nach nicht erfolgen darf.[739]

---

735 *Wessels/Beulke*, Allgemeiner Teil, Rn. 806. Zweifel hinsichtlich der rechtlichen Würdigung eines Sachverhalts werden hierbei aufgrund des Grundsatzes „iura novit curia“ betrachtet. In den Anwendungsbereich einer Wahlfeststellung können folglich nur Tatsachen einbezogen werden.

736 Zu dieser Problematik vgl. die Entscheidung BGHSt 2, 351ff.

737 Vgl. statt vieler die Grundsatz-Entscheidung RGSt 68, 257ff; zahlreiche weitere Fälle aus der Rechtsprechung nachzulesen bei *Wolter*, Wahlfeststellung, 174ff.

738 BGH NStZ 1983, 165ff.; vgl. sogleich den vollständigen Sachverhalt auf Seite 174f.

739 Hierzu *Norouzi*, JuS 2008, 17. Deshalb ist die Wahlfeststellung auch immer im Zusammenhang mit der Unschuldsvermutung zu betrachten. Aus dieser ergibt sich, dass der Staat die Schuld des Angeklagten zu beweisen hat. Gelingt dem Staat dies nicht, so bleibt die Unschuld des Angeklagten vermutet. Dies führt zum Freispruch.Teilweise wird – neben dem Argument der Rechtssicherheit und dem der Rechtsstaatlichkeit getroffener Entscheidungen von Gerichten – das Schuldprinzip aus § 46 I 1 angeführt. Demnach kann nur der wirklich Schuldige strafbares Handeln verwirklichen. Wer nicht zweifelsfrei schuldig ist, müsste konsequenterweise freigesprochen werden, nachzulesen bei *Noak*, Jura 2004, 539.

Das Ergebnis, den Angeklagten unter Zugrundelegung des Grundsatzes „im Zweifel für den Angeklagten" freizusprechen, sollte nicht zweifelsfrei geklärt werden, welche der alternativen Straftaten er begangen wird, wird jedoch als unbillig empfunden. Sinn und Zweck einer Wahlfeststellung ist es also, ein solches Ergebnis zu vermeiden. Es ist schließlich eindeutig belegt, dass beispielsweise bei zwei sich völlig widersprechenden Falschaussagen eine *notwendigerweise* den Straftatbestand einer falschen uneidlichen Aussage gemäß § 153 erfüllt hat. Es ist auch eindeutig im Falle des Zweifels, ob Hehlerei oder Diebstahl, belegt, dass eine fremde Sache im Besitz des Angeklagten ist. Würde man in diesen Fällen eine Verurteilung aufgrund genannter Bedenken gegen das Rechtsinstitut nicht vornehmen, käme dies einer Verletzung des Rechtsfriedens gleich, was zudem dazu führen würde, dass das Vertrauen der Bürger in Entscheidungen der Gerichte untergraben werden würde.

Es würde aber auch dazu führen, dass der Angeklagte, der besonders zweideutig aussagt, nie verurteilt werden könnte, wenn wegen seiner Aussage Zweifel im Hinblick auf die Eindeutigkeit seiner Handlung entstehen. Den besonders „gerissenen" Straftäter müsste man freisprechen. Dies ist eine groteske Belohnung dafür, „dass das Gericht von zwei vergleichbaren Delikten keines eindeutig festzustellen imstande" ist.[740] Schon allein zur Vermeidung dieses Umstands, aber auch zur Prävention von Straftaten kann eine Wahlfeststellung nicht grundsätzlich ausgeschlossen werden. Man kann nämlich von einem „grundlegenden Problem der Gerechtigkeit" sprechen, sollte man einen zweifellos Schuldigen freisprechen.[741]

Ferner spricht für diese Position das Argument, dass das Gericht möglicherweise gezwungen sein könnte, trotz erheblicher Zweifel nach einem Gesetz zu verurteilen, welches der Angeklagte möglicherweise nicht verletzt hat – nur um unbillig empfundene Ergebnisse zu vermeiden.[742] Gerade dies könnte zu Lasten des Angeklagten gehen.[743] Dazu sollte es jedoch nicht kommen. Wie *Jescheck/Weigend* feststellen, ist die Wahlfeststellung deshalb eine aus kriminalpolitischen Gründen notwendige Ausnahme vom Grundsatz „in dubio pro reo".[744]

Zusammengefasst besteht bei der Wahlfeststellung ein Dilemma: Lehnt man sie gänzlich ab, so entstehen die gerade genannten Folgeprobleme. Stimmt man ihr ohne Vorbehalt zu, so ginge dies zu Lasten des Rechtsstaats und dem Ansehen seiner

740 *Noak*, Jura 2004, 544.

741 Hierzu *Beulke/Fahl*, Jura 1998, 265.

742 Hierzu LK-*Dannecker*, Anh § 1, Rn. 11.

743 *Wolter*, Wahlfeststellung, 24.

744 *Jescheck/Weigend*,§ 16 I 1.

Institutionen. In der Rechtsprechung und Literatur ist man sich daher einig, dass ein Kompromiss gewählt werden muss, der da lautet, dass die Wahlfeststellung weder radikal abgelehnt werden[745] noch schrankenlos zugelassen werden sollte[746]. Es wird ein Mittelweg beschritten, der eine optimale praktische Konkordanz von Rechtssicherheit und Einzelfallgerechtigkeit darstellt[747], aber zugleich der Präventation von Straftaten und der Genugtuung des Tatopfers[748] dient. Wahlfeststellung wird insoweit dem Grunde nach zugelassen.[749]

2. Historische Entwicklung wahldeutiger Feststellungen

Die Wahlfeststellung tauchte im Zusammenhang mit der Errichtung der Schwurgerichte Mitte des 19. Jahrhunderts auf. In diesen Schwurgerichten saßen zum ersten Mal Laienrichter. Diesen wurden Fragen gestellt, die sie mit „Ja" oder „Nein" beantworten mussten.Bei alternativer Aufzählung mehrerer möglicher Umstände der Tatbegehung konnte aber eine eindeutige Antwort der Laienrichter nicht erwartet werden.[750] Das Problem der Wahlfeststellung war geboren.

Zur Lösung dieses Problems gab es gesetzliche Regelungen der Wahlfeststellung in den Prozessordnungen der Länder Württemberg und Sachsen; Der Gesetzgeber der Reichsstrafprozessordnung hat hingegen bewusst darauf verzichtet, die Wahlfeststellung zu normieren, um der Rechtsprechung bzw. der allgemeinen Rechtsentwicklung nicht vorzugreifen.[751] Das Rechtsinstitut erstarkte vielmehr zum Gewohnheitsrecht.[752] Zwischen 1935 und 1946 existierte schließlich eine materiellrechtliche Norm für wahlweise Feststellungen, welche durch die „Strafrechts- und Strafprozeßnovelle" vom 28. Juni 1935 eingeführt wurde. Dieser § 2 b RStGB lautete: „Steht fest, daß jemand gegen eines von mehreren Strafgesetzen verstoßen hat, ist aber eine Tatfeststellung nur wahlweise möglich, so ist der Täter aus dem milderen Gesetz zu bestrafen".

---

745 Meinung vertreten von *Alwart*, GA 1992, 562f; *Hippel*, NJW 1963, 1534; *Schmidhäuser*, Allgemeiner Teil, 1. Auflage, 5/44.

746 Meinung vertreten von *Nüse*, GA 1953, 38; weitere Nachweise bei *Siever*, Wahldeutige Feststellung, 4 (Fußnoten 4 bis 6).

747 Nachweis bei Sch/Sch-*Eser*, § 1, Rn. 68.

748 *Wolter*, Wahlfeststellung, 99.

749 Die anfangs aufgeführten drei Beispielsfälle wurden im Übrigen alle im Rahmen einer Wahlfeststellung gelöst.

750 Vgl. *Siever*, Wahldeutige Feststellung, 1.

751 So LK-*Dannecker*, Anh § 1, Rn. 31. *Siever*, Wahldeutige Feststellung, 12, sieht darin ein weiteres Argument, weswegen eine Wahlfeststellung auch praeter legem möglich sein soll.

752 *Manfred Kohler*, Auffangtatbestand, 64.

Auch im Verfahrensrecht wurde eine entsprechende Regelung eingeführt. § 267b StPO a.F. lautete: „Trifft das Gericht eine Wahlfeststellung (§2 b des Strafgesetzbuchs), so ist der Angeklagte in der Formel nur der Verletzung des anzuwendenden Strafgesetzes schuldig zu sprechen. Die Urteilsgründe müssen angeben, welche Gesetze als verletzt in Betracht kommen. Die Tatsachen, die den Verstoß ergeben, sind festzustellen; Diesbezüglich ist darzulegen, weshalb eine eindeutige Feststellung nicht möglich ist. Sieht das Gericht entgegen einem in der Hauptverhandlung gestellten Antrage von einer Wahlfeststellung ab, so müssen die Gründe dafür dargelegt werden."

§ 2b RStGB wurde vom Alliierten Kontrollrat am 30. Januar 1946 als typisch nationalsozialistisches Recht aufgehoben.[753] Problematisch war nicht Sinn und Zweck der Regelung, sondern vielmehr die geringen tatbestandlichen Voraussetzungen. Ein einschränkendes Kriterium wie das inzwischen von der Rechtsprechung im Zusammenhang mit der echten Wahlfeststellung verwendete Kriterium der rechtsethischen und psychologischen Vergleichbarkeit suchte man ausweislich des Wortlauts in dieser Regelung vergeblich. Dem richterlichen Ermessen wurden durch § 2b RStGB folglich keine klar gezogenen Grenzen gesetzt, „Willkür in der Subsumtionstätigkeit"[754] Tür und Tor geöffnet.
Da auch § 267b a.F. StPO nicht mehr Teil des Verfahrensrechts ist, gibt es seit 1946 keine Rechtsgrundlage für die Wahlfeststellung. Wie schon der Gesetzgeber der Reichsgesetze hat auch der Bundesgesetzgeber nach dem Zweiten Weltkrieg ausdrücklich von der Normierung der Wahlfeststellung abgesehen.[755]
Trotz fehlender ausdrücklicher Regelung im materiellen oder formellen Strafrecht haben die Gerichte, auch der BGH, dieses Rechtsinstitut nahtlos – trotz Aufhebung des § 2b RStGB – angewandt.[756] So stellte der BGH schon im ersten Band seiner Entscheidungssammlung fest: „Die Aufhebung des § 2 b StGB durch das Kontrallratsgesetz Nr. 11 bedeutet nicht, dass Wahlfeststellungen nunmehr unzulässig geworden wären, sondern hat nur zur Folge, dass es – wie vor dem Gesetz vom 28. Juni 1935 – an einer ausdrücklichen gesetzlichen Regelung der Frage fehlt."[757]

---

753 Vgl. Art. I Kontrollratsgesetz Nr. 11. Die Regelung wurde auch nach der Aufhebung von *Zeiler* verteidigt, vgl. *Zeiler*, ZStW 64 (1952), 156ff. Später schlug er eine Alternativformulierung zur vorangegangenen Regelung vor, hierzu mehr bei *Zeiler*, ZStW 72 (1960), 28ff.

754 *Siever*, Wahldeutige Feststellung, 17.

755 Vgl. hierzu BT-Drucks. I/3713, S. 19.

756 Vgl. hierbei die bei *Wolter*, Wahlfeststellung, 174ff, aufgeführte Judikatur.

757 BGHSt 1, 128.

Zur Legitimation einer Wahlfeststellung wird teilweise Art. 6 II EMRK[758] herangezogen, teilweise wird auf Art. 103 II GG und § 261 StPO als Rechtsgrundlage für die Wahlfeststellung oder auf das „Prozessgewohnheitsrecht" verwiesen.[759] Andere wiederum leiten die Möglichkeit einer Wahlfeststellung aus dem Schuldgrundsatz i.V.m. § 261 StPO her.[760]

3. Arten der Wahlfeststellung

Es gibt zwei Arten der Wahlfeststellung: Zum einen diejenige, bei der die in Betracht kommenden Alternativen in einem Stufenverhältnis im Sinne eines „Mehr oder Weniger" zueinander stehen[761]. Allgemein wird diese Fallgruppe als unechte bzw. gleichartige Wahlfeststellung bezeichnet. Zum anderen gibt es die echte Wahlfeststellung, welche auch ungleichartige Wahlfeststellung oder Wahlfeststellung im Rechtssinne genannt wird, bei der die Alternativen in einem Ausschließlichkeitsverhältnis zueinander stehen.[762]

a. Die echte bzw. ungleichartige Wahlfeststellung

Bei der echten Wahlfeststellung steht fest, dass der Angeklagte an der Tat beteiligt war, nur steht nicht fest, welche Strafnorm anzuwenden ist. Dabei ist zu beachten, dass die in Betracht kommenden strafrechtlich relevanten Alternativen in keinem Stufenverhältnis zueinander stehen. Stattdessen muss zwischen den Sachverhaltsalternativen ein Ausschließlichkeitsverhältnis bzw. Heterogenitätsverhältnis[763] bestehen.
Bei einer echten Wahlfeststellung kann also *eine* Handlung unter mehrere Strafnormen subsumiert werden, wobei diese Strafnormen jeweils ein *anderes*, selbstständiges Delikt verwirklichen würden. Da zwingend *eine* Handlung vorliegt, diese jedoch unter den Straftatbestand X oder den Straftatbestand Y subsumiert werden kann, ist eine Verurteilung wegen des in dubio pro reo-Grundsatzes streng genommen nicht möglich.[764] Um dieses Ergebnis aber zu vermeiden, aber auch um rechtsstaatliche Anforde-

---

758 Dieser lautet: „Bis zum gesetzlichen Nachweis seiner Schuld wird vermutet, dass der wegen einer strafbaren Handlung Angeklagte unschuldig ist."

759 *Wessels/Beulke*, Allgemeiner Teil, Rn. 802. Vgl. hierzu auch *Noak*, Jura 2004, 539.

760 *Dreyer*, Wahlfeststellung, 41 m.w.N.

761 *Wessels/Beulke*, Allgemeiner Teil, Rn. 806

762 Vgl. statt vieler Sch/Sch-*Eser*, § 1, Rn. 85ff.

763 Definition samt Erläuterung ab Seite 179.

764 Vgl. LK-*Dannecker*, Anh § 1, Rn. 132.

rungen zu erfüllen, braucht es ein Korrektiv. Nach gefestigter Rechtsprechung des Reichsgerichts und des BGH sowie nach einer stark vertretenen Meinung in der Literatur wird der Angeklagte nur unter einem einschränkenden Kriterium verurteilt: Die in Betracht kommenden Alternativen müssen in rechtsethischer und psychologischer Weise[765] vergleichbar sein.[766]

Eine rechtsethische Vergleichbarkeit liegt vor, „wenn bei Berücksichtigung aller Umstände, die den besonderen Unrechtscharakter der Straftatbestände ausmachen, den möglichen Taten im allgemeinen Rechtsempfinden eine gleichartige oder ähnliche sittliche Bewertung zuteil wird"[767], wobei aber nicht nur auf die Vergleichbarkeit der Schuldvorwürfe abgestellt werden kann.[768] Grundsätzlich ist bei der rechtsethischen Vergleichbarkeit an die gesetzlichen Straftatbestände anzuknüpfen. Mindestvoraussetzung der Vergleichbarkeit ist die Verletzung ähnlicher Rechtsgüter.[769] Vergleichsgruppe ist auch das unter Strafe gestellte Handlungsunrecht, wobei dieses sowohl die Art der Herbeiführung der Rechtsgutsverletzung als auch die innere Einstellung des Täters dazu erfasst.[770]

Überdies ist der Strafrahmen ein verlässliches Indiz für die Vergleichbarkeit. Dass dieser allerdings nicht das einzige Kriterium sein kann, zeigt *Montenbruck* anschaulich auf, schließlich wären auch Unterschlagung gemäß § 246 und Schwangerschaftsabbruch gemäß § 218 gleichwertig, zumindest was deren Strafrahmen anbelangt.[771]

Eine psychologische Gleichwertigkeit soll bei einigermaßen gleichgearteten seelischen Beziehungen des Täters zu den mehreren infrage stehenden Verhaltensweisen vorlie-

---

765 Die Formel der rechtsethischen und psychologischen Vergleichbarkeit wird *Kohlrausch* zugeschrieben, *Kohlrausch*, StGB, 38. Auflage, 64f.

766 So u.a. BGHSt 9, 393. Zustimmung zu dieser Formel vgl. statt vieler *Beulke/Fahl*, Jura 1998, 265; *Heinrich*, Allgemeiner Teil, Rn. 1470; *Joecks*, StGB, § 1, Rn. 18; *Wessels/Beulke*, Allgemeiner Teil, Rn. 806. Ablehnend äußern sich *Günther*, Verurteilungen, 106ff; *Hippel*, NJW 1963, 1535; *Jakobs*, GA 1971, Wahlfeststellung, 271; *Wolter*, Wahlfeststellung, 25; 112ff; *Zeiler*, ZStW 72 (1960), 15. Gegen das „untaugliche Begriffswerkzeug der rechtsethischen und psychologischen Gleichwertigkeit" ist ferner *Tröndle*, JR 1974, 133; ähnlich kritisch *Montenbruck*, GA 1988, 546. Eine jüngere Literaturmeinung wendet sich vom *Kohlrausch'*schen Kriterium der rechtsethischen und psychologischen Vergleichbarkeit ab und stellt auf die Identität des Unrechtskerns ab, vgl. hierzu statt vieler *Jescheck/Weigend*, Allgemeiner Teil, § 16 III 3; *Tröndle*, JR 1974, 135. Kritik an dieser Auffassung üben u.a. Sch/Sch-*Eser*, § 1, Rn. 80; *Noak*, Jura 2004, 544. Die unwesentlich andere Herangehensweise führt indes zu keinem anderen Ergebnis.

767 So *Norouzi*, JuS 2008, 113 m.w.N.

768 *Dreyer*, Wahlfestellung, 50 m.w.N.; ebenso *Wessels/Beulke*, Allgemeiner Teil, Rn. 806.

769 So LK-*Dannecker*, Anh § 1, Rn. 136f; ebenso Sch/Sch-*Eser*, § 1, Rn. 107.

770 So *Noak*, Jura 2004, 544.

771 *Montenbruck*, GA 1988, 538.

gen.[772] Bei dem Vergleich der Alternativen sind auch deren Handlungsunwerte zu bewerten.[773] Im Zusammenhang mit der psychologischen Vergleichbarkeit sind ferner kognitive und affektive Prozesse zu unterscheiden. Damit sind Wahrnehmungen und Denken umfasst bzw. bei den affektiven Prozessen Gefühle und Motivationen.[774] Das bedeutet folglich, dass bei der psychologischen Vergleichbarkeit auf subjektive Unrechts- und Schuldelemente abgestellt werden kann.[775] Alles in allem spielt die psychologische Komponente allerdings keine allzu große Rolle. Diesem Merkmal kommt laut *Dannecker* keine eigenständige Bedeutung zu.[776] Wenn überhaupt sei es – so *Wolter* – zweitrangig.[777]

Abschließend folgen einige Beispiele aus der Rechtsprechung, bei denen eine rechtsethische und psychologische Vergleichbarkeit bejaht wurde: Das bekannteste Beispiel für die echte Wahlfeststellung ist der oben bereits genannte Fall, dass der Täter entweder einen Diebstahl oder aber eine Hehlerei begangen hat. Hier geht die ständige Rechtsprechung von einer rechtsethischen und psychologischen Vergleichbarkeit der beiden Alternativen aus.[778]

Eine echte Wahlfeststellung ist auch bei Zweifeln über das Vorliegen von schwerem Raub oder aber Unterschlagung möglich. Auch hierbei wurde eine rechtsethische und psychologische Vergleichbarkeit bejaht. In diesem Fall kommt es dann nach der Rechtsprechung des BGH indes zu einer wahldeutigen Verurteilung zwischen Diebstahl und Unterschlagung.[779]

Das OLG Saarbrücken entschied einst, dass eine Wahlfeststellung zwischen Betrug und Unterschlagung einer Sache zulässig ist. Es nahm dazu eine echte Wahlfeststellung zur Grundlage seiner Entscheidung, da die möglichen Geschensabläufe exklusiver Alternativität entsprechen. Zur Vergleichbarkeit der beiden Straftatbestände führt das OLG aus, dass der Unwert der Unterschlagung auf gleicher Ebene wie der eines Betruges liege. Während § 246 das Eigentum an dem einzelnen Vermögensgegenstand

---

772 So *Norouzi*, JuS 2008, 113 m.w.N.; Ebenfalls *Dreyer*, Wahlfeststellung, 50 m.w.N.

773 Sch/Sch-*Eser*, § 1, Rn. 109 m.w.N.

774 Nachzulesen in einer Entscheidung des OLG Saarbrücken, NJW 1976, 68.

775 *Jochen Schulz*, JuS 1974, 635 sowie 638.

776 LK-*Dannecker*, Anh § 1, Rn. 145.

777 *Wolter*, Wahlfeststellung, 111

778 Vgl. statt vieler BGHSt 21, 153; 25, 183. Zahlreiche weitere Entscheidungen zu diesem Problemfeld bei *Wolter*, Wahlfeststellung, 174ff.

779 Sachverhalt samt Begründung nachzulesen bei BGHSt 25, 182ff; zustimmend *Kühl*, Allgemeiner Teil, § 21, Rn. 68d.

schütze, bezwecke § 263 den Schutz des Vermögens insgesamt; beides richte sich jedoch übereinstimmend gegen das Rechtsgut „Eigentum".[780]

Die echte Wahlfeststellung ist zusammengefasst nichts anderes als ein Ausnahmefall zum rechtsstaatlichen Grundsatz, wonach bei Zweifeln über den Tathergang der Angeklagte freizusprechen ist. Das Gericht muss davon überzeugt sein, dass der Täter – sollte er die Straftat A nicht begangen haben – er notwendigerweise die Straftat B begangen haben muss. Die (angeklagten) Alternativen müssen dabei zwingend in einem Ausschließlichkeitsverhältnis zueinander stehen.

b. Die unechte bzw. gleichartige Wahlfeststellung

Die unechte Wahlfeststellung wird deshalb als „unecht" bezeichnet, da bei dieser nicht „wahldeutig" zwischen zwei Sachverhaltsalternativen i.S.d. echten Wahlfeststellung festgestellt wird, sondern vielmehr nur die geringer bestrafte Sachverhaltsalternative angewandt wird. Nichtsdestoweniger wird auch die unechte Art der Wahlfeststellung üblicherweise im Rahmen der Thematik Wahlfeststellung behandelt.[781]
Während bei der echten Wahlfeststellung die Sachverhaltsalternativen in einem Ausschließlichkeitsverhältnis zueinander stehen, setzt eine unechte bzw. gleichartige Wahlfeststellung hingegen ein Einschließlichkeitsverhältnis[782] zwischen den beiden Sachverhaltsalternativen voraus, wobei die beiden Alternativen in einem Stufenverhältnis des Mehr oder Weniger zueinander stehen können.
Liegt ein solches Einschließlichkeitsverhältnis vor, so ist der Angeklagten unter Berücksichtigung des Grundsatzes „in dubio mitius" (aus dem Lateinischen „Im Zweifel das Mildere / Im Zweifel das Günstigere") nur wegen der minderschweren Alternative zu verurteilen.[783]

---

780 OLG Saarbrücken mit Sachverhalt und Urteilsgründen, NJW 1976, 65ff. Ausweislich BGH NJW 1974, 805 wird eine rechtsethische und psychologische Vergleichbarkeit selbst im Verhältnis von Verbrechen und Vergehen bejaht. Dabei ist allerdings zu beachten, dass sich dieses Verhältnis dadurch auszeichnet, dass ein Verbrechen gemäß § 12 I bei rechtswidrigen Taten vorliegt, die im Mindestmaß mit Freiheitsstrafe von einem Jahr oder darüber bedroht sind. Vergehen sind hingegen gemäß § 12 II rechtswidrige Taten, die im Mindestmaß mit einer geringeren Freiheitsstrafe oder die mit Geldstrafe bedroht sind. Auch sollte bedacht werden, dass gemäß § 23 I der Versuch eines Verbrechens stets strafbar ist, der Versuch eines Vergehens nur dann, wenn das Gesetz es ausdrücklich bestimmt.

781 So zum Beispiel bei Sch/Sch-*Eser*, § 1, Rn. 61; *Fischer*, § 1, Rn. 24ff oder *Wessels/Beulke*, Allgemeiner Teil, Rn. 805ff.

782 Definition samt Erläuterung ab Seite 179.

783 Vgl. u.a. die Entscheidung BGHSt 11, 101f. Diese Herangehensweise findet Zuspruch in der

Unechte und echte Wahlfeststellung schließen sich mithin gegenseitig aus. So ist kein Fall denkbar, bei dem ein Angeklagter zugleich aufgrund einer echten und einer unechten Wahlfeststellung verurteilt wird. Dies liegt an den bereits erwähnten unterschiedlichen Verhältnissen, die die Alternativen zueinander haben. Deshalb stellt *Dannecker* richtigerweise fest, dass (begriffslogische und normativ-ethische) Stufenverhältnisse die echte Wahlfeststellung ausschließen.[784] Auf der anderen Seite lässt sich mit der BGH-Rechtsprechung sagen, dass eine Verurteilung im Rahmen einer echten Wahlfeststellung nur dann in Betracht kommt, wenn kein Stufenverhältnis vorliegt.[785]

Typische Beispiele für eine unechte Wahlfeststellung sind das schon aufgeführte Beispiel der widersprüchlichen Aussagen vor Gericht oder das Beispiel mehrerer Sexualkontakte, wobei sicher feststeht, dass einer dieser Sexualkontakte zur HIV-Erkrankung des Opfers geführt hat[786]. Dies sind zusammengefasst Beispiele, bei denen sicher feststeht, dass eine bestimmte Strafnorm verletzt wurde, man nur nicht weiß, ob durch die eine *oder* die andere Handlung.
Eine unechte Wahlfeststellung kommt aber auch bei der Konstellation Grundtatbestand und Qualifikation in Betracht. Zu denken ist etwa an § 223 (Körperverletzung) zu § 224 (gefährliche Körperverletzung) oder § 242 (Diebstahl) zu § 244 (Diebstahl mit Waffen; Bandendiebstahl; Wohnungseinbruchdiebstahl). Auch im Rahmen des Verhältnisses von Grundtatbestand und Privilegierung ist sie anwendbar.[787]

4. Prozessuale Besonderheiten einer Wahlfeststellung

Ist von Anfang der Ermittlungen an klar, dass es sich um eine Sachverhaltsalternativität handelt, so müssen Anklageschrift und Eröffnungsbeschluss alternativ gefasst sein.[788] Jede von mehreren Sachverhaltsalternativen muss daher laut BGH angeklagt werden.[789] Stellt sich wiederum erst während der Hauptverhandlung heraus, dass eine

---

Literatur; vgl. *Fischer*, § 1, Rn. 20.

784 So LK-*Dannecker*, Anh § 1, Rn. 3; ähnlich Sch/Sch-*Eser*, § 1, Rn. 89.

785 BGHSt 25, 182f.

786 Vgl. den vollständigen Sachverhalt samt Lösung BGHSt 36, 262ff.

787 Ferner kommt sie dann in Frage, wenn nicht sicher feststeht, welche von mehreren Tatbestandsalternativen innerhalb einer Strafnorm verwirklicht worden ist; vgl. Lösung zu Fall 4 bei *Noak*, Jura 2004, 541.

788 *Dreyer*, Wahlfeststellung, 109 m.w.N.; *Wolter*, Wahlfeststellung, 131; vgl. auch *Zeiler*, ZStW 72 (1960), 23. Außerdem verweist *Dreyer* darauf, dass alternativ eine Nachtragsanklage gemäß § 266 I StPO in Betracht kommt.

789 So BGH NJW 1984, 2109; zur strafprozessualen Seite einer echten Wahlfeststellung vgl. eben-

Sachverhaltsalternativität vorliegt, so ist eine Nachtragsanklage zu erheben.[790] Dies kann gemäß § 266 II 1 StPO auch mündlich geschehen. Sollte der Angeklagte dieser nicht zustimmen – dieses Recht hat er immerhin aus dem Umkehrschluss zu § 266 I StPO –, so muss die Hauptverhandlung nach § 265 III, IV StPO ausgesetzt und eine selbstständige Anklage erhoben werden. Beide Verfahren können sodann nach §§ 2, 4 und 13 StPO verbunden werden.[791]

Wie bei einer eindeutigen Verurteilung üblich und vorgeschrieben, müssen auch die Sachverhalte, die später im Rahmen einer echten oder unechten Wahlfeststellung verurteilt werden, zunächst *vollumfassend* erfasst und ausgewertet werden. Aufgrund der richterlichen Aufklärungspflicht gemäß § 244 II StPO müssen vor einer Verurteilung alle prozessrechtlich erlaubten Beweismittel im Wege einer Wahlfeststellung erschöpft sein.[792] Dies bedeutet, dass u.a. Rechtfertigungsgründe, Entschuldigungsgründe, aber auch strafrechtliche Verfolgungsverjährung ermittelt werden müssen. Läge beispielsweise bei einer der Sachverhaltsalternativen ein Rechtfertigungsgrund vor oder ist eine der Sachverhaltsalternativen verjährt, so kann nicht mehr im Wege einer wahldeutigen Feststellung verurteilt werden.

Soll eine unechte Wahlfeststellung vorgenommen werden, so greift der Zweifelssatz „in dubio pro reo"[793] erst *nach* abgeschlossener Beweiswürdigung ein, wobei dann mit dessen Hilfe fingiert wird, „dass die günstigeren Tatsachen vorliegen bzw. die ungünstigeren nicht vorliegen[794]." Erst im Anschluss ist die nach Art und Maß niedrigste Strafe zu verhängen.[795] In den Urteilsgründen muss laut *Wolter* sodann dargelegt werden, „dass und weshalb eine weitere Aufklärung i.S.d. Feststellung eines eindeutigen Geschehens unmöglich war."[796]

---

so *Schröder*, NJW 1985, 781ff; *Montenbruck*, GA 1988, 540f. Zu Mängeln der Anklage und der Möglichkeit der Heilung vgl. *Dreyer*,Wahlfeststellung, 170f.

790 *Kudlich* erwähnt, dass man möglicherweise statt einer Nachtragsanklage auch einen rechtlichen Hinweis nach § 265 StPO vornehmen könne, vgl. *Kudlich*, JuS 2005, 236.

791 Dazu Sch/Sch-*Eser*, § 1, Rn. 103; *Jakobs*, GA 1971, 266.

792 So *Jescheck/Weigend*, Allgemeiner Teil, § 16 III 2 a.

793 Laut Bayerischem Verfassungsgerichtshof hat der Grundsatz „in dubio pro reo" gar Verfassungsrang. Das Rechtsinstitut der Wahlfeststellung sei im Grundsatz „nulla poena sine culpa" mitenthalten, vgl. NJW 1983, 1602.

794 Nachzulesen mit weiteren Nachweisen bei *Noak*, Jura 2004, 539.

795 *Wolter*, Wahlfeststellung, 139.

796 *Wolter*, aaO., 144. Er verweist ferner auf die Möglichkeit einer Verfassungsbeschwerde wegen einer möglichen Verletzung des Rechtsstaatsprinzips, Art 103 II, III GG, des Gleichheitssatzes nach Art 3 I GG, etc., vgl. *Wolter*, Wahlfeststellung, 171.

Prozessual ist überdies zu beachten, dass sich die Rechtskraft auf sämtliche wahldeutig abgeurteilten Straftaten erstreckt[797] und für die in Frage kommenden Sachverhalte die Zuständigkeit und ebenso die Strafgewalt des erkennenden Gerichts gegeben ist.

5. Zur Konkurrenzlehre

Zum Abschluss dieses Kapitels soll auf die Grundlagen der Gesetzeskonkurrenz[798] eingegangen werden. Insbesondere die Gesetzeskonkurrenz kann wertvolle Zuarbeit zur Lösung der Frage nach dem Verhältnis der Teilnahmeformen leisten. Denn es besteht ein Zusammenhang zwischen Wahlfeststellung und der Gesetzeskonkurrenz. Möglicherweise lassen sich aus diesem Teil der Konkurrenzlehre Rückschlüsse für das nachfolgende Kapitel ziehen, wo auf das allgemeine Verhältnis von Anstiftung und Beihilfe eingegangen werden soll.

Norouzi stellt fest, dass die möglicherweise in Betracht kommenden Stufenverhältnisse im Sinne des Mehr oder Weniger spiegelbildlich zur Konkurrenzlehre stehen. Die Verhaltensformen, die auf konkurrenzrechtlicher Ebene gesetzeskonkurrent verdrängt werden, treten im Zusammenhang mit der unechten Wahlfeststellung in den Vordergrund, haben also Vorrang.[799]

Zur Veranschaulichung dieser These soll ein Beispiel, nämlich das gleichzeitige Zusammentreffen von einfacher Körperverletzung (§ 223) und gefährlicher Körperverletzung (§ 224), gebildet werden: Auf konkurrenzrechtlicher Ebene verdrängt die gefährliche Körperverletzung die einfache im Wege der Spezialität („lex specialis derogat legi generali“).[800] Genau spiegelbildlich hierzu verhält es sich bei einer Wahlfeststellung: Dort lebt bei Zweifeln die einfache Körperverletzung wieder auf und der Angeklagte wird nur wegen dieser verurteilt („in dubio mitius“).

Nacheinander sollen nun die konkurrenzrechtlichen Formen der Spezialität,der Subsidiarität und der Konsumtion in ihren Grundzügen dargestellt werden. Auf diese wird sodann im 2. Kapitel eingegangen, um daraus Rückschlüsse für das allgemeine Verhältnis von Anstiftung und Beihilfe ableiten zu können.

---

797 So LK-*Dannecker*, Anh § 1, Rn. 164.

798 In dieser Abhandlung geht es nur um die „Gesetzeskonkurrenz in der Spielart der unechten Idealkonkurrenz“, *Geppert*, Jura 2000, 654.

799 *Norouzi*, JuS 2008, 21; vgl. dazu ebenfalls *Schröder*, Anmerkung zum BGH–Urteil vom 16. 12. 1969 – 1 StR 339/69, JZ 1970, 423.

800 *Arzt/Weber*, § 6, Rn. 85.

a. Spezialität

Eine Form der Gesetzeskonkurrenz ist die Spezialität. Diese liegt vor, wenn eine Strafvorschrift begriffsnotwendig alle Merkmale einer anderen enthält, sodass die Verwirklichung des speziellen Deliktstatbestandes zwangsläufig auch den in Betracht kommenden allgemeinen Tatbestand erfüllt.[801] Es gilt dann der Grundsatz „lex specialis derogat legi generali". Eine spezialisierende Tatbestandsbeschreibung liegt also im Falle des Hinzufügens eines weiteren Merkmals vor.[802] Ob nun Spezialität anzunehmen ist oder nicht, findet man nach den Regeln der Logik über die Substraktionstechnik heraus, was nichts anderes bedeutet, als dass ein abstrakter Vergleich der jeweiligen Tatbestände vorgenommen wird.[803]

Ein typischer Fall wäre das bereits erwähnte Verhältnis von Grundtatbestand und Qualifikation. So fügt § 224 (gefährliche Körperverletzung) zahlreiche Mittel ein, die im Grundtatbestand, also § 223, nicht genannt werden. Beispielsweise muss die gefährliche Körperverletzung nach § 224 I Nr 1 „durch Beibringung von Gift oder anderen gesundheitsschädlichen Stoffen" erfolgen, damit sie als gefährliche Körperverletzung bestraft werden kann. Da ansonsten die Strafnorm alle Merkmale von § 223 enthält, erkennt man, dass durch das zusätzliche Merkmal der Tatbestand „enger"[804] wird. Überdies wird das Verhältnis von Grundtatbestand und Privilegierung im Rahmen der Spezialität behandelt.[805] Bekanntes Beispiel ist die Privilegierung des § 216 (Tötung auf Verlangen) gegenüber § 212 (Totschlag).

b. Subsidarität

Bei der Subsidiarität geht das vorrangige Gesetz dem subsidiären Gesetz vor (lex primaria derogat legi subsidiariae).[806] Diese Form der Gesetzeskonkurrenz kann dabei in zweierlei Fällen vorliegen: Zum einen in den Fällen, in denen ein Strafgesetz ausdrücklich anordnet, dass es „neben einer anderen Vorschrift nicht anwendbar ist" (formelle Subsidiarität); zum anderen in den Fällen, „in denen sich die Unanwendbarkeit eines Strafgesetzes aus dem Zweck und Zusammenhang der Vorschriften im Rahmen der Verbrechenslehre ergibt" (stillschweigende Subsidiarität).[807]

801 So *Wessels/Beulke*, Allgemeiner Teil, Rn. 788.

802 *Geerds*, Lehre von der Konkurrenz, 193.

803 *Warda*, JuS 1964, 90; *Geppert*, Jura 1982, 421.

804 Siehe dazu *Bär*, Subsidiarität, 12 und *Klug*, ZStW 68 (1956), 400.

805 *Geerds*, aaO., 198f; *Roxin*, AT 2, § 33, Rn. 180.

806 *Roxin*, AT 2, § 33, Rn. 190.

807 So *Geerds*, aaO., 179.

Bei Fällen der formellen bzw. ausdrücklichen Subsidiarität ordnet der Wortlaut einer Norm die nachrangige Bedeutung gegenüber einer anderen Strafnorm an.[808] Beispiele hierzu sind § 95 (Offenbaren von Staatsgeheimnissen), § 107b (Fälschung von Wahlunterlagen), § 145d (Vortäuschen einer Straftat), § 125 (Landfriedensbruch), § 183a (Erregung öffentlichen Ärgernisses), § 246 (Unterschlagung)[809], § 248b (unbefugter Gebrauch eines Fahrzeugs) sowie § 265a I (Erschleichen von Leistungen). In letzterem Straftatbestand heißt die Rechtsfolge: „[...] wird mit Freiheitsstrafe bis zu einem Jahr oder mit Geldstrafe bestraft, *wenn* die Tat nicht in anderen Vorschriften mit schwererer Strafe bedroht ist."
Bei der „stillschweigenden Subsidiarität", auch materielle bzw. konkludente Subsidiarität genannt, wird das betroffene Strafgesetz aufgrund seines *Sinn und Zwecks* im Hinblick auf die Verbrechenslehre verdrängt.[810] Gemäß *Roxin* bedürfe das strafrechtliche Unrecht schließlich keiner besonderen Bestrafung, wenn es schon durch eine anzuwendende andere Vorschrift vollständig oder in ausreichendem Maße erfasst wird.[811]
Gemäß der Ausführungen *Sehers* erfordert diese Art der Subsidiarität eine wertende Betrachtung von Umfang und Intensität des jeweiligen Rechtsgüterschutzes.[812] Auch *Warda* schließt sich dieser Auffassung an, wenn er davon spricht, dass sich das Zurücktreten eines Gesetzes im Wege der Subsidiarität aus einer wertenden Betrachtung des Verhältnisses mehrerer Strafvorschriften zueinander ergebe.[813]

Zu Fällen der stillschweigenden Subsidiarität zählen u.a. das Verhältnis zwischen Vollendung und Versuch. In diesem Fall wird auf die Entwicklungsstadien bzw. auf die Durchgangsstufen abgestellt.[814] Aber auch das Verhältnis von vollendeten Körperverletzungsdelikten gegenüber vollendeten Tötungsdelikten kann hierzu gezählt werden.[815] Unter der stillschweigenden Subsidiarität werden aber auch auf verschieden

808 *Geerds*, aaO., 180ff.

809 Gerade an diesem Straftatbestand lässt sich verdeutlichen, dass selbstredend zu beachten ist, dass die Subsidiarität der Unterschlagung nur eine solche gegenüber anderen Vermögensdelikten bedeutet; vgl. *Geppert*, Jura 2000, 654.; a.A. Kühl, Allgemeiner Teil, § 21, Rn. 53.

810 *Geerds*, aaO., 183ff.

811 *Roxin*, AT 2, § 33, Rn. 199.

812 *Seher*, JuS 2004, 483.

813 *Warda*, JuS 1964, 91.

814 *Geerds*, aaO., 184; *Roxin*, AT 2, § 33, Rn. 199. Die Auffassung *Geerds* zum Verhältnis von Anstiftung und Beihilfe folgt sogleich im zweiten Kapitel.

815 So u.a. *Fischer*, Vor § 52, Rn. 41; *Geppert*, Jura 2000, 655; *Kühl*, Allgemeiner Teil, § 21, Rn. 56; *Seher*, JuS 2004, 483; Sch/Sch-*Stree/Sternberg-Lieben*, Vorbem §§ 52ff, 111; a.A., nämlich Heranziehen der Spezialität, *Roxin*, AT 2, § 33, Rn. 204.

intensive Arten des Angriffs auf das dasselbe Rechtsgut gefasst.[816] Diesbezüglich ist das Verhältnis vom konkreten Gefährdungsdelikt zum Verletzungsdelikt[817], das Verhältnis des abstrakten Gefährdungsdelikts gegenüber dem konkreten Gefährdungsdelikt[818] sowie das Verhältnis vom echten oder unechten Unterlassungsdelikt gegenüber dem Begehungsdelikt[819] zu nennen. Daran kann man sehen, dass bei Fällen stillschweigender Subsidiarität dem „weiter vorangeschrittenen Angriff konkurrenzmäßig der Vorrang vor dem weniger weit fortgeschrittenen Angriff" eingeräumt wird.[820] Zusammengefasst verdrängt in den beiden Fällen der Subsidiarität das unrechtsschwere Delikt das unrechtsleichtere Delikt entweder aufgrund des eindeutigen Wortlauts oder aber aufgrund des Sinn und Zwecks der Normen, wobei hierbei eine wertende Betrachtung heranzuziehen ist.

c. Konsumtion

Bei dieser Art der Gesetzeskonkurrenz geht die eine Strafdrohung in die eines „anderen, umfassenderen Strafgesetzes auf, welches den Unrechtswert der einen Straftat mit abgilt".[821] Dabei kann die strafbare Vor-, Nach- oder Begleittat von einem anderem Straftatbestand abgegolten werden.[822] Eine Konsumtion greift immer dann, wenn ein Straftatbestand in einem anderen nicht notwendig enthalten ist, der Unrechts- und Schuldgehalt der (Begleit-)Tat aber regelmäßig und typischerweise von der anderen Tat erfasst und aufgezehrt wird.[823] Es gilt schlechthin der Satz: „lex consumens derogat legi consumptae".

Ein Beispiel für die Konsumtion wäre § 244 I Nr. 3 (Wohnungseinbruchdiebstahl). Dieser konsumiert die Sachbeschädigung sowie den einfachen Hausfriedensbruch[824]. Auch das Verwenden des Benzins im Tank eines PKW ist vom Straftatbestand des § 248 b (unbefugter Gebrauch eines Fahrzeugs) umfasst und wird nicht gesondert bestraft.[825] Ein zugegeben groteskes Beispiel bildet die Sachbeschädigung an der Klei-

---

816 Vgl. *Seher*, JuS 2004, 483.

817 *Warda*, JuS 1964, 91; *Wessels/Beulke*, Allgemeiner Teil, Rn. 790.

818 Zu dieser und weiteren möglichen Konstellationen *Geppert*, Jura 1982, 424.

819 MüKo-*v. Heintschel-Heinegg*, Vor §§ 52ff., Rn. 48; *Seher*, JuS 2004, 483.

820 *Geppert*, Jura 2000, 654.

821 So *Siever*, Wahldeutige Feststellung, 37.

822 Vorliegend interessiert nur die Begleittat.

823 *Wessels/Beulke*, Allgemeiner Teil, Rn. 791.

824 Vgl. dieses und weitere Beispiele bei *Wessels/Beulke*, Allgemeiner Teil, Rn. 791; Nachweis auch bei *Lackner/Kühl*, StGB, Vor § 52, Rn. 27.

825 *Geppert*, Jura 2000, 655. Zur a.A., nämlich Verwendung der Subsidiarität, vgl. Sch/Sch-Eser, §

dung des erschossenen Opfers. Diese wird selbstredend nicht gesondert bestraft, sondern wird von dem Tötungsdelikt konsumiert. Hierbei sieht man, dass es bei der Konsumtion grundsätzlich um verschiedene Rechtsgüter geht[826], wobei ein bestimmtes Strafgesetz trotz *anderer Schutzrichtung* vor einem anderen Vorrang hat.[827]

Abschließend ist noch zu beachten, dass die Konsumtion nachrangig gegenüber der Spezialität sowie gegenüber der Subsidiarität ist.[828] Im Gegensatz zu Fällen ausdrücklicher Subsidiarität ist die Konsumtion nicht im Gesetz geregelt, auch drängt sich deren Notwendigkeit wie beispielsweise bei der Spezialität nicht jedem auf. Insofern ist dieser Fall der Gesetzeskonkurrenz umstritten und wird deshalb teilweise auch abgelehnt.[829]

2. Kapitel: Das Verhältnis der beiden Teilnahmeformen zueinander

Im nun folgenden Kapitel wird das allgemeine Verhältnis der beiden Teilnahmeformen zueinander geklärt, wobei diese Frage in die Durchführung einer Wahlfeststellung zwischen Anstiftung und Beihilfe eingebettet ist. Ausgangspunkt für die Problematik wahldeutiger Feststellungen ist eine BGH-Entscheidung, der eine Sachverhaltsalternativität zwischen Anstiftung, psychischer Beihilfe und Beihilfe durch Tat zugrunde lag.

1. BGH–Urteil vom 28. 10. 1982 – 4 StR 480/82

Im Rahmen der Klärung des Verhältnisses von Anstiftung und Beihilfe soll nun auf das schon im vorangegangenen Kapitel angesprochene Urteil des BGH[830] näher eingegangen werden, in welchem zum ersten Mal nicht nur die Frage aufgeworfen wurde, wie eine Wahlfeststellung zwischen den Teilnahmeformen auszusehen hat, sondern auch, welches Verhältnis die beiden Teilnahmeformen zueinander charakterisiert. Dabei entschied der BGH, dass ein Angeklagter bei Zweifeln, ob er zur Tat angestiftet hat oder zu dieser Tat Beihilfe geleistet hat, nur wegen Beihilfe zu bestrafen ist. Die Begründung des BGH wird nach dem Abdruck des Sachverhalts dargelegt.

248c, 15.

826 Vgl. *Seher*, JuS 2004, 483.

827 *Geppert*, aaO., 655.

828 Ebenfalls *Geppert*, aaO., 655.

829 Mehr dazu bei *Geerds*, Lehre von der Konkurrenz, 204ff sowie mit zahlreichen weiteren Nachweisen Sch/Sch-*Stree*/*Sternberg-Lieben*, Vorbem §§ 52ff, 124; vgl. auch *Roxin*, AT 2, § 33, Rn. 215. Zur Möglichkeit der Konsumtion im Rahmen einer Nachtat bzw. Vortat, vgl. die Ausführungen *Geerds*, Lehre von der Konkurrenz, 211ff.

830 BGH NStZ 1983, 165ff.

a. Sachverhalt

Nach den Feststellungen wurde Vincenzo S am 15. 9. 1980 auf offener Straße von dem italienischen Staatsangehörigen Mi oder von einem – von Mi angeworbenen – Handlanger erschossen. Mi war um materieller Vorteile willen aufgrund eines Tötungsauftrags tätig geworden, „den er von Seiten der beiden Angeklagten (Maddalena S und Mo) erhalten hatte".

Ob die Angeklagte Maddalena S als erste auf den Gedanken kam, ihren Ehemann töten zu lassen, ob Mo zuerst diesen Gedanken hatte oder ob beide zugleich darauf kamen, vermochte die Strafkammer ebensowenig zu klären wie die Frage „wie der Gedanke zu einem Tötungsplan weiterentwickelt wurde". Sie ist aber der Überzeugung, dass sich einer der folgenden – einander gegenseitig ausschließenden – Sachverhalte zugetragen hat:

a) Entweder war es so, dass die Angeklagte Maddalena S auf den Gedanken der Tötung kam und ihn mit Hilfe von Mo durchsetzen wollte. Sie forderte von ihm, eine Waffe zu kaufen und ihren Ehemann zu erschießen. Als Mo dieses Ansinnen ablehnte, wandte sich die Angeklagte an Mi. Dieser war bereit, ihren Ehemann umzubringen, machte aber die Durchführung der Tat davon abhängig, dass Mo mit der Tat einverstanden sei. Mo willigte zunächst nicht ein, gab aber auf Drängen der Angeklagten Maddalena S schließlich nach. Dabei war ihm bewusst, dass Mi ohne seine Zustimmung die Ausführung des Tötungsauftrags nicht gewagt hätte.

b) Oder es war so, dass Mo auf den Tötungsgedanken kam und – da er die Tötung nicht mit eigener Hand ausführen wollte – seinen Bekannten Mi darauf ansprach. Mi war zu dieser Tat bereit. Mo unterrichtete die Angeklagte hiervon und bat sie, der Tötung ihres Ehemannes zuzustimmen. Maddalena S weigerte sich jedoch zunächst, ihr Einverständnis zu geben. Erst auf längeres Drängen von Mo und Mi gab sie schließlich nach und gab in der Vorstellung, dass die Männer zwar ihr Einverständnis wollten, aber „notfalls auch ohne dieses handeln würden", ihre Zustimmung.

c) Es kann aber auch so gewesen sein, dass die Angeklagte und Mo gemeinsam auf den Gedanken kamen, Vincenzo S „umzubringen und dass sie gemeinsam Mi gewannen, die Tat auszuführen".

Bei allen drei Sachverhaltsvarianten, bei denen mit Sicherheit vorlag, wussten die Angeklagte und Mo, dass Mi zur Ausführung des Tötungsauftrags nur deshalb bereit war, weil ihm entweder hoher Lohn zugesagt worden war oder er zumindest eine Belohnung erwartete. „Sie rechneten auch damit, dass Mi die Tat möglicherweise nicht mit eigener Hand oder nicht allein ausführen würde, sondern sich dazu einer weiteren Person bedienen würde“.[831]

b. Urteilsgründe

Das Landgericht Dortmund hat die Angeklagte Maddalena S auf wahldeutiger Tatsachengrundlage wegen Anstiftung oder Beihilfe zum Mord an ihrem Ehemann Vincenzo zu 7 Jahren und ihren Geliebten Mo wegen Anstiftung zu diesem Mord zu 9 Jahren Freiheitsstrafe verurteilt.

Der BGH wendet sich vom Urteil des Landgerichts Dortmund ab, die Angeklagte auf wahldeutiger Tatsachengrundlage wegen Anstiftung oder Beihilfe zum Mord zu verurteilen und schließt die Durchführung einer echten Wahlfeststellung im Falle des Vorliegens von Zweifeln, ob Anstiftung und Beihilfe gegeben ist, gänzlich aus. Stattdessen führt der BGH dem Ergebnis nach eine unechte Wahlfeststellung durch: Zunächst weist der BGH darauf hin, dass das Verhältnis der Verhaltensweisen zur Beurteilung der richtigen Art der Wahlfeststellung maßgeblich sei. Bei einem Stufenverhältnis im Sinne eines „Mehr oder Weniger“ bzw. eines „Schwächeren zum Stärkeren“ sei nach dem Grundsatz „in dubio mitius“ nach dem leichteren Gesetz zu verurteilen.[832]

Unter Verweis auf eine frühere Entscheidung des BGH zum Verhältnis von Mittäterschaft und Beihilfe[833] erklärt der BGH, dass zwar „in diesem Sinne“ auch beim Verhältnis von Anstiftung und Beihilfe bzw. psychischer Beihilfe kein Stufenverhältnis vorläge, der in dubio pro reo-Grundsatz jedoch entsprechend anzuwenden ist. Diesem in dubio pro reo-Grundsatz sei schließlich zu entnehmen, dass der Angeklagte für den geringeren der beiden Unwertgehalte einzustehen habe. Der Anstiftung sei dann ein höherer Unwertcharakter als der Beihilfe beizumessen, was sich aus den unterschiedlichen Strafrahmen ergebe.[834] Der Schuldspruch gegenüber Maddalena S wurde dahingehend geändert, als dass diese nur wegen Beihilfe zum Mord verurteilt wurde.[835]

---

831 Sachverhalt nachzulesen in der NStZ 1983 165ff.

832 In diesem Zusammenhang verweist der BGH erneut auf die Vormachtstellung der unechten Wahlfeststellung – auch gegenüber der Konstruktion eines Auffangtatbestand, vgl. BGH aaO., 116.

833 BGHSt 23, 203ff.

834 BGH JZ 1983, 116.

835 Während die Verurteilung von Mo rechtskräftig blieb, hat die Angeklagte Rechtsmittel eingelegt mit der Begründung, dass formelles und materielles Recht verletzt wurde. Die Revision führte zur Änderung des Schuldspruchs. Der Strafspruch hingegen blieb gleich. Das Landge-

c. Reaktionen im Schrifttum

Die Lösung des BGH hat im Schrifttum eine heftige Debatte ausgelöst, die teilweise von Ablehnung, teilweise jedoch von Zustimmung geprägt war.

Hruschka kritisiert das Urteil: Er erkennt zunächst zwar an, dass es sich bei vorliegendem Sachverhalt um einen Fall wahlweiser Feststellung handelt. Das Gericht hatte also eine Entweder-Oder-Entscheidung zu treffen.

Allerdings hört damit auch seine Zustimmung zur BGH-Entscheidung auf: Er erkennt schon die vom BGH festgestellte, oben als zweite Sachverhaltsvariante aufgeführte Möglichkeit der Beteiligung der Angeklagten als psychische Gehilfin nicht an. Er lehnt die Rechtsfigur der psychischen Beihilfe gar gänzlich ab.[836] Somit hätte der BGH diese Alternative seiner Meinung nach nicht einbeziehen dürfen.

Seine Ablehnung basiert jedoch noch auf einem weiteren Argument, nämlich auf dem vom BGH angenommenen Verhältnis zwischen Anstiftung und Beihilfe. Entgegen der Auffassung des BGH plädiert *Hruschka* für ein Exklusivitätsverhältnis zwischen den Teilnahmeformen (Verhältnis der Heterogenität).[837] Dies begründet er damit, dass kein Fall denkbar sei, bei dem jemand durch ein und dieselbe Handlung in Bezug auf ein und denselben Täter einer identischen Tat zugleich eine Anstiftung und „psychische" Beihilfe begeht. *Hruschka* versteht insofern nicht, wie der BGH einerseits eine *Exklusivitäts*beziehung von Anstiftung und (psychischer) Beihilfe annehmen kann, andererseits dann wiederum eine Subordination der Beihilfe gegenüber der Anstiftung bejaht, also ein Stufenverhältnis.[838]

Zustimmung zu diesem Urteil äußert *Baumann* in seiner Anmerkung. Er verweist auf die unterschiedlichen Formen von Stufenverhältnissen. Neben dem „streng-logischen" gäbe es das „juristisch wertende" Stufenprinzip.[839] Während das erstere unbestritten sei, werde das zweite durch den BGH im vorliegenden Fall anerkannt. Durch das Abstellen auf den geringeren Unwertsgehalt der Beihilfe liege schließlich nach Auffassung des BGH im Verhältnis von Anstiftung und Beihilfe ein juristisch wertendes Stufenprinzip vor. *Baumann* stimmt dem zu und untermauert diese Ansicht noch, indem er

---

richt Dortmund hatte die Angeklagte bereits wegen der günstigeren der beiden Alternativen verurteilt, indem es ihre Strafe nach § 27 II 2 i.V.m. § 49 gemildert hat.

836 *Hruschka*, JR 1983, 177ff.

837 *Hruschka*, aaO., 179f.

838 *Hruschka*, aaO., 179f. Ferner beklagt *Hruschka* das dogmatische Durcheinander im Hinblick auf das Verwenden des Begriffs Auffangstrafdrohung. Dieser sei kein präziser Begriff, der für eine klare Argumentation nützlich ist, *Hruschka*, aaO., 180.

839 *Baumann*, Anmerkung zum BGH–Urteil vom 28. 10. 1982 – 4 StR 480/82, JZ 1983, 116.

einen Vergleich mit der Konkurrenzlehre herbeiführt: Einmütig werde dort die „Subsidiarität der Beihilfe" anerkannt, weswegen die Beihilfe bei der Gesetzeskonkurrenz als die niedrigere Teilnahmestufe anzusehen sei.[840]
Baumann kritisiert jedoch die analoge Anwendung des in dubio pro reo-Grundsatzes. Da es sich um ein Stufenverhältnis handele, führe es nur zum Wegfall *tatsächlicher* Feststellungen bezüglich der höheren Stufe – gleichgültig, ob es sich um ein wertendes oder logisches Stufenverhältnis handelt. Einer Analogie bedürfe es mithin nicht. Dadurch dass das Gericht mit einer Analogie des Grundsatzes arbeite, rücke es seine Entscheidung in die Nähe einer Verurteilung wegen (echter) Wahlfeststellung.[841]

Ähnlich äußert sich *Dingeldey*. Nachdem er zu Beginn seiner Anmerkung auf die grundsätzliche Zulässigkeit wahldeutiger Feststellungen hinweist, kritisiert er ebenfalls die entsprechende Anwendung des in dubio pro reo-Grundsatzes. Er verweist dazu auf die Zurechnungslehre: Entscheidend sei, in welchem Maße dem Beschuldigten der von ihm zumindest mitverursachte Taterfolg objektiv und individuell zugerechnet werden kann. Die normative Grundlage der Zurechnungsentscheidung sei in allen Fällen die „Intensität der Rechtsgutsgefährdung bzw. -verletzung". Unter normativen Zurechnungsgesichtspunkten ließe sich eine unterschiedliche Behandlung von begriffslogischen und normativen Stufenverhältnissen nicht rechtfertigen.[842]
Ein weiteres Argument entnimmt er der Dogmatik. Voraussetzung einer Analogie ist das Vorhandensein einer „gesetzlich klar und eindeutig festgelegten" Rechtsnorm. Der in dubio pro reo-Grundsatz sei indes nicht positiviert, sondern gewohnheitsrechtlich tradiert. Dass dieser „unverzichtbare Bestandteil unserer Rechtsordnung" nicht normiert ist, münzt *Dingeldey* ins Gegenteil um. Eine vielfältige *direkte* Anwendung macht gerade den Sinn dieses allgemeinen Rechtsprinzips aus.[843]

Kratzsch, der im Ergebnis der Entscheidung des BGH zustimmt, stellt bei seiner Anmerkung zum Urteil in Frage, ob man überhaupt von „Wahlfeststellung" in diesem Fall sprechen kann, und kritisiert sodann die Verwendung des Begriffs. Dies liegt daran, dass er diesen Begriff nur verwendet, wenn es sich um eine echte bzw. gleichar-

840 *Baumann*, aaO., 117.

841 *Baumann*, aaO., 117.

842 *Dingeldey*, Anmerkung zum BGH–Urteil vom 28. 10. 1982 – 4 StR 480/82, NStZ 1983, 166. Überdies weist *Dingeldey* auf die Ausführungen *Günthers* hin, der bereits nachgewiesen hat, dass sich wahldeutige Feststellungen nicht ausschließlich auf äußere Tatgeschehen beziehen müssen, *Dingeldey*, aaO., 166 mit dem Nachweis.

843 *Dingeldey*, aaO., 166.

tige Wahlfeststellung handelt. Dadurch dass der BGH indessen die Angeklagte nur wegen Beihilfe verurteilt hat und nicht wahlweise wegen Anstiftung oder Beihilfe, liegt für *Kratzsch* keine Wahlfeststellung vor. Die fragwürdige Bezeichnung als Wahlfeststellung sei jedoch für das Ergebnis des Falls unschädlich. Dies liegt seines Erachtens daran, dass „die prozessualen Voraussetzungen dieses Rechtsinstituts auf Fälle des normativen Stufenverhältnisses entsprechend anwendbar sind".[844]

2. Das Verhältnis von Anstiftung und Beihilfe

Das Urteil und die dadurch ausgelösten Reaktionen im Schrifttum haben die Notwendigkeit aufgezeigt, die abstrakte Frage zu beantworten, in welchem Verhältnis die beiden Teilnahmeformen zueinander stehen. In Betracht kommen zwei Möglichkeiten: zum einen ein Einschließlichkeitsverhältnis, was in der Form eines Auffangtatbestandes oder in der Form eines Stufenverhältnisses bestehen kann, zum anderen ein Ausschließlichkeitsverhältnis, welches man auch als Exklusivitätsverhältnis oder Heterogenitätsverhältnis bezeichnen kann.

Sobald das allgemeine Verhältnis von Anstiftung und Beihilfe geklärt ist, steht fest, ob eine echte oder eine unechte Wahlfeststellung einschlägig ist, sollten Zweifel bestehen, ob der Angeklagte sich als Anstifter oder als Gehilfe strafbar gemacht hat.

a. Das Exklusivitätsverhältnis

Zwischen den beiden Teilnahmeformen könnte ein Ausschließlichkeitsverhältnis bzw. Heterogenitätsverhältnis[845] bestehen. Von Ausschließlichkeit bzw. Heterogenität (*Getrenntsein*) spricht man dann, wenn ein Gegenstand, der unter den Begriff A fällt, niemals unter den Begriff B fällt, und umgekehrt, wobei unter einem Gegenstand nicht nur ein raum-zeitliches Objekt, sondern – im weitesten ontologischen Sinne – jedes Objekt, also auch ein geistiger, irrealer oder sonstiger Gegenstand, zu verstehen ist.[846] Es handelt sich bei dieser Art von Verhältnis um nichts anderes als ein Entweder-Oder-Verhältnis, bei dem kein gemeinsamer tatbestandlicher Nenner besteht, wobei es keine Rolle spielt, ob die „Begriffe zueinander in konträrem oder in kontradiktorischem Gegensatz stehen[847]."

---

844 *Kratzsch*, Anmerkung zum BGH–Urteil vom 28. 10. 1982 – 4 StR 480/82, JA 1983, 339.

845 Begriff bei *Löhr*, JuS 1976, 718. *Zeiler* wirft den Terminus „Verhältnis eines aliud" in den wissenschaftlichen Raum, vgl. *Zeiler*, ZStW 72 (1960), 12.

846 So *Klug*, ZStW 68 (1956), 403.

847 *Klug*, aaO., 404. Ginge man also von einem Heterogenitätsverhältnis aus, wäre damit die echte Wahlfeststellung verbunden.

Um den soeben zitierten Ausgangsfall besser einordnen zu können, muss man zuvorderst die dort zitierte frühere Entscheidung zum Verhältnis von (Mit-)Täterschaft und Beihilfe beleuchten, da diese schließlich zur Begründung herangezogen wurde. In jener grundlegenden Entscheidung[848] spricht der BGH davon, dass sich (Mit-)Täterschaft und Beihilfe gegenseitig ausschließen. Zwischen diesen beiden Beteiligungsformen bestünde ein wesensmäßiger Unterschied, der in der psychologischen Andersartigkeit der Tatbeziehung zum Ausdruck komme. Diese These begründet der BGH mit der von der Rechtsprechung vertretenen „Animus-Theorie". In dem Willen des Täters, die Tat als eigene zu begehen, könne nicht zugleich der Wille liegen, Hilfe zu einer fremden Tat zu leisten.[849]
Diese Begründung zieht der BGH auch zur Lösung des Ausgangsfalles heran („für den vorliegenden Fall kann nichts anderes gelten"). Der BGH geht mithin davon aus, dass sich auch Anstiftung und Beihilfe gegenseitig ausschließen. Überdies stellte der BGH auch fest, dass der Anstiftung ein höherer Unwertcharakter als der Beihilfe beizumessen sei, was sich aus der obligatorischen Strafmilderung für den Gehilfen (§ 27 II 2) ergebe.[850]

Man könnte nun meinen, dass der BGH konsequenterweise – wie zwischen Täterschaft und Beihilfe – ebenso zwischen Anstiftung und Beihilfe ein Exklusivitätsverhältnis annimmt. Während aber die Vorinstanz, die Schwurkammer des Landgerichts Dortmund, der der Ausgangsfall vorgelegt wurde, noch auf Exklusivität abstellte und sodann auf wahldeutiger Tatsachengrundlage verurteilte, folgte der BGH der Vorinstanz nicht, sondern nimmt ein normativ-ethisches Stufenverhältnis zwischen Anstiftung und Beihilfe an.[851]

Im Schrifttum gibt es einen Anhänger, der ein Heterogenitätsverhältnis zwischen Anstiftung und (psychischer) Beihilfe annimmt. *Hruschka* geht – wie gerade gesehen – von einem solchen Exklusivitätsverhältnis aus, da seiner Meinung nach kein Fall denkbar sei, bei dem jemand durch ein und dieselbe Handlung in Bezug auf ein und denselben Täter einer identischen Tat zugleich eine Anstiftung und eine psychische Beihilfe begeht: Wenn der Täter zur Tat noch nicht entschlossen sei, so sei das Verhalten des

848 Entscheidung des BGH NJW 1970, 668ff. Die Entscheidung und deren Begründung folgen ab Seite 189.
849 BGH NJW 1970, 668ff.
850 BGH JZ 1983, 116.
851 Zum normativ-ethischen Stufenverhältnis folgt sogleich mehr auf Seite 183.

Hintermannes als Anstiftung zu qualifizieren. Ist jedoch der Täter zur Tat bereits entschlossen, „dann ist die psychische Teilnahme jedenfalls keine (vollendete) Anstiftung, sondern eine psychische Beihilfe".[852]

b. Das Einschließlichkeitsverhältnis

Zwischen Anstiftung und Beihilfe könnte man aber auch ein Homogenitätsverhältnis, also ein Einschließlichkeitsverhältnis annehmen. Zunächst ist festzustellen, dass ein solches Verhältnis definitorisch nicht in der rechtswissenschaftlichen Literatur festgehalten wird. Jedoch kann man auf den Ausführungen *Klugs* aufbauend sagen, dass während ein Heterogenitätsverhältnis auf dem *Getrenntsein* basiert[853], man konsequenterweise immer dann von einem Homogenitätsverhältnis sprechen muss, wenn zwei Handlungsweisen einen gemeinsamen (strafrechtlichen) Nenner haben. Dieser gemeinsame Nenner liegt dann vor, wenn die Handlungsweisen in einem Stufenverhältnis zueinander stehen oder aber eine der beiden Handlungsweisen gegenüber der anderen die Funktion eines Auffangtatbestands erfüllt.

Diese Meinung wird auch durch den allgemeinen Sprachgebrauch untermauert: Von Homogenität spricht man immer dann, wenn etwas gleichmäßig aufgebaut ist, gleich beschaffen ist bzw. aus Gleichartigem zusammengesetzt ist.[854]

aa. Beihilfe als Auffangtatbestand?

Begonnen werden soll mit einer möglichen Konstruktion der Beihilfe als Auffangtatbestand. Mit dem Rechtsinstitut Auffangtatbestand arbeitete bevorzugt die ältere Rechtsprechung.[855]

---

852 *Hruschka*, JR 1983, 179. Diese Analyse stimmt mit der in dieser Arbeit entwickelten Abgrenzung von Anstiftung und psychischer Beihilfe überein. Ob man aber unmittelbar von der *Abgrenzung* der Teilnahmeformen auf das abstrakte *Verhältnis* schließen kann, ist fraglich. In der sich anschließenden Stellungnahme ab Seite 195 folgen die Ausführungen zur richtigen Einordnung des Verhältnisses von Anstiftung und Beihilfe.

853 Vgl. nochmals *Klug*, ZStW 68 (1956), 403.

854 Duden, Das große Wörterbuch der deutschen Sprache in 10 Bänden, 3. Auflage, Mannheim 1999. Schon im Vorfeld kann gesagt werden, dass es gleichgültig ist, ob man von einem Einschließlichkeitsverhältnis i.S.d. Stufenverhältnisses oder von einem Einschließlichkeitsverhältnis i.S.d. Konstruktion eines Auffangtatbestandes ausgeht. In beiden Fällen würde der Angeklagte bei Zweifeln des Tatrichters wegen der unrechtsminderen Beteiligungsart bestraft (in dubio mitius), also wegen Beihilfe.

855 Dazu sogleich mehr auf der nächsten Seite. Auch der BGH arbeitet nicht mehr mit der Konstruktion des Auffangtatbestandes und geht inzwischen konsequenterweise von ein Stufenverhältnis beim Verhältnis der Beteiligungsformen zueinander aus, vgl. die sogleich aufgeführten

Bevor auf Judikatur hinsichtlich der Auffangfunktion der Beihilfe eingegangen wird, soll ein anderes, wichtiges Verhältnis beleuchtet werden: Die Rechtsprechung des BGH hat ursprünglich das Verhältnis der beiden Schuldformen Vorsatz und Fahrlässigkeit rechtsdogmatisch mit Hilfe eines Auffangtatbestandes gelöst.[856] So entschied der BGH, dass Fahrlässigkeit gegenüber Vorsatz eine Auffangfunktion innehat. In dem zugrundeliegenden Fall ging es um das Verhältnis von vorsätzlicher zur fahrlässiger Körperverletzung.[857] Der BGH begründet seine Auffassung damit, dass de lege lata die fahrlässige Körperverletzung und die vorsätzliche Körperverletzung nebeneinander existieren. Damit wollte der Gesetzgeber klarstellen, dass das Rechtsgut der körperlichen Integrität von höchster Bedeutung ist und zugleich auf die fahrlässige Begehungsweise zurückgegriffen werden kann, sollte die vorsätzliche Tat nicht nachgewiesen werden können.[858]
Diese Bezeichnung bzw. Lösung über die Hilfskonstruktion eines Auffangtatbestandes hat der BGH inzwischen gänzlich aufgegeben.[859] In einer neueren Entscheidung geht der BGH nun von einem Stufenverhältnis zwischen Vorsatz und Fahrlässigkeit aus. Dies begründet er unter Heranziehung des § 18. In dieser Vorschrift werde ein Stufenverhältnis der Schuldformen Fahrlässigkeit/Vorsatz vorausgesetzt.[860]

Zur Konstruktion der *Beihilfe als Auffangtatbestand* gibt es eine Entscheidung – allerdings im Verhältnis zur Täterschaft. So zeichnet sich das Verhältnis von Beihilfe und Täterschaft nach Auffassung des Bayerischen Oberlandesgerichts[861] dadurch aus, dass die Beihilfe als Auffangtatbestand bewertet werden kann, wobei in dieser Entscheidung immer wieder auch der Begriff Stufenverhältnis verwendet wurde. Es ist also nicht deutlich, was das Gericht unter dem einen bzw. dem anderen versteht und ob überhaupt nach dessen Auffassung ein Unterschied zwischen Auffangtatbestand und Stufenverhältnis besteht.[862]

Entscheidungen im Zusammenhang mit dem Stufenverhältnis ab Seite 183.

856 Jahre davor hat der das Verhältnis der Schuldformen zueinander im Wege einer Wahlfeststellung gelöst, vgl. BGHSt 4, 340ff.

857 Sachverhalt und Entscheidung nachzulesen bei BGHSt 17, 210ff.

858 BGHSt 17, 212; ähnlich RGSt 41, 391. *Kohler* stellt zur ersteren Entscheidung fest, dass der BGH zwar von Auffangtatbestand spricht, wohl aber ein Stufenverhältnis damit meint, *Manfred Kohler*, Auffangtatbestand, 69.

859 BGHSt 23, 203ff. Vgl. ebenso die Ausführungen von LK-*Dannecker*, Anh § 1, Rn. 65 m.w.N.

860 Entscheidung des BGH NStZ 1993, 338f.

861 BayObLG, NJW 1967, 361ff.

862 Vgl. Sachverhalt samt Entscheidung NJW 1967, 361ff. Für eine wahlweise Feststellung spricht sich hingegen *Fuchs* NJW 1967, 740 in seiner Anmerkung zu der Entscheidung des Bayeri-

Die Auffassung, im Verhältnis der Beteiligungsformen zueinander einen Auffangtatbestand zu sehen, erregte aber heftigen Widerstand. Und zwar von den Meinungen im Schrifttum, die zwar ein Einschließlichkeitsverhältnis bejahen, dieses jedoch als Stufenverhältnis bewertet wissen wollen.[863] Aber auch die Anhänger einer Exklusivitätsverhältnis-Lösung, die die Konstruktion über den Auffangtatbestand unterstützen, betonen, dass über diese Lösung der die Strafbarkeit einschränkende Gedanke der rechtsethischen und psychologischen Vergleichbarkeit umgangen werden würde.[864] Diese Meinung wird zum Beispiel von *Löhr* vertreten, also einer der Personen, die ohnehin ein Heterogenitätsverhältnis zwischen Anstiftung und Beihilfe annehmen.[865] Eine Konstruktion über die „bedenkliche Rechtsfigur Auffangtatbestand“[866] sei überdies bei der Bewertung des Verhältnisses von Normen des Allgemeinen Teils zueinander nicht zielführend und erheblichen Bedenken ausgesetzt.[867]

Nachdem die Rechtsfigur weder von der Rechtsprechung noch von der Literatur vertreten wird, ist es ratsam, die These Beihilfe als Auffangtatbestand zu betrachten, nicht weiter zu verfolgen.[868]

bb. Stufenverhältnis zwischen Anstiftung und Beihilfe?

Geht man davon aus, dass zwischen Anstiftung und Beihilfe ein Stufenverhältnis besteht, so könnte dies in zwei unterschiedlichen Formen vorliegen. Die Literatur unterscheidet nämlich zwischen dem normativ-ethischen Stufenverhältnis und dem logisch-begrifflichen Stufenverhältnis.[869] Diese Unterscheidung wird *Siever* zugeschrieben.[870]

---

schen Oberlandesgericht aus.

863 Vgl. *Tröndle*, JR 1974, 133f; *Wolter*, Wahlfeststellung, 60ff. *Dreher*, MDR 1970, 371, plädiert gar für die Abschaffung der Hilfskonstruktion des Auffangtatbestandes.

864 *Hippel*, NJW 1963, 1534.

865 *Löhr*, JuS 1976, 717.

866 So Sch/Sch-*Eser*, § 1, Rn. 92.

867 *Maurach/Zipf*, Allgemeiner Teil, § 10, Rn. 30.

868 Dass man das „Hilfeleisten“ nicht als Oberbegriff für sämtliche Beteiligungsarten verstehen und damit die Beihilfe als Auffangtatbestand werten kann, ist schon aus der einschränkenden Auslegung der Tathandlung von § 27 ersichtlich. So folgt diese Abhandlung – wie im Grundlagenteil gezeigt – der Meinung, wonach bei der Beihilfe das Kausalitätserfordernis zwingende Voraussetzung zur Bestrafung ist.

869 Eine Übersicht dazu findet sich bei *Noak*, Jura 2004, 542.

870 *Siever*, Wahldeutige Feststellung, 28ff.

Beim normativ-ethischen Stufenverhältnis ist das Unrecht des einen Tatbestandes vollständig in dem Unrecht des anderen enthalten.[871] Dabei wird nicht auf eine formal bzw. logische Betrachtungsweise, sondern auf eine wertende Betrachtungsweise abgestellt. Diese wertende Betrachtungsweise lässt eine der Begehungsmöglichkeiten als die leichtere Form erscheinen.[872] Dass man durchaus auf ein wertendes Kriterium zur Bestimmung eines Verhältnisses zurückgreifen kann, entnimmt *Siever* den Ausführungen *Welzels* und *Radbruchs*: Strafrechtliche Systemfragen ließen sich laut *Welzel* nicht allein aus dem Gesetz entwickeln. Und *Radbruch* ergänzt: „Denn juristische Interpretation ist Wertinterpretation".[873]

Beim logisch-begrifflichen Stufenverhältnis schließt die eine Verhaltensweise die andere in sich ein.[874] Es handelt sich also nicht um ein „Entweder-Oder-Verhältnis", sondern um ein „Mehr-Weniger-Verhältnis".[875] Dies sei laut *Siever* gegeben, wenn zum Beispiel Grundtatbestand und Qualifikation oder Grundtatbestand und Privilegierung aufeinander treffen.[876] *Wolter* ergänzt das Beispiel, dass in jedem Zerstören logischerweise das Beschädigen enthalten sein muss.[877]

Geht man nochmals auf die ausgangs des ersten Kapitels diesen Teils dargestellte Konkurrenzlehre zurück, erkennt man die Parallele zwischen dem normativ-ethischen Stufenverhältnis und der Subsidiarität sowie die Parallele zwischen dem logisch-begrifflichen Stufenverhältnis und der Spezialität.[878]

---

871 So LK-*Dannecker*, Anh § 1, Rn. 91.

872 *Siever*, aaO., 45. *Wolter* definiert ein normatives Stufenverhältnis durch das getrennte Abstellen auf Handlungs- und Erfolgsunrecht. Ein solches Verhältnis kennzeichne sich „durch die Identität des Erfolgsunwerts und die normative Subsidiarität der ungleichwertigen Handlungsunwerte; hierzu *Wolter*, Wahlfeststellung, 67.

873 Sämtliche Nachweise bei *Siever*, aaO., 45.

874 *Siever*, aaO., 28.

875 *Wolter*, aaO., 34.

876 *Siever*, aaO., 29ff sowie 34ff.

877 *Wolter*, aaO., 34.

878 *Siever* vergleicht ebenfalls das normativ-ethische Stufenverhältnis mit einer Art Subsidiaritätsverhältnis, *Siever*, aaO., 48.

(1) Stufenverhältnisse im StGB

Auch aus dem Strafgesetzbuch lesen Rechtsprechung und Schrifttum diverse Stufenverhältnisse heraus. Das bekannteste ist wohl das (logisch-begriffliche) Stufenverhältnis zwischen Grundtatbestand und Qualifikation.[879] Bei diesem fügt die Qualifikation, welche vollständig die Unrechtsmerkmale des Grundtatbestandes umfasst, ein weiteres Unrechtsmerkmal hinzu.

Die Aufzählung einiger weiterer Stufenverhältnisse soll auf die zum Teil aufs Heftigste umstrittenen Fälle aufmerksam machen. Möglicherweise lässt sich aus den unterschiedlichen Auffassungen eine Lösung für die Einordnung des Verhältnisses von Anstiftung und Beihilfe finden. Auf deren Verhältnis wird im Anschluss daran eingegangen.

(a) Verhältnis Vollendung zum Versuch

Zwischen Versuch und Vollendung liegt ein Stufenverhältnis vor, welches sowohl als begrifflich-logisches als auch als normativ-ethisches eingeordnet werden kann.

Das logisch-begriffliche Stufenverhältnis ergibt sich laut *Norouzi* daraus, dass jede Vollendung eines Begehens zwingend durch das Stadium des Versuchs gehen muss.[880] *Geerds* gelangt dazu, eine Subsidiarität zwischen Versuch und Vollendung zu bejahen, indem er auf das Entwicklungsstadium bzw. die Entwicklungsstufen abstellt.[881]

Das normativ-ethische Stufenverhältnis ergibt sich daraus, dass nach § 24 I ein strafbefreiender Rücktritt für den Versuch in Betracht kommt, de lege lata ein solcher für die Vollendung indessen ausgeschlossen ist.[882]

Beide Arten von Stufenverhältnis kann man ebenso aus der Argumentation *Sievers* herleiten: Seiner Meinung nach handele es sich bei diesem Verhältnis um zwei Entwicklungsstadien der im übrigen nach der äußeren und inneren Tatseite gleichen Handlung. Jede Verurteilung wegen Vollendung enthielte zugleich subsidiär die Feststellung, dass der Angeklagte seine Tat zunächst zu einem früheren Zeitpunkt versucht hat. Es werde also eindeutig in einem Fall von Subsidiarität verurteilt.[883]

879 Vgl. etwa *Baumann*, § 14 II 2.

880 *Norouzi*, JuS 2008, 19 m.w.N.

881 *Geerds*, Lehre von der Konkurrenz, 184.

882 Dazu *Norouzi*, JuS 2008, 19.

883 *Siever*, Wahldeutige Feststellung, 41.

Wenn man nun in einem ersten Schritt festgestellt hat, dass ein Stufenverhältnis vorliegt, muss in einem daran anknüpfenden zweiten Schritt geprüft werden, welche der beiden Formen nun unrechtsminder ist und damit bei einer unechten Wahlfeststellung zur Bestrafung des Angeklagten herangezogen wird. In diesem Fall wird allgemein wegen des Versuchs einer Straftat bestraft.[884] Zu diesem Ergebnis kommt man, indem man § 23 I beachtet. Dieser Norm kann man eindeutig entnehmen, dass die Strafbarkeit des Versuchs eines Delikts zunächst einmal gesondert festgestellt werden muss. Im Hinblick auf die Strafbarkeit der Vollendung gibt es eine solche besondere Verpflichtung hingegen nicht.

Dass der Versuch unrechtsminder ist, mag auch daran liegen, dass die Straftatbestände des StGB zunächst für vollendete Taten konstruiert worden sind. Dem § 23 kommt wie auch den Teilnahmenormen eine Straf*erweiterungs*funktion zu. Gebe es den § 23 I nicht, so müsste jedem Verbrechen des Besonderen Teils ein weiterer Absatz gewidmet werden, der auch dessen Versuch unter Strafe stellt.

Ein zusätzliches Argument lässt sich aus § 23 II i.V.m. § 49 Abs. 1 entnehmen. Demnach kann der Versuch milder bestraft werden als die vollendete Tat. Auch diese Strafmilderung, obschon fakultativ, unterstreicht die unrechtsmindere Position des Versuchs gegenüber der Vollendung.

(b) Verhältnis Vorsatz zur Fahrlässigkeit

Strittig war lange Zeit auch das Verhältnis von Vorsatz und Fahrlässigkeit: Die Rechtsprechung des BGH stand ursprünglich auf dem Standpunkt, dass Vorsatz und Fahrlässigkeit etwas „grundsätzlich voneinander Verschiedenes“ seien und lehnte konsequent ein (normatives) Stufenverhältnis ab.[885]

Diese Auffassung fand weitestgehend keine Zustimmung in der Literatur. Dort wird nämlich ein Stufenverhältnis im Sinne eines „Mehr oder Weniger“ angenommen mit der Folge, dass der Täter dann nur wegen der unrechtsminderen Form bestraft wird, also wegen fahrlässiger Begehung.[886] Für den Angeklagten gilt in diesem Falle „in

884 Statt vieler vgl. LK-*Dannecker*, Anh § 1, Rn. 79 m.w.N; *Fischer*, § 1, Rn. 21; LK-*Hillenkamp*, 11. Auflage, § 22, Rn. 10; HKGS-*Ingelfinger*, § 52, Rn. 9; *Kühl*, Allgemeiner Teil, § 21, Rn. 68b; *Lackner/Kühl*, StGB, § 22, Rn. 1; *Stratenwerth/Kuhlen*, Allgemeiner Teil, § 18, Rn. 13. Explizit auch Bayerisches Oberlandesgericht, NJW 1967, 361ff.

885 BGHSt 4, 344. Damit wurde der Weg für eine (echte) Wahlfeststellung frei gemacht.

886 Hierzu *Baumann*, § 14 II 2; *Dreher*, MDR 1970, 370; Sch/Sch-*Eser*, § 1, Rn. 91; *Jakobs*, GA 1971, 260; *Manfred Kohler*, Auffangtatbestand, 68f; NK-*Puppe*, Allgemeiner Teil im Spiegel der Rechtsprechung, § 15, Rn. 5f; Ein Stufenverhältnis bejaht auch LK-*Vogel*, § 15, Rn. 20; im Ergebnis ebenso *Maurach/Zipf*, Allgemeiner Teil; § 10, Rn. 31.

dubio mitius". Dass die beiden Formen nicht etwas „grundsätzlich Verschiedenes" seien, wie der BGH betont, unterstreicht *Siever*. Das *Kennensollen* sei die Gemeinsamkeit zwischen Fahrlässigkeit und Vorsatz – als „Urtypus der Schuld". Das Verhältnis der beiden Formen müsse man damit konsequent als Subsidiaritätsverhältnis beschreiben.[887]

Norouzi leitet das Stufenverhältnis zwischen Versuch und Fahrlässigkeit zudem aus der subsidiären Stellung fahrlässigen Verhaltens gemäß § 15 her, wo es heißt: „Strafbar ist nur vorsätzliches Handeln, wenn nicht das Gesetz fahrlässiges Handeln ausdrücklich mit Strafe bedroht".[888]

Die Kritik aus dem Schrifttum hat die Rechtsprechung inzwischen akzeptiert. In einer späteren Entscheidungen des BGH geht dieser ebenso wie die überwiegende Meinung in der Literatur von einem normativen Stufenverhältnis zwischen Vorsatz und Fahrlässigkeit aus.[889]

Nun ist zu fragen, welche Argumente es gibt, dass die Fahrlässigkeit gegenüber dem Vorsatz unrechtsminder ist. Ein Argument dafür findet man bei *Vogel*. Er verweist darauf, dass der Vorsatztäter eine höhere Vermeidemacht als der Fahrlässigkeitstäter habe. Der Vorsatztäter beweise, dass eine höhere Rechtsuntreue oder rechtsfeindliche Einstellung vorliegt, indem er eine Entscheidung gegen das Recht(sgut) treffe. Bei Fahrlässigkeitstaten hingegen stehe nicht einmal fest, ob der Täter „die Folgen seines Handelns akzeptiert hätte".[890]

Auch kann man aus dem Vergleich des Strafrahmens bestimmter Rechtsnormen wie fahrlässige Tötung gemäß § 222 (Strafrahmen „Freiheitsstrafe bis zu fünf Jahren oder Geldstrafe") zum Totschlag gemäß § 212 (Strafrahmen „Freiheitsstrafe nicht unter fünf Jahren") oder aber dem Vergleich der fahrlässigen Körperverletzung gemäß § 229 (Strafrahmen „Freiheitsstrafe bis zu drei Jahren oder Geldstrafe") zur vorsätzlichen Körperverletzung gemäß § 223 (Strafrahmen „Freiheitsstrafe bis zu fünf Jahren oder Geldstrafe") den unrechtsminderen Charakter einer fahrlässigen Begehungsweise gegenüber der vorsätzlichen Begehungsweise ablesen.

---

887 Nachzulesen bei *Siever*, Wahldeutige Feststellung, 54 m.w.N.

888 Ebenso *Norouzi*, JuS 2008, 20.

889 Vgl. die Entscheidung des BGH NStZ 1993, 338. Für ein begriffslogisches Stufenverhältnis tritt *Jakobs*, Allgemeiner Teil, Abschnitt 8, Rn. 5 ein; a.A. *Wolter*, Wahlfeststellung, 58f.

890 M.w.N. LK-*Vogel*, § 15, Rn. 9.

Bei dem Verhältnis von Vorsatz und Fahrlässigkeit handelt es sich zusammengefasst erstens um ein normativ-ethisches Stufenverhältnis; Fahrlässiges Verhalten nimmt zweitens eine subsidiäre Stellung gegenüber vorsätzlichem Verhalten ein.

(c) Täterschaft und Anstiftung

Zuvorderst ist darauf hinzuweisen, dass ausweislich § 25 täterschaftliches Verhalten als Alleintäterschaft, mittelbare Täterschaft und Mittäterschaft ausgeübt werden kann. Gerade im Zusammenhang mit der sich aufdrängenden Parallelität zwischen mittelbarer Täterschaft und Anstiftung ergibt sich ein Problem: Rein objektiv ist die mittelbare Täterschaft von der Anstiftung kaum oder gar nicht unterscheidbar.[891] Negativ ausgedrückt wird man sagen müssen, dass das Verhältnis der beiden Formen für einen durchschnittlichen objektiven Betrachter kein Exklusivitätsverhältnis sein kann.
Dazu passt auch, dass der Strafrahmen der Anstiftung der der Täterschaft entspricht. § 26 regelt schließlich, dass der Anstiftung gleich einem Täter bestraft wird. Ausgehend vom identischen Strafrahmen zwischen der täterschaftlichen Beteiligung und der Anstiftung kann also kein logisch-begriffliches Stufenverhältnis ausgemacht werden.

Zwischen Täterschaft und Anstiftung kann man jedoch m.E. ein normatives Stufenverhältnis ableiten, wofür das bereits vorstehend behandelte Verantwortungsprinzip spricht. Der Haupttäter wird schließlich – zieht man das Verantwortungsprinzip heran – *eigenverantwortlich* tätig, er weiß und will, was er tut. Ihm allein obliegt die Entscheidung, die Beeinflussung durch den Anstifter in ein strafbares Verhalten münden zu lassen. Es liege also laut *Siever* in der Hand des *Täters*, die vom Anstifter geforderte Handlung auszuführen. Der Anstifter stoße den Täter zwar an, Unrecht zu tun, die Tatherrschaft hat aber trotzdem der Täter inne. Vom Täter könne die Rechtsordnung zudem erwarten, dass „die Beeinflussung zu deliktischem Tun an seiner Rechtstreue scheitern wird“.[892]
Auch die überwiegende Meinung im Schrifttum und die Rechtsprechung gehen von einem Einschließlichkeitsverhältnis im Sinne eines normativen Stufenverhältnisses zwischen den beiden Beteiligungsformen aus.[893]

---

891 Eine Darstellung sämtlicher Abgrenzungstheorien für Täterschaft und Teilnahme findet sich in aller Ausführlichkeit bei LK-*Schünemann*, § 25, Rn. 1ff.

892 *Siever*, Wahldeutige Feststellung, 61.

893 Statt vieler Sch/Sch-*Eser*, § 1, Rn. 94; HKGS-*Ingelfinger*, § 26, 21; *Jescheck*/*Weigend*, Allgemeiner Teil, § 16 II 2; *Manfred Kohler*, Auffangtatbestand, 68f; MüKo-*v. Heintschel-Heinegg*, Vor §§ 52ff., Rn. 48; *Wolter*, Wahlfeststellung, 67 m.w.N; RGSt 44, 211; 70, 296f. Andere An-

Im zweiten Schritt muss nun festgestellt werden, dass die Anstiftung gegenüber der täterschaftlichen Beteiligung subsidiär ist. Diese subsidiäre Stellung der Anstiftung entnimmt beispielsweise *Bär* aus dem Umstand, dass seiner Meinung nach das Gesetz zunächst auf den Täter zugeschnitten sei, welcher den Straftatbestand verwirkliche.[894] Somit stellt *Bär* die Akzessorietät der Anstiftung zu einer Haupttat fest und vertritt mit dieser These nichts anderes als den restriktiven Täterbegriff, dem im Grundlagenteil dieser Abhandlung ebenfalls zugestimmt wurde.

Daran knüpft eine weitere Meinung an. Laut *Noak* ergibt sich die unrechtsmindere Position der Anstiftung daraus, dass der Täter die Zentralfigur, der Teilnehmer die Nebenfigur des Geschehens sei. So verwirkliche beispielsweise der Täter die Tatbestandsvoraussetzungen des Delikts, während der Anstifter ihn „nur" dazu verleite.[895]

Die Subsidiarität der Anstiftung lässt sich schlussendlich noch aus dem spiegelbildlichen Verhältnis der Konkurrenzlehre zur Wahlfeststellung zwischen strittigen Verhältnissen herleiten. Dies kann man schon den Ausführungen *Schröders* entnehmen: Hat der A den B angestiftet, eine Straftat mit ihm gemeinsam zu begehen, so wird er im Zweifel lediglich als Anstifter bestraft.[896] Wie bereits erwähnt gilt: Das, was im Wege der Gesetzeskonkurrenz zurücktritt, erlangt im Verhältnis innerhalb einer unechten Wahlfeststellung dann wiederum Bedeutung. Dort verdrängt die Anstiftung konsequent die Täterschaft und der Angeklagte wird somit in dubio mitius nur wegen Anstiftung verurteilt.

(d) (Mit-)Täterschaft und Beihilfe

Der BGH hatte vor einigen Jahrzehnten die schon erwähnte Entscheidung zu treffen, in welchem Verhältnis Mittäterschaft und Beihilfe zueinander stehen. Bei diesem Fall stand sicher fest, dass der Angeklagte bei einem Diebstahl entweder durch Aufpasserdienste oder durch geistige Unterstützung mitgewirkt hat. Es war jedoch streitig, ob der Angeklagte den Vorsatz eines Gehilfen oder den eines Mittäters hatte. Der BGH ent-

---

sicht OLG Düsseldorf NJW 1976, 579f. Vgl. auch ausdrücklich für das Verhältnis Täterschaft und Anstiftung die Entscheidung des BGH. In diesem Fall ging es um den Diebstahl einer Topfpflanze, welchen der Angeklagte entweder selbst begangen oder aber seine Ehefrau dazu angestiftet hat, vgl. Sachverhalt und Entscheidung BGHSt 1, 127ff. Der BGH gelangt zum Ergebnis, dass der Angeklagte nur wegen Anstiftung zu bestrafen sei.

894 *Bär*, Subsidiarität, 36.

895 *Noak*, Jura 2004, 542.

896 *Schröder*, Anmerkung zu BGHSt 23, 203ff, JZ 1970, 423.

schied unter entsprechender Anwendung des in dubio pro reo-Grundsatzes, dass der Angeklagte nur wegen Beihilfe zu bestrafen sei.[897]
Der BGH stellte zur Begründung fest, dass es sich bei dem Verhältnis von Mittäterschaft und Beihilfe nicht um ein Stufenverhältnis in dem Sinne handelt, „dass der dem Angeklagten günstigere Sachverhalt als ein Minus in dem sonst in Betracht kommenden ungünstigeren Sachverhalt bereits enthalten wäre. Vielmehr bestehe dazwischen ein wesensmäßiger Unterschied, der in der psychologischen Andersartigkeit der Tatbeziehung zum Ausdruck komme.[898]

Das nun naheliegende Exklusivitätsverhältnis und damit auch die Möglichkeit einer wahldeutigen Feststellung scheidet jedoch gleichfalls für den BGH aus. Dies begründet er, indem er zwischen der äußeren und der inneren Tatseite unterscheidet. Demnach komme eine Wahlfeststellung nur dann in Frage, wenn es sich um einen Fall doppeldeutiger Feststellungen zum *äußeren* Tatgeschehen handele. Dies ist aber im Fall des Vergleichs von Mittäterschaft und Beihilfe nicht das Problem, schließlich handelt es sich nicht um unterschiedliche Tatbestände, „sondern lediglich um verschiedene, in bestimmter Weise aufeinander zugeordnete Beteiligungsformen am gleichen Tatbestand.“ Der Unterschied im vorliegenden Fall liegt nach der Auffassung der Richter mithin auf der *inneren* Tatseite.[899] Da die echte Wahlfeststellung mit dem Exklusivitätsverhältnis verbunden ist, scheidet eine solche demnach aus

Nachdem für den BGH kein logisches Stufenverhältnis, kein Exklusivitätsverhältnis und auch kein Einschließlichkeitsverhältnis i.S.d. Konstruktion eines Auffangtatbestandes nicht in Betracht kommen – zur letzteren Rechtsfigur finden sich im Übrigen keine nähergehenden Ausführungen –, bleibt dem BGH nur die Möglichkeit, die Lösung des Falles über ein normativ-ethisches Stufenverhältnis zu suchen: eine

897 Sachverhalt und Urteilsgründe abgedruckt in der NJW 1970, 668ff. Der BGH hatte schon früher zu entscheiden, wie bei folgender Sachverhaltsalternativität zu entscheiden ist: Der Angeklagte hat als Täter bzw. Mittäter beim Einbruch mitgewirkt *oder* er war Gehilfe beim Diebstahl sowie Hehler *oder* aber der Angeklagte hat nur eine Hehlerei begangen. Das Gericht entschied, dass der Angeklagte wahlweise wegen schweren Diebstahls oder Hehlerei zu verurteilen ist; vgl. Sachverhalt samt Entscheidung BGHSt 15, 63ff.

898 Nachzulesen bei BGH NJW 1970, 669. Damit stimmt dieses Judikat inhaltlich mit einer Entscheidung des Reichsgerichts überein, welche im Jahre 1929 feststellte, dass eine und dieselbe Tat nicht zugleich mit Täter- und mit Gehilfenvorsatz begangen werden kann, vgl. RGSt 63, 134.

899 BGH NJW 1970, 669.

Lösung die „den Besonderheiten des Falles am nächsten kommt".[900] Entsprechend will der BGH im Wege des in dubio pro reo-Grundsatzes nach der milderen Form bestrafen, wobei das Gericht eine direkte Anwendung dieses Grundsatzes ablehnt, da dafür das erforderliche logische Stufenverhältnis zwischen § 25 und § 27 nicht vorliege.
Der Angeklagte wurde wegen Beihilfe (zum schweren Diebstahl) verurteilt: zum einem, da wegen des geringeren Strafrahmens die Beihilfe minderschwer sei, zum anderen, da „der Gehilfe in der Regel keinen oder nur unwesentlichen Einfluss hat, ob die Straftat begangen wird".[901] Nach alledem darf man annehmen, dass der BGH also von einem wertungsmäßigen, sprich einem normativ-ethischen Stufenverhältnis zwischen Beihilfe und (Mit-)Täterschaft ausgegangen ist.

Schröder stimmt dieser Entscheidung in der dazugehörigen Anmerkung zu. Bevor er selbst auf das Verhältnis von (Mit-)Täterschaft und Beihilfe zu sprechen kommt, legt er einen abstrakten Maßstab für die Beurteilung eines solchen Verhältnisses an: Eine (echte) Wahlfeststellung hält *Schröder* für ausgeschlossen, da diese voraussetze, dass sich begrifflich selbstständige Typen des Unrechts gegenüber stehen. Dies sei insbesondere der Fall des Vergleichs von Diebstahl und Hehlerei, da dort das Unrecht selbstständig vertypt sei. In diesen Fällen sei das jeweils andere als aliud zu qualifizieren. Bei den Fällen unechter Wahlfeststellung gibt es hingegen Zweifel im Hinblick auf die Intensität des deliktischen Angriffs auf das *gleiche* Rechtsgut, wobei die in Frage kommenden Tatbestände jedoch nicht als aliud zu qualifizieren seien.[902]
Nach diesem abtrakten Maßstab hält *Schröder* fest, dass durch die Handlungen eines Gehilfen bzw. eines Mittäters gleichartiges Unrecht realisiert werde. Mithin liege seiner Meinung nach kein aliud vor. Er greift aber deshalb nicht sofort auf die Grundsätze der unechten Wahlfeststellung durch Verweis auf die unterschiedlichen Intensitätsstufen von Täterschaft einerseits und Beihilfe andererseits zurück, was er damit begründet, dass beiden Beteiligungsformen der gemeinsame Nenner fehlt: nach der Tatherrschaftslehre die fehlende Tatherrschaft des Gehilfen, nach den subjektiven Theorien[903] die sich gegenseitig ausschließende innere Einstellung von Täter und Gehilfen.

900 BGH aaO., 669.
901 BGH aaO., 669.
902 *Schröder*, Anmerkung zum BGH–Urteil vom 16. 12. 1969 – 1 StR 339/69, JZ 1970, 422.
903 Gemeint sind damit die extrem-subjektive Theorie sowie die beschränkt-subjektive Teilnahmelehre, nähere Ausführungen m.w.N. beispielsweise bei Löhr, JuS 1976, 721.

Was aber beide dann doch wieder verbindet, ist der Umstand, dass es sich bei all diesen Formen um die gemeinsame Beteiligung an einem bestimmten Delikt handelt.[904] Dies führt *Schröder* dazu, ebenfalls von einem normativ-ethischen Stufenverhältnis zwischen (Mit-)Täterschaft und Beihilfe auszugehen.
Der entsprechenden Anwendung des in dubio pro reo-Grundsatzes durch den BGH stimmt *Schröder* zu, da dieser nur für logische Stufenverhältnisse gelte, so zum Beispiel im Verhältnis zwischen Diebstahl und Raub.[905]
Auch andere Meinungen in der Literatur neigen überwiegend dazu, zwischen Täterschaft und Beihilfe ein Stufenverhältnis anzunehmen.[906] Bevor deren Argumente dargelegt werden, soll darauf aufmerksam gemacht werden, dass beispielsweise *Löhr* eine solche Art von Homogenitätsverhältnis zwischen (Mit-)Täterschaft und Beihilfe ablehnt. Sie verweist darauf, dass dem Gehilfen bei der Beihilfe die Tat als eigene zugerechnet werde, er aber zugleich akzessorisch eine fremde Tat unterstützt. Sie schließt mit dem Satz, dass in der Mittäterschaft keinesfalls zugleich eine Beihilfe liegen könne.[907]

Dem ist entgegenzuhalten, dass für eine Homogenität der gemeinsame Nenner von (Mit-)Täterschaft und Beihilfe spricht, was das objektive Verhalten anbelangt. Die sich aufdrängende Parallelität von Mittäterschaft und Beihilfe lässt einen objektiven Dritten nicht erkennen, um welche Art von Beteiligung es sich bei diesem Verhalten handelt. Dieser Umstand spricht dafür, dass Heterogenität ausgeschlossen werden kann.
Also führt auch in diesem Fall erst die subjektive Ebene zur Abtrennung der beiden Beteiligungsweisen weiter. Die Beihilfe ist demnach nichts anderes als Mittäterschaft ohne Tatherrschaft.[908] Der Mittäter will die Tat als eigene, der Gehilfe als Fremde.[909] *Berner* formulierte es vor über eineinhalb Jahrhunderten noch so: „Der Gehülfe will die Ausführung einer fremden Absicht befördern. Er will zum Erfolg mitwirken, aber ohne das Verbrechen zu seiner eigenen Angelegenheit zu machen".[910] Hat der Gehilfe

904 *Schröder*, aaO., 423.

905 *Schröder*, aaO., 423.

906 Vgl. exemplarisch *Baumann*, § 14 II 2; HKGS-*Ingelfinger*, § 27, Rn. 24; *Dreher*, MDR 1970, 370; *Jakobs*, GA 1971, 264; *Noak*, Jura 2004, 542.

907 *Löhr*, JuS 1976, 722.

908 Dazu *Joachim Schulz*, Bestrafung des Ratgebers, 131.

909 BGH NJW 1956, 477.

910 *Berner*, Theilnahme am Verbrechen, 207.

jedoch vollen Einblick in den gesamten Tatablauf, so werde sein Verhalten laut *Montenbruck* bereits in den Grenzbereich zur Mittäterschaft einzuordnen sein.[911]

Wie auch bei dem Verhältnis von Anstiftung und Täterschaft handelt es sich beim Verhältnis von Mittäterschaft und Beihilfe somit nicht um ein logisch-begriffliches Verhältnis, sondern – wie auch *Siever* feststellt[912] – um ein Verhältnis normativ-ethischer Art. Es lässt sich folglich festhalten, dass es zwischen diesen beiden Beteiligungsformen einen gemeinsamen Nenner gibt, der für eine Homogenität der beiden, also ein Einschließlichkeitsverhältnis spricht.

In einem zweiten Schritt ist zu fragen, welche der beiden Beteiligungsformen die unrechtsmindere ist, schließlich gehört zu einem Stufenverhältnis stets und zwingend die subsidiäre Stellung einer der beiden Verhaltensformen.
Für die unrechtsmindere Form der Beihilfe gegenüber täterschaftlichem Verhalten spricht insbesondere, dass bei der Beihilfe obligatorisch angeordnet wird, die Strafe nach § 49 I zu mildern. Dies spricht dafür, dass die Beihilfe gegenüber der (Mit-)Täterschaft die schwächere Beteiligungsform ist.[913]
Die Subsidiarität der Beihilfe kann man außerdem dadurch herleiten, dass man nochmals die Auffassung *Bärs* zugrunde legt, der – ähnlich dem herrschenden restriktiven Täterbegriff – feststellt, dass das Gesetz zunächst auf den Täter zugeschnitten sei.[914] Die Beihilfe wird also nur im Wege der Akzessorietät zu einer Haupttat bestraft. Ein Argument, dass für die normative Unterschiedlichkeit von § 25 zu § 27 steht.
Letztlich muss nochmals auf das im Strafrecht geltende Verantwortungsprinzip hingewiesen werden. Wie bereits dargelegt[915], obliegt es allein dem Täter zu entscheiden, ob er die Tat begeht. Ohne sein Handeln wäre aufgrund des Grundsatzes der Akzessorietät der Teilnahme das Verhalten des Gehilfen nicht strafbar.
Es ist folglich zweitens festzuhalten, dass die Beihilfe gegenüber der Täterschaft subsidiär ist.

911 *Montenbruck*, ZStW 84 (1972), 326.

912 *Siever*, Wahldeutige Feststellung, 59.

913 Vgl. auch Sch/Sch-*Cramer/Heine*, Vorbem §§ 25ff, Rn. 49. Schon das Reichsgericht entschied für das Verhältnis von (Mit-)Täterschaft zur Beihilfe, dass die leichtere Teilnahmeform der Beihilfe der schwereren Form von Mittäterschaft nach einem allgemeinen strafrechtlichen Grundsatz vorgehe, vgl. RGSt 71, 364f.

914 *Bär*, Subsidiarität, 36.

915 Vgl. Ausführungen auf Seite 101ff.

(2) Zusammenfassung

Es wurden die Konstellationen aufgezeigt, bei denen das Verhältnis zueinander zum Teil heftig umstritten war. Zusammenfassend lässt sich festhalten, dass zwischen Vollendung und Versuch ein normativ-ethisches und zugleich ein begrifflich-logisches Stufenverhältnis gegeben ist. Im Verhältnis von Vorsatz und Fahrlässigkeit sowie bei den Verhältnissen Täterschaft zur Anstiftung und Täterschaft zur Beihilfe liegt ein Stufenverhältnis vor, welches man als normativ-ethisch charakterisieren muss.

c. Eigene Stellungnahme

Die bisher gewonnenen Erkenntnisse sollen nun auf das in dieser Abhandlung strittige Verhältnis von Anstiftung und Beihilfe übertragen werden. Dabei sollen nachfolgend die Argumente diskutiert werden, die im Verhältnis von Anstiftung und Beihilfe für ein Einschließlichkeitsverhältnis (im Sinne eines Stufenverhältnisses) oder aber für ein Ausschließlichkeitsverhältnis sprechen.

Falls ein Einschließlichkeitsverhältnis im Sinnes eines Stufenverhältnisses vorliegen sollte, müsste man zweitens prüfen, welche Art von Stufenverhältnis vorliegt. In Betracht käme ein begrifflich-logisches oder aber ein normativ-ethisches Stufenverhältnis zwischen den beiden Teilnahmeformen. In diesem Fall müsste man drittens ebenso zeigen, dass eine der beiden Beteiligungsformen subsidiär gegenüber der anderen ist.[916]

aa. Einschließlichkeit oder Ausschließlichkeit?

Für ein Einschließlichkeitsverhältnis und damit gegen ein Exklusivitätsverhältnis spricht, dass beide Normen viele gemeinsame Nenner haben. Unmittelbar aus dem Gesetzesmaterial lassen sich zahlreiche Argumente ableiten. Anfangen kann man mit der identischen Satzstruktur von § 26 und § 27 I: In beiden Fällen lautet der gemeinsame Aufbau, wenn man ihn abstrahiert: „Als Teilnehmer wird bestraft, wer vorsätzlich einen anderen zu dessen vorsätzlich begangener rechtswidriger Tat bestimmt bzw. Hilfe geleistet hat".
Aber nicht nur dieser identische objektive Aufbau verbindet die beiden Teilnahmeformen, sondern zudem deren materiell-rechtlicher Inhalt. Sowohl die Anstiftung als auch die Beihilfe sind – wie schon mehrfach erwähnt – abhängig von einer Haupttat. Dabei handelt es sich nicht um ein gewohnheitsrechtliches Institut. Vielmehr ist dieser Grundsatz der Akzessorietät in beiden Fällen *ausdrücklich* niedergeschrieben.

Eine weitere Verknüpfung zwischen § 26 und § 27 I findet man dem Inhalt nach auch auf der subjektiven Seite der Normen, schließlich gilt expressis verbis, dass jemand als Anstifter bzw. als Gehilfe nur dann bestraft wird, wenn er *vorsätzlich* einen anderen zu dessen *vorsätzlich* begangener rechtswidriger Tat bestimmt bzw. Hilfe geleistet hat. Dies – als doppelter Anstifter- bzw. Gehilfenvorsatz bezeichnet – bedeutet, dass

916 Dieser ausdifferenzierte und gestufte Lösungsweg erlaubt die richtige Einordnung des Verhältnisses der Teilnahmeformen zueinander im Fall der Durchführung einer Wahlfeststellung.

sowohl die Haupttat des Haupttäters als auch die jeweilige Teilnahmehandlung jeweils *vorsätzlich* begangen werden muss.

Diese Gemeinsamkeit setzt sich auch bezogen auf den jeweiligen Grad des Vorsatzes des Teilnehmers (bezogen auf seine eigene Handlung) fort. So genügt Eventualvorsatz des Anstifters hinsichtlich des Erfolgs seiner Anstifterhandlung: Der Anstifter muss es lediglich für möglich halten und sich damit abfinden, dass der andere auf seine Schilderung einer günstigen Tatgelegenheit hin den Entschluss zur Begehung dieser Tat fasst.[917] Ebenso reicht für den Vorsatz des Gehilfen bezüglich seiner Hilfeleistung bedingter Vorsatz aus.[918]

Auf der subjektiven Ebene mündet dies in einer zusätzlichen Gemeinsamkeit zwischen den Teilnahmeformen: Sowohl der Anstifter[919] als auch der Gehilfe[920] müssen bedingten Vorsatz bezogen auf die Haupttat haben.

Überdies gelangt man über die subjektiven Theorien[921] zu dem Ergebnis, dass die beiden Teilnahmeformen eine Gemeinsamkeit gegenüber der Täterschaft haben. Derjenige, der einen animus auctoris hat und daher Täter ist, hat eben durch bei ein und dieselbe Handlung keinen animus socii. Diese Abgrenzung schafft nach dieser Lehre eine Art logischer Exklusivität zwischen Täterschaft einerseits und Teilnahme andererseits. Bei Anstiftung und Beihilfe handelt es sich hingegen *nicht* um eine solche logische Exklusivität, da schließlich in beiden Fällen der Teilnehmer gerade *keinen* animus auctoris hat, sondern einen animus socii.[922]

Die Gemeinsamkeit zwischen Anstiftung und Beihilfe setzt sich zudem in § 28 I fort. Dort definiert der Gesetzgeber „Teilnahme" als Anstiftung und Beihilfe. Der Teilnahme steht gemäß der in § 28 II stehenden Legaldefinition von „Beteiligung" die Täterschaft gegenüber. Damit werden die Teilnahmeformen nicht nur eindeutig von

---

917 *Gropp*, Allgemeiner Teil, § 10, Rn. 136; *Kühl*, Allgemeiner Teil, § 20, Rn. 196; vgl. statt vieler ebenso Sch/Sch-*Cramer/Heine*, § 26, Rn. 16; *Geppert*, Jura 1997, 358; MüKo-*Joecks*, § 26, Rn. 63; LK-*Schünemann*, § 26, Rn. 58; *Stratenwerth/Kuhlen*, Allgemeiner Teil Band I, § 12, Rn. 146; so auch die Rechtsprechung vgl. statt vieler BGHSt 2, 281; BGH NJW 1998, 2835. Mithin führt schon dem Wortlauts entsprechend fahrlässiges Hervorrufen eines Tatentschlusses bei einem anderen zur Straflosigkeit.

918 Vgl. *Geppert*, Jura 1999, 273; MüKo-*Joecks*, § 27, Rn. 81; *Kühl*, Allgemeiner Teil, § 20, Rn. 242; LK-*Schünemann*, § 27, Rn. 55.

919 *Geppert*, Jura 1997, 358; MüKo-*Joecks*, § 26, Rn. 44; LK-*Schünemann*, § 26, Rn. 58; BGHSt 44, 99ff; BGH NJW 2005, 997.

920 Sch/Sch-*Cramer/Heine*, § 27, Rn. 19; LK-*Schünemann*, § 27, Rn. 55.

921 Vgl. dazu abermals die Ausführungen *Löhrs*, JuS 1976, 721 m.w.N.

922 Zum sogenannten „animus auctoris", vgl. statt vieler die Zusammenfassung der Rechtsprechung bei LK-*Roxin*, 11. Aufl., § 25, Rn. 179f.

der Täterschaft abgegrenzt, sondern zudem einheitlich unter dem gemeinsamen Nenner der Legaldefiniton des § 28 I gestellt. Diese gesetzgeberische Entscheidung ist insofern ebenfalls bei der Suche nach einem gemeinsamen Nenner zu beachten.

Zutreffende Argumente für eine Einschließlichkeit im Sinne eines *Stufenverhältnisses* finden sich ferner, wenn man die Grundsätze der Konkurrenzlehre, insbesondere die der Gesetzeskonkurrenz heranzieht. Es wurde bereits erwähnt, dass diese spiegelbildlich zu dem Verhältnis innerhalb einer unechten Wahlfeststellung stehen.[923] Man müsste also wissen, ob einer der beiden Teilnahmeformen gesetzeskonkurrent von der anderen verdrängt wird. Hierbei ist – wie sogleich zu sehen ist – allgemein anerkannt, dass die Anstiftung gesetzeskonkurrent die Beihilfe verdrängt, wobei Spezialität, Subsidiarität oder Konsumtion in Betracht gezogen werden können.
Spezialität würde voraussetzen, dass eine der beiden Strafvorschriften alle Merkmale der anderen enthält und zusätzlich ein weiteres Merkmal.[924] Dies trifft aber augenscheinlich für das Verhältnis von Anstiftung und Beihilfe nicht zu. Zwar ist ein gemeinsamer Aufbau gegeben und auch inhaltlich sind zahlreiche Parallelen vorhanden, allerdings divergiert die tatbestandliche Handlung. Einerseits wird das Bestimmen, andererseits das Hilfeleisten sanktioniert. Es kann daher nicht davon gesprochen werden, dass eine der beiden Normen ein *zusätzliches* Merkmal enthält. Eine Lösung über Spezialität scheidet mithin aus.

Es gibt zahlreiche Stimmen im Schrifttum, die eine Konsumtion der Beihilfe durch die Anstiftung annehmen. [925] Andere wiederum gehen davon aus, dass zwischen Beihilfe und Anstiftung Subsidiarität vorliegt.[926] Indes ist es gleichgültig, ob man von einer Konsumtion oder einer Subsidiarität ausgeht, da beide Formen zum gleichen Ergebnis führen, nämlich dass die Beihilfe gesetzeskonkurrent von der Anstiftung verdrängt

923 *Norouzi*, JuS 2008, 21.

924 So *Seher*, JuS 2004, 482.

925 *Maurach/Zipf*, Allgemeiner Teil, 4.Auflage, § 50 III H; *Otto*, JuS 1982, 566; nochmals *Otto*, Lange-Festschrift, 215; so auch *Heimberger*, Strafrecht, 83; MüKo-*Joecks*, Vor §§ 26, 27, Rn. 40.

926 So *Seher*, JuS 2004, 483; vgl. ebenso *Ebert*, Allgemeiner Teil, 206. Laut Geppert hat die intensivere Angriffsart Vorrang vor der weniger intensiven, was bedeutet, dass der unrechtsschwereren Teilnahmeform *subsidiärer* Vorrang vor der leichteren Teilnahmeart gebühre, dazu *Geppert*, Jura 1997, 366 sowie *Geppert*, Jura 2000, 655.

wird.[927] Der zugleich auch Beihilfe leistende Anstifter wird folglich nur wegen Anstiftung bestraft.[928]

Diese Meinung wird nun auf das hier in Rede stehende Verhältnis von Anstiftung und Beihilfe im Rahmen einer Wahlfeststellung übertragen. In diesem Fall spiegelbildlich: Die Beihilfe wird nicht wie im Wege der Gesetzeskonkurrenz von der Anstiftung verdrängt. Das Mehr der Anstiftung führt im Verhältnis der Teilnahmeformen innerhalb einer Wahlfeststellung dazu, dass in dubio mitius das leichtere, also das Wenigere, zum Tragen kommt – die Beihilfe. Daraus kann man ableiten, dass auf konkurrenzrechtlicher Ebene als auch bei dem Verhältnis der Teilnahmeformen innerhalb einer Wahlfeststellung kein Verhältnis auf gleicher Höhe besteht, sondern ein Verhältnis von Stufen. Es liegt somit ein Einschließlichkeitsverhältnis[929] im Sinne eines Stufenverhältnisses vor.

bb. Normativ-ethisch oder logisch-begrifflich?

In einem zweiten Schritt ist nunmehr zu fragen, ob es sich um ein logisch-begriffliches oder ein normativ-ethisches Stufenverhältnis handelt.
Beim logisch-begrifflichen Stufenverhältnis schließt die eine Verhaltensweise die andere in sich ein.[930] Es handelt sich also nicht um ein „Entweder-Oder-Verhältnis“, sondern um ein „Mehr-Weniger-Verhältnis“[931], wobei dabei auf die Regeln der Logik zurückgegriffen wird.[932]
Wie gerade gesehen, ist es tatsächlich so, dass zwischen Anstiftung und Beihilfe aufgrund zahlreicher Parallelen eine Einschließlichkeit besteht. Dieses Verhältnis ist jedoch nicht durch Regeln der Logik geprägt, was schon daran liegt, dass Anstiftung und Beihilfe nicht deckungsgleich sind und eine der beiden ein zusätzliches Merkmal enthält.

---

927 Siehe zusätzlich BGHSt 4, 244; BGH NJW 1953, 1193; HKGS-*Ingelfinger*, § 27, Rn 24; MüKo-*v. Heintschel-Heinegg*, Vor §§ 52ff., Rn. 48; *Wessels/Beulke*, Allgemeiner Teil, Rn. 790. Völlig herrschende Meinung.

928 *Maurach/Zipf*, Allgemeiner Teil, 4. Auflage, § 50 III H; vgl. ebenso die Entscheidung des BGH NJW 1953, 1193; vgl. auch *Lackner/Kühl*, StGB, Vor § 25, Rn. 13; BGH NStZ 1994, 30.

929 Für eine „Mit-Umfassung“ plädierte im Übrigen schon das Reichsgericht, vgl. dazu die Entscheidungen RGSt 53, 190f; 62, 75.

930 *Siever*, Wahldeutige Feststellung, 28.

931 *Wolter*, Wahlfeststellung, 34.

932 Ausführlich hierzu *Klug*, ZStW 68 (1956), 405ff; vgl. ebenfalls die Ausführungen *Löhrs*, 718.

Diese Logik ist jedoch auch deshalb nicht gegeben, weil in beiden Fällen unterschiedliche Tathandlungen sanktioniert werden – einerseits das Hilfeleisten und andererseits das Bestimmen.

Aber noch ein weiteres Argument spricht gegen das begrifflich-logische Stufenverhältnis. Dabei ist ein erneuter Blick auf die Konkurrenzlehre bereichernd, schließlich drängt sich die Parallele zwischen dem logisch-begrifflichen Stufenverhältnis und der Spezialität geradezu auf.[933] Wie aber gerade gesehen, sprechen die oben aufgeführten Argumente dagegen, das Verhältnis von Anstiftung und Beihilfe konkurrenzrechtlich als Spezialitätsverhältnis einzuordnen. Wenn man aber die Spezialität ablehnt, darf man konsequenterweise auch das Verhältnis der Teilnahmeformen zueinander nicht als logisch-begriffliches Stufenverhältnis bezeichnen.

Überdies ist *Wolters* These zuzustimmen, dass beim normativ-ethischen Stufenverhältnis das Handlungs- *und* Erfolgsunrecht getrennt zu beachten ist. Ein normativ-ethisches Verhältnis kennzeichne sich „durch die Identität des Erfolgsunwerts und die normative Subsidiarität der ungleichwertigen Handlungsunwerte.[934] Gerade deshalb scheide laut *Wolter* auch ein begriffslogisches Stufenverhältnis zwischen Anstiftung und Beihilfe aus, da bei diesem der Handlungsunwert (Angriffsart) und Erfolgsunwert (Rechtsgutsverletzung) sowie im Schuldgehalt gleichwertig sind.

Fraglich ist, ob deshalb zwischen Anstiftung und Beihilfe ein normativ-ethisches Stufenverhältnis vorliegt. Dabei wird nicht auf eine formal bzw. logische Betrachtungsweise, sondern auf eine wertende Betrachtungsweise abgestellt. Diese wertende Betrachtungsweise lässt eine der Begehungsmöglichkeiten als die leichtere Form gegenüber der anderen erscheinen.[935]
Das Unrecht der Beihilfe ist das Hilfeleisten an der Straftat eines anderen. Das Unrecht der Anstiftung ist das Hervorrufen der Tatbegehung. In beiden Fällen muss diese Tätigkeit des Teilnehmers kausal geworden sein. *Tatbestandlich* ist de lege lata der Unwert von Anstiftung und Beihilfe gleich, da bei beiden jeweils die Haupttat Bestimmungspunkt zur Bestrafung ist. Die Akzessorietät zur Haupttat bezieht sich sowohl auf Anstiftungs- als auch auf Behilfehandlungen.

---

933 Vgl. dazu auch *Siever*, aaO., 48.

934 *Wolter*, Wahlfeststellung, 67.

935 Dazu *Siever*, aaO., 45.

Für die *Rechtsfolge* gilt dies jedoch nicht: Dort unterscheidet der Gesetzgeber die Handlungen und weist der Beihilfe eine obligatorische Strafmilderung zu (§ 27 II), der Anstiftung hingegen nicht. *Wolter* ist daher zuzustimmen, wenn er ausführt, dass es sich normativ „um verschiedene Grade und nur abgestufte Intensitäten bei der (Mit-)Verursachung derselben tatbestandsmäßigen, rechtswidrigen und schuldhaften Rechtsbeeinträchtigung geht".[936]

Laut *Siever* ist die Beihilfe gegenüber der Anstiftung als Minus anzusehen. Rein normativ gesehen trage der Anstifter stärker zu der Verbrechensverwirklichung bei. Der Anstifter rufe den Tatentschluss hervor, der Gehilfe gewähre nur dem bereits zur Tat Entschlossenen seinen Beistand.[937] Diese wertende Betrachtungsweise unterstützt auch *Satzger*, wenn er ausführt, dass der Anstifter „leitend", der Gehilfe nur „begleitend" wirkt.[938] Normativ ist also die Beihilfe unrechtsminder gegenüber der Anstiftung, was aber nichts daran ändert, dass der Unrechtskern der Beihilfe in dem der Anstiftung und umgekehrt u.a. wegen des gemeinsamen Grundsatzes der Akzessorietät enthalten ist. Die Beihilfe erscheint also gegenüber der Anstiftung als die leichtere Form. Somit ist liegt ein *normativ-ethisches* Stufenverhältnis vor.

Aber auch mit Blick auf die Konkurrenzlehre kann diese Auffassung gestützt werden. Hierbei kann man erneut auf die Parallele der konkurrenzrechtlichen Subsidiarität zum normativ-ethischen Stufenverhältnis verweisen. Wenn man also richtigerweise von Subsidiarität ausgeht,[939] muss man konsequenterweise auch ein normativ-ethisches Stufenverhältnis bejahen.[940]

cc. Subsidiarität der Beihilfe

Aus dem Gesetzesmaterial lässt sich die unrechtsmindere Position der Beihilfe entnehmen. Nimmt man den Strafrahmen als Maßstab zur Bewertung, ob zwischen Anstiftung und Beihilfe ein Stufenverhältnis besteht, so kommt man wie gesehen dazu, dass die Beihilfe die unrechtsmindere der beiden Teilnahmeformen ist. Der Anstifter wird schließlich ausweislich § 26 gleich einem Täter bestraft, der Gehilfe erhält nicht nur

---

936 *Wolter*, Wahlfeststellung, 60f.

937 Gleichfalls *Siever*, Wahldeutige Feststellung, 60.

938 *Satzger*, Jura 2008, 520.

939 So exemplarisch *Ebert*, Allgemeiner Teil, 206; *Geppert*, Jura 1999, 274; *Seher*, JuS 2004, 483 m.w.N.

940 Vgl. *Geppert*, Jura 1999, 274.

eine fakultative Strafmilderung – das StGB sieht für Gehilfenschaft gar eine obligatorische Strafmilderung nach § 27 II i.V.m. § 49 II vor.[941] Der Gesetzgeber hat also eine verminderte Bestrafung des Gehilfen gegenüber der des Anstifters vorgesehen. Somit ist schon de lege lata eine unrechtsmindere Position der Beihilfe gegeben. Diese Meinung wird auch von der herrschenden Meinung im Schrifttum sowie von der Rechtsprechung geteilt, was man diversen Judikaten und der schon aufgezeigten Meinung in der Literatur entnehmen kann.[942]

d. Zwischenergebnis

Zwischen Anstiftung und Beihilfe liegt kein Exklusivitätsverhältnis vor, was sich schon mit Blick auf die Parallelität des Aufbaus der objektiven Tatbestände von §§ 26f ergibt. Vielmehr sind wir bei der Suche nach einem gemeinsamen Nenner auf zahlreiche weitere Gemeinsamkeiten zwischen Anstiftung und Beihilfe gestoßen. Man muss somit davon sprechen, dass beide Teilnahmeformen in einem Einschließlichkeitsverhältnis zueinander stehen, wobei dieses Einschließlichkeitsverhältnis im Sinne eines Stufenverhältnisses gegeben ist.

Das Stufenverhältnis zwischen Anstiftung und Beihilfe kann dabei wiederum nicht als ein begrifflich-logisches Stufenverhältnis bezeichnet werden. Richtigerweise ist das Verhältnis zwischen Anstiftung und Beihilfe als normativ-ethisches Stufenverhältnis zu bezeichnen.[943] Als drittes wurde dargelegt, dass die Beihilfe ausweislich der vom Gesetzgeber positivierten Rechtsfolge subsidiär gegenüber der Anstiftung ist.

Bleibt mithin zweifelhaft, ob ein Angeklagter als Anstifter oder nur als Gehilfe gehandelt hat, so ist dieser nur wegen Beihilfe zu bestrafen, weil diese im normativ-ethischen Stufenverhältnis subsidiär gegenüber der Anstiftung ist.

3. Lösung des Ausgangsfalles

Damit ist das BGH-Urteil vom 28. 10. 1982 im Hinblick auf ein solches normativ-ethisches Stufenverhältnis richtig gelöst worden.

---

941 Vgl. dazu ebenso *Noak*, Jura 2004, 542.

942 Vgl. nochmals *Ebert*, Allgemeiner Teil, 206; *Geppert*, Jura 2000, 655; *Heimberger*, Strafrecht, 83; HKGS-*Ingelfinger*, § 27, Rn 24; MüKo-*Joecks*, Vor §§ 26, 27, Rn. 40; *Lackner/Kühl*, StGB, Vor § 25, Rn. 13; *Maurach/Zipf*, Allgemeiner Teil, 4. Auflage, § 50 III H; *Otto*, JuS 1982, 566; *Seher*, JuS 2004, 483; MüKo-v. *Heintschel-Heinegg*, Vor §§ 52ff., Rn. 48; *Warda*, JuS 1964, 91; *Wessels/Beulke*, Allgemeiner Teil, Rn. 790. Vgl. ebenso diverse Entscheidungen des BGH, z.B. BGHSt 4, 244; BGH NStZ 1994, 30.

943 So auch *Geppert*, Jura 1999, 274.

Kritik muss allerdings daran geübt werden, dass der Grundsatz „in dubio pro reo" entsprechend angewandt wurde: Dazu soll zunächst ein methodisches Argument genannt werden. *Dingeldey* hält berechtigterweise fest, dass die Voraussetzung einer Analogie das Vorhandensein einer „gesetzlich klar und eindeutig festgelegten" Rechtsnorm ist. Der in dubio pro reo-Grundsatz ist indes nicht gesetzlich geregelt. Vielmehr ist er gewohnheitsrechtlich überliefert. Methodisch gesehen kann schon keine Analogie gebildet werden.[944]
Man sollte sich zur Ablehnung der analogen Anwendung des in dubio pro reo-Grundsatzes gleichsam vor Augen führen, dass unter dem Grundsatz „in dubio pro reo" verstanden wird, „dass ein Strafgericht einen nicht eindeutig aufgeklärten Sachverhalt auf keinen Fall zum Nachteil des Angeklagten verwenden und einer Verurteilung nur zugrunde legen darf, was es für voll erwiesen hält".[945] Nimmt man dies zum Maßstab, so konterkariert die Lösung des Falles durch den BGH diesen allgemein anerkannten Rechtssatz.
Diese Lösung ist überdies wegen der Verletzung materiellen Strafrechts rechtswidrig. Rechtswidrig deshalb, weil namentlich gegen § 1 sowie Art. 103 II GG verstoßen wird. Dies lässt sich insbesondere dadurch begründen, dass der BGH in seiner Entscheidung ein Einschließlichkeitsverhältnis der Tatmöglichkeiten zunächst mit dem Verweis auf die Andersartigkeit von Anstiftung und Beihilfe abgelehnt hat. Der BGH führte schließlich aus, dass „in diesem Sinne" beim Verhältnis von Anstiftung und (psychischer) Beihilfe kein Stufenverhältnis vorliege. Die Bildung einer Analogie im vorliegenden Fall ist dann nichts anderes als eine Analogie zu Lasten des Täters.[946]

Der BGH spricht davon, dass der Grundsatz „in dubio pro reo" entsprechend angewendet werden muss, da eine direkte Anwendung nur für begrifflich-logische Stufenverhältnisse möglich ist. Dieser These kann nicht zugestimmt werden: Beim begrifflich-logischen Stufenverhältnis handelt es sich um mehrdeutige Tatsachengrundlagen. Diese mehreren Tatsachengrundlagen dürfen dabei auf keinen Fall in Zweifel gezogen werden. Schon deshalb nicht, weil andernfalls Prozessrecht verletzt werden würde. Die Richter muss schließlich *Tatsachen* ermittelt haben, die dafür sprechen, dass der Angeklagte zum Beispiel die Qualifikation, aber in jedem Fall den Grundtatbestand verwirklicht hat. Es bestehen somit keine Zweifel im Hinblick auf die Tatsachengrundlage, sondern darüber, welche der beiden Tatsachenalternativen erfüllt wurde. Mit anderen

944 *Dingeldey*, Anmerkung zum BGH–Urteil vom 28. 10. 1982 – 4 StR 480/82, NStZ 1983, 166.

945 So *Geppert*, Bemessung der Sperrfrist, 114 m.w.N.

946 Dazu auch *Dreher*, MDR 1970, 370.

Worten: Das Gericht muss nach Ermittlung der Tatsachen entscheiden, nach welcher der beiden Alternativen bestraft werden soll.
Auch beim normativ-ethischen Stufenverhältnis müssen die Tatsachen ermittelt werden. Dem Gericht müssen schließlich solche Tatsachen vorliegen, die beispielsweise dafür sprechen, dass der Angeklagte Anstiftung oder Beihilfe begangen hat. Es ist die Pflicht des Richters, den Sachverhalt unter Ausschöpfung der ihm zur Verfügung stehenden Mittel aufzuklären, sodass er zur Erkenntnis gelangt, dass eine der Tatalternativen mit Sicherheit gegeben ist.
Erst in einem weiteren Schritt kommt es dann dazu, dass das Gericht entscheiden muss, nach welchen der Alternativen bestraft wird. Dies bedeutet nichts anderes als die Berücksichtigung der in der StPO vorgegebenen Normen von § 244 II StPO einerseits und § 261 StPO andererseits.
Insofern ist *Baumanns* These zuzustimmen, wonach beim normativ-ethischen Stufenverhältnis zwischen Anstiftung und Beihilfe ausschließlich die *tatsächlichen* Feststellungen der (unsicheren) höheren Stufe durch die *tatsächlichen* Feststellungen der (sicheren) niedrigeren Stufe ersetzt werden.[947]
Den in dubio pro reo-Grundsatz hätte der BGH im Ausgangsfall mithin direkt anwenden können und müssen.[948]

4. Ergebnis des Dritten Teils

Nimmt man zwischen den beiden Teilnahmeformen richtigerweise ein Einschließlichkeitsverhältnis im Sinne eines normativ-ethischen Stufenverhältnisses an und bestehen Zweifel in tatsächlicher Hinsicht, ob der Angeklagte Anstifter oder Gehilfe war, so ist der Angeklagte im Rahmen einer unechten Wahlfeststellung nach dem Grundsatz „in dubio mitius“ zu bestrafen. In diesem Fall ist die Beihilfe die unrechtsmindere Form und geht der Anstiftung vor.

---

947 *Baumann*, Anmerkung zum BGH–Urteil vom 28. 10. 1982 – 4 StR 480/82, JZ 1983, 117.
948 Siehe auch LK-*Dannecker*, Anh § 1, Rn. 92

Resümee

Das Verhältnis von Anstiftung und Beihilfe ist Titel dieser Arbeit. Ein dogmatisches Thema mit zwei Schwerpunkten: Es ging einerseits um die Abgrenzung von Anstiftung und voluntativ-wirkender psychischer Beihilfe, andererseits um das allgemeine Verhältnis von Anstiftung und Beihilfe.

Zur Abgrenzung der beiden Teilnahmeformen wurde zunächst die Tathandlung von § 27 I ausgelegt. Der Wortlaut der Norm ergab, dass die Tathandlung erfolgsbezogen ist. Auch die systematische Interpretation ergab, dass aus dem Vergleich zum Tatbestand des § 257 die Hilfeleistung des § 27 I zielorientiert zu interpretieren ist. Damit wurde an das schon im Grundlagenteil festgestellte Erfolgserfordernis der Gehilfenhandlung im Hinblick auf die Haupttat angeknüpft. Dem Sinn und Zweck von § 27 I konnte entnommen werden, dass § 27 I als Strafausdehnungsgrund im Sinne eines Strafergänzungsgrundes für einzelne Straftatbestände zu werten ist. Die Tathandlung von § 27 I bestimmt sich also individuell zur und wegen des Grundsatzes der Akzessorietät abhängig von der Haupttat. Es handelt sich mithin um eine Unterstützungshandlung, welche darauf ausgerichtet ist, dem Täter bei der Verletzung eines Tatbestandes im Besonderen Teil zur Seite zu stehen.

Bei der historischen Auslegung dieser Tathandlung wurde festgestellt, dass das Streichen der Tatmodalitäten „Rat und Tat" durch das StRRG vom April 1969 keine inhaltliche Änderung gegenüber dem zuvor positivierten Beihilfetatbestand mit seinen Tatmodalitäten herbeiführte. Damit kann ebenso psychisch-wirkende Beihilfe unter § 27 I subsumiert werden. Psychisch-wirkende Beihilfe kann wiederum in zwei unterschiedlichen Formen vorliegen: Zum einen als kognitiv-wirkende psychische Beihilfe, zum anderen als voluntativ-wirkende Beihilfe. Während die eine das intellektuelle Element des Tatentschlusses des Haupttäters beeinflusst, verstärkt die voluntativ-wirkende Beihilfe das voluntative Element des Tatentschlusses des Täters. Letztere sollte später von der Anstiftung abgrenzt werden.

Um dies jedoch fundiert durchführen zu können, war es notwendig, den Bereich der voluntativ-wirkenden psychischen Beihilfe konkret festzulegen und von der Rechtsfigur Beihilfe durch Unterlassen abzugrenzen. Dabei wurde festgestellt, dass psychische Beihilfe *Beihilfe durch Tun* ist. Eine sachgerechte Abgrenzung der Rechtsfigur psychische Beihilfe von der Beihilfe durch Unterlassen kann durch die Theorie vorgenommen werden, welche das Kausalitätskriterium mit der des Energieeinsatzes verbindet. Allerdings können andere vorrechtlich-ontologischen Methoden sowie die sogenannte

Schwerpunktformel zur Abgrenzung der psychischen Beihilfe von der Beihilfe durch Unterlassen herangezogen werden.

Nachdem die Tathandlung von § 27 I umfassend interpretiert wurde, folgte die Auslegung der Tathandlung von § 26. Bei der Auslegung stießen wir auf die Problematik des erforderlichen Inhalts einer strafbaren Anstiftung. Ferner musste die Frage beantwortet werden, welche Anforderungen an den strafbaren Anstiftungsakt hinsichtlich der Art der Anstiftungshandlung zu stellen sind. Letzteres konnte dahingehend beantwortet werden, dass ein strafbarer Anstiftungsakt stets eine kommunikative Beeinflussung voraussetzt, die verbal oder non-verbal (Mimik, Gestik, o.ä.) entäußert, also nach außen wahrgenommen werden kann. Tatanreizende Handlungen ohne Kommunikation fallen somit nicht unter § 26. Im Hinblick auf die erforderlichen Inhalte einer Bestimmungshandlung wurde festgestellt, dass es nach dem Wortlaut der Norm („zu dessen *Tat*“) ausreicht, wenn der Anstifter zumindest die Handlung und das anzugreifende Rechtsgut benennt. Angaben zu Tatmodalitäten muss der Anstifter dem Haupttäter nicht zwingend machen, es sei denn, diese sind Bestandteil des objektiven Tatbestands.

Die eigene Lösung zur Abgrenzung der voluntativ-wirkenden psychischen Beihilfe von der Anstiftung wurde basierend auf der vom Gewohnheitsrecht geprägten und von der herrschenden Meinung vertretenen Rechtsfigur des omnimodo facturus entwickelt. Der hier vertretene Lösungsweg führt über den Tatentschluss des Haupttäters. Dabei ist die Qualität des gefassten Tatentschlusses des Haupttäters zum Zeitpunkt der Beeinflussung durch den Hintermann maßgeblich. Die Haupttäter können deshalb in drei Kategorien eingeteilt werden: den omnimodo facturus, den non facturus sowie den labilen Haupttäter.

Es führt nach den hier vertretenen Überlegungen kein Weg daran vorbei, zunächst – wie auch sonst üblich – die Strafbarkeit des Haupttäters zu überprüfen. Neben der Prüfung der rechtswidrigen und vorsätzlichen Haupttat muss überdies bei strittigen Konstellationen der Grad des Tatentschlusses des Haupttäters geprüft werden. Anschließend kann über den *Grundsatz der Akzessorietät* das Verhalten des Beteiligten rechtlich eingeordnet werden.

Wenn der Haupttäter im Hinblick auf das Tatgeschehen einen dolus directus ersten Grades (Fallgruppe omnimodo facturus) oder zweiten Grades gefasst hat (labiler Täter mit dolus directus zweiten Grades), so ist dieser nicht mehr bestimmbar. Diese Haupttäter können nicht mehr angestiftet werden.

Wenn allerdings der Haupttäter vor bzw. zum Zeitpunkt der Beeinflussung durch den Hintermann überhaupt keinen Vorsatz (Fallgruppe non facturus) oder lediglich einen bedingten Vorsatz (labiler Täter mit dolus eventualis) gefasst hat, so ist der Haupttäter noch bestimmbar. Dies hat zur Folge, dass die Einwirkung einer Person auf den Haupttäter als Anstiftung zu qualifizieren ist.

Im nächsten Teil der Arbeit wurde die Problematik des abstrakten Verhältnisses von Anstiftung und Beihilfe behandelt, welches seine Bedeutung insbesondere für den Fall der Durchführung einer Wahlfeststellung erlangt. Hierbei konnte durch einen ausdifferenzierten Lösungsweg gezeigt werden, dass die Teilnahmeformen in einem Einschließlichkeitsverhältnis im Sinne eines normativ-ethischen Stufenverhältnisses stehen. Argumente, die dafür sprechen, wurden im objektiven als auch im subjektiven Tatbestand von § 26 und § 27 gefunden. Ebenso konnte auf andere Wertungskriterien zurückgegriffen werden, insbesondere diejenigen aus dem Strafgrund der Teilnahme, dem Verantwortungsprinzip und dem Grundsatz der Akzessorietät.
Auch konnte gezeigt werden, dass die Konkurrenzlehre eine wichtige Rolle im Zusammenhang mit der Lösung der Frage nach dem Verhältnis von Anstiftung und Beihilfe spielt: Bei den Konkurrenzen wird die Beihilfe im Wege der Gesetzeskonkurrenz von der Anstiftung verdrängt. Dies untermauerte schlussendlich – neben der unterschiedlichen Rechtsfolge von Anstiftung und Beihilfe – die unrechtsmindere Position der Beihilfe gegenüber der Anstiftung. Bei Zweifeln tatsächlicher Art, ob der Angeklagte als Anstifter oder als Gehilfe tätig war, wird der Angeklagte im Rahmen einer unechten Wahlfeststellung mithin nach dem Grundsatz „in dubio mitius" wegen Beihilfe bestraft.

Kantorowicz stellte Anfang des 20. Jahrhunderts fest, dass die Teilnahmelehre das dunkelste und verworrenste Kapitel der deutschen Strafrechtswissenschaft sei; die wahrhaft betäubende Fülle verwickelter Streitfragen, die hier aufgesproßt sei, hätte einen nur allzu begreiflichen Widerwillen gegen die heutige Regelung erzeugt und in Gesetzgebung und Wissenschaft den Wunsch hervorgerufen, sich durch eine „Vereinfachung des Strafrechts" im künftigen Gesetze von der ganzen Last zu befreien.[949] In der vorliegenden Arbeit konnte etwas mehr Licht in das Verhältnis der beiden Teilnahmeformen gebracht werden.

949 *Kantorowicz*, Monatsschrift für Kriminalpsychologie und Strafrechtsreform, 1910/11, 306.

Literaturverzeichnis

Adelung, Johann Christoph
Grammatisch-kritisches Wörterbuch der hochdeutschen Mundart in vier Bänden
Leipzig 1793
(zitiert als *Adelung*, Begriff)

Alternativ-Entwurf eines Strafgesetzbuches - Allgemeiner Teil
herausgegeben von Baumann, Jürgen/ Brauneck, Anne-Eva/ u.a.
2. Auflage, Tübingen 1969
(zitiert als Alternativ-Entwurf-*Bearbeiter*)

Alwart, Heiner
Darf ein Angeklagter aus Mangel an Beweisen verurteilt werden?
GA 1992, 545ff

Amelung, Knut
Die Anstiftung als korrumpierende Aufforderung zu strafbedrohtem Verhalten
Festschrift für Friedrich-Christian Schroeder, herausgegeben von Hoyer, Andreas/ Müller, Henning Ernst/ u.a., Heidelberg 2006, Seite 147ff
(zitiert als *Amelung*, F.-C. Schroeder-Festschrift)

Amelung, Knut/ Boch, Gerhard
Hausarbeitsanalyse – Strafrecht: Ein Ehestreit mit dem Hockeyschläger
JuS 2000, 261ff

Arzt, Gunther/ Weber, Ulrich
Strafrecht Besonderer Teil
Bielefeld 2000
(zitiert als *Arzt/Weber*, §, Rn.)

Bär, Hermann
Die Subsidiarität im Strafrecht
Heidelberg 1926
(zitiert als *Bär*, Subsidiarität, Seite)

Baumann, Jürgen
Die Reform des Allgemeinen Teils des Strafrechts
Die deutsche Strafrechtsreform – Zehn Beiträge
München 1967
(zitiert als *Baumann*, Strafrechtsreform)

ders.
Strafrecht – Allgemeiner Teil
8. Auflage, Bielefeld 1977
(zitiert als *Baumann*, §, Randnummer)

ders.
Täterschaft und Teilnahme
JuS 1963, 51ff, 85ff, 125ff

Baumann, Jürgen/ Weber, Ulrich/ Mitsch, Wolfgang
Strafrecht Allgemeiner Teil
11. Auflage, Bielefeld 2003
(zitiert als *Baumann/Weber/Mitsch*, §, Randnummer)

Baunack, Martina
Grenzfragen der strafrechtlichen Beihilfe unter besonderer Berücksichtigung der sogenannten psychischen Beihilfe, Berlin 1999
(zitiert als *Baunack*, Grenzfragen)

Bemmann, Günter
Die Umstiftung des Tatentschlossenen zu einer schwereren oder leichteren Begehungsweise
Festschrift für Wilhelm Gallas, herausgegeben von Lackner, Karl/ Leferenz, Heinz/ u.a., Berlin 1973, Seite 273ff
(zitiert als *Bemmann*, Gallas-Festschrift)

Berner, Albert Friedrich
Die Lehre von der Theilnahme am Verbrechen und die neueren Controversen über Dolus und Culpa
Berlin 1847/ Frankfurt am Main 1968
(zitiert als *Berner*, Theilnahme am Verbrechen)

Betti, Emilio
Die Problematik der Auslegung in der Rechtswissenschaft
Festschrift für Karl Engisch, herausgegeben von Bockelmann, Paul/ Kaufmann, Arthur/ u.a., Frankfurt am Main 1969, Seite 205ff
(zitiert als *Betti*, Engisch-Festschrift)

Beulke, Werner/ Fahl, Christian
Prozessualer Tatbegriff und Wahlfeststellung – Strafprozessuale Probleme bei alternativer Tatsachenfeststellung
Jura 1998, 262ff

Binding, Karl,
Strafrechtliche und strafprozessuale Abhandlungen, Band I
München 1915
(zitiert als *Binding*, Abhandlungen Band I)

Bloy, René
Anstiftung durch Unterlassen?
JA 1987, 490ff

ders.
Die Beteiligungsform als Zurechnungstypus im Strafrecht
Berlin 1985
(zitiert als *Bloy*, Beteiligungsform)

ders.
Neuere Entwicklungstendenzen der Einheitstäterlehre in Deutschland und Österreich
Festschrift für Rudolf Schmitt, herausgegeben von Geppert, Klaus/ Bohnert, Joachim/ u.a., Tübingen 1992, Seite 33ff
(zitiert als *Bloy*, R. Schmitt-Festschrift)

Bock, Dennis
Die Anstiftung des zur Tat bereits Entschlossenen – zum Begriff des „alias“ oder „omnimodo facturus“
JR 2008, 143ff

Boley, Peter
Teilnahme durch Rat
München 1998
(zitiert als *Boley*, Teilnahme)

Bottke, Wilfried
Täterschaft und Gestaltungsherrschaft
Heidelberg 1992
(zitiert als *Bottke*, Täterschaft)

Charalambakis, Aristoteles
Zur Problematik der psychischen Beihilfe – Zugleich ein Beitrag über die Kausalität der Beihilfe
Festschrift für Claus Roxin, herausgegeben von Schünemann, Bernd/ Achenbach, Hans/ u.a., Berlin 2001, Seite 625ff
(zitiert als *Charalambakis*, Roxin-Festschrift)

Class, Wilhelm
Die Kausalität der Beihilfe
Festschrift für Ulrich Stock, herausgeben von Spendel, Günter, Würzburg 1966, Seite 115ff
(zitiert als *Class*, Stock-Festschrift)

Coenders, Albert
Über die objektive Natur der Beihilfe
ZStW 46 (1926), 1ff

Conrad, Hermann
Deutsche Rechtsgeschichte - Band I - Frühzeit und Mittelalter
2. Auflage, Karlsruhe 1962
(zitiert als *Conrad*, Deutsche Rechtsgeschichte Band I)

Dölling, Dieter/ Duttge, Gunnar/ Rössner, Dieter
Gesamtes Strafrecht - Handkommentar
Baden-Baden 2008
(zitiert als HKGS-*Bearbeiter*)

Dreher, Eduard
Der Paragraph mit dem Januskopf
Festschrift für Wilhelm Gallas, herausgegeben von Lackner, Karl/ Leferenz, Heinz/ u.a., Berlin 1973, Seite 307ff
(zitiert als *Dreher*, Gallas-Festschrift)

ders.
Im Irrgarten der Wahlfeststellung
MDR 1970, 369ff

ders.
Kausalität der Beihilfe
MDR 1972, 553ff

Dreyer, Ulrike
Wahlfeststellung und prozessualer Tatbegriff
Frankfurt am Main 1999
(zitiert als *Dreyer*, Wahlfestellung)

Ebert, Udo
Strafrecht – Allgemeiner Teil
2. Auflage, Heidelberg 1994
(zitiert als *Ebert*, Allgemeiner Teil)

Engert, Florian
Einheitstäter oder getrennte Behandlung von Täter und Teilnehmer?: Die Wege des österreichischen und deutschen Strafrechts
Frankfurt am Main 2005
(zitiert als *Engert*, Einheitstäter)

Engisch, Karl
Die Kausalität als Merkmal der strafrechtlichen Tatbestände
Tübingen 1931
(zitiert als *Engisch*, Kausalität)

ders.
Einführung in das juristische Denken
9. Auflage, Stuttgart 1997
(zitiert als *Engisch*, Einführung)

ders.
Tun und Unterlassen, Seite 163ff
Festschrift für Wilhelm Gallas, herausgegeben von Lackner, Karl/ Leferenz, Heinz/ u.a., Berlin 1973
(zitiert als *Engisch*, Gallas-Festschrift, Seite)

Enneccerus, Ludwig
Lehrbuch des Bürgerlichen Rechts
6. bis 8. Auflage, Marburg 1911
(zitiert als *Enneccerus*, Band, Abteilung, Seite)

Fischer, Thomas
Kommentar Strafgesetzbuch und Nebengesetze
55. Auflage, München 2008
(zitiert als *Fischer*, §, Randnummer)

Freund, Georg
Strafrecht – Allgemeiner Teil
Heidelberg 1998
(zitiert als *Freund*, Allgemeiner Teil)

Frister, Helmut
Strafrecht Allgemeiner Teil
München 2006
(zitiert als *Frister*, Allgemeiner Teil)

Fuhr, Thomas
Die Äußerung im Strafgesetzbuch
Berlin 2001
(zitiert als *Fuhr*, Äußerung)

Geerds, Friedrich
Zur Lehre von der Konkurrenz im Strafrecht
Hamburg 1961
(zitiert als *Geerds*, Lehre von der Konkurrenz)

George, Alexander/ Bennett, Andrew
Case studies and theory development in the social sciences
London 2005
(zitiert als George/Bennett, Seite)

Geppert, Klaus
Begünstigung (§ 257 StGB)
Jura 1980, 269ff

ders.
Die Akzessorietät der Teilnahme (§ 28 StGB) und die Mordmerkmale
Jura 2008, 34ff

ders.
Die Anstiftung (§ 26 StGB)
Jura 1997, 299ff, 358ff

ders.
Die Beihilfe (§ 27 StGB)
Jura 1999, 266ff

ders.
Die Bemessung der Sperrfrist bei der strafgerichtlichen Entziehung der Fahrerlaubnis,
Berlin 1968
(zitiert als *Geppert*, Bemessung der Sperrfrist)

ders.
Grundzüge der Konkurrenzlehre (§§ 52 bis 55 StGB)
Jura 1982, 358ff, 418ff

ders.
Grundzüge der Konkurrenzlehre (§§ 52 bis 55 StGB) – Zweiter und letzter Teil: Ideal-,
Real und Gesetzeskonkurrenz
Jura 2000, 651ff

ders.
Zur Abgrenzung von Vorsatz und Fahrlässigkeit, insbesondere bei Tötungsdelikten
Jura 2001, 55ff

Gropp, Walter
Strafrecht Allgemeiner Teil
3. Auflage, Heidelberg 2005
(zitiert als *Gropp*, Allgemeiner Teil)

Günther, Hans-Ludwig
Verurteilungen im Strafprozeß trotz subsumtionsrelevanter Tatsachenzweifel, Berlin 1976
(zitiert als *Günther*, Verurteilungen)

Haft, Fritjof
Strafrecht – Allgemeiner Teil
9. Auflage, München 2004
(zitiert als *Haft*, Allgemeiner Teil)

Hardwig, Werner
Zur Abgrenzung von Mittäterschaft und Beihilfe
GA 1954, 353ff

Hassemer, Winfried
Gründe und Grenzen des Strafens
Jahrbuch der Juristischen Zeitgeschichte – Band 2 (2000/2001), 458ff
(zitiert als *Hassemer*, Jahrbuch Band 2)

ders.
Kennzeichen des Vorsatzes
Gedächtnisschrift für Armin Kaufmann, herausgegeben von Dornseifer, Gerhard/ Horn, Eckhard/ u.a. , Köln 1989, Seite 289ff
(zitiert als *Hassemer*, Armin-Kaufmann-Gedächtnisschrift)

Heghmanns, Michael
Überlegungen zum Unrecht von Beihilfe und Anstiftung
GA 2000, 473ff

Heimberger, Joseph
Strafrecht
Berlin 1931
(zitiert als *Heimberger*, Strafrecht)

Heinrich, Bernd
Strafrecht – Allgemeiner Teil II
Stuttgart 2005
(zitiert als *Heinrich*, Allgemeiner Teil)

Heinze, Gero
Die Verleitung des Tatentschlossenen zu einer Änderung seiner anfangs geplanten Tat, München 1974
(zitiert als *Heinze*, Verleitung des Tatentschlossenen)

Herzberg, Rolf Dietrich
Anstiftung und Beihilfe als Straftatbestände
GA 1971, 2ff

ders.
Täterschaft, Mittäterschaft und Akzessorietät der Teilnahme
ZStW 99 (1987), 49ff

ders.
Täterschaft und Teilnahme
München 1977
(zitiert als *Herzberg*, Täterschaft und Teilnahme)

Hilgendorf, Eric
Was meint „zur Tat bestimmen" in § 26 StGB?
Jura 1996, 9ff

Hilgendorf, Eric/ Weitzel, Jürgen
Der Strafgedanke in seiner historischen Entwicklung
Berlin 2007
(zitiert als *Hilgendorf/Weitzel*, Strafgedanke)

Hillenkamp, Thomas
Dolus eventualis und Vermeidewille
Gedächtnisschrift für Armin Kaufmann, herausgegeben von Dornseifer, Gerhard/ Horn, Eckhard/ u.a. , Köln 1989, Seite 351ff
(zitiert als *Hillenkamp*, Armin-Kaufmann-Gedächtnisschrift)

His, Rudolf
Geschichte des deutschen Strafrechts bis zur Karolina
Berlin 1928, Darmstadt 1967
(zitiert als *His*, Geschichte des deutschen Strafrechts)

Höinghaus, Richard
Das neue Strafgesetzbuch für den Norddeutschen Bund
Berlin 1870
(zitiert als StGB für den Norddeutschen Bund)

Hruschka, Joachim
Alternativfeststellung zwischen Anstiftung und sog. Psychischer Beihilfe
JR 1983, 177ff

ders.
Regreßverbot, Anstifterbegriff und die Konsequenzen
ZStW 110 (1998), 581ff

Huber, Ulrich
Savignys Lehre von der Auslegung der Gesetze in heutiger Sicht
JZ 2003, 1ff

Hünerfeld, Peter
Mittelbare Täterschaft und Anstiftung im Kriminalstrafrecht der Bundesrepublik Deutschland
ZStW 99 (1987), 228ff

Ingelfinger, Ralph
Anstiftervorsatz und Tatbestimmtheit
Berlin 1992
(zitiert als *Ingelfinger*, Anstiftervorsatz)

Jakobs, Günther
Probleme der Wahlfeststellung
GA 1971, 257ff

ders.
Strafrecht - Allgemeiner Teil
2. Auflage Berlin 1991
(zitiert als *Jakobs*, Allgemeiner Teil)

Jescheck, Hans-Heinrich
Deutsche und österreichische Strafrechtsreform
Festschrift für Richard Lange, herausgegeben von Warda, Günter/ Waider, Heribert/u.a., Berlin 1976, Seite 365ff
(zitiert als *Jescheck*, Richard Lange-Festschrift)

Jescheck, Hans-Heinrich/ Weigend, Thomas
Lehrbuch des Strafrechts - Allgemeiner Teil
5. Auflage, Berlin 1996
(zitiert als *Jescheck/Weigend*, Allgemeiner Teil)

Joecks, Wolfgang
Strafgesetzbuch – Studienkommentar
7. Auflage, München 2007
(zitiert als *Joecks*, StGB)

Kantorowicz, Hermann
Der Strafgesetzentwurf und die Wissenschaft
Monatsschrift für Kriminalpsychologie und Strafrechtsreform, 1910/11, 257 ff

Kargl, Walter
Zur kognitiven Differenz zwischen Tun und Unterlassen
GA 1999, 459ff

Kaspar, Johannes
Fortgeschrittenenklausur – Strafrecht: Beleidigung und Körperverletzung auf dem Fußballplatz, JuS 2004, 409ff

Kaufmann, Armin
Die Dogmatik der Unterlassungsdelikte
Göttingen 1959
(zitiert als *Armin Kaufmann*, Unterlassungsdelikte)

Keller, Rainer
Rechtliche Grenzen der Provokation von Straftaten
Berlin 1989
(zitiert als *Rainer Keller*, Grenzen der Provokation)

Kienapfel, Diethelm
Das Prinzip der Einheitstäterschaft
JuS 1974, S. 1ff

ders.
Zum gegenwärtigen Stand der Lehre von der Einheitstäterschaft in der höchstrichterlichen Praxis
ÖJZ 1979, 90ff

Kindhäuser, Urs
Lehr- und Praxiskommentar zum Strafgesetzbuch
3. Auflage, Baden-Baden 2006
(zitiert als LPK-*Kindhäuser*)

ders.
Strafrecht Allgemeiner Teil
2. Auflage, Baden-Baden 2006
(zitiert als *Kindhäuser*, Allgemeiner Teil)

Kindhäuser, Urs/ Neumann, Ulfrid/ Paeffgen, Hans-Ullrich
Nomos Kommentar zum Strafgesetzbuch
Band 1, 2. Auflage, Baden-Baden 2005
(zitiert als NK-*Bearbeiter*)

Klug, Ulrich
Zum Begriff der Gesetzeskonkurrenz
ZStW 68 (1956), 399ff

König, Peter
Kann einem omnimodo facturus Beihilfe geleistet werden?
NJW 2002, 1623

Kohler, Manfred
Kann § 330a StGB als Vergehen Auffangtatbestand für Übertretungen sein?
1967
(zitiert als *Manfred Kohler*, Auffangtatbestand)

Kohlrausch, Eduard
Strafgesetzbuch für das Deutsche Reich mit Nebengesetzen
26. Auflage, Berlin 1922/ 38. Auflage, Berlin 1944
(zitiert als *Kohlrausch*, StGB)

Kretschmer, Joachim
Welchen Einfluss hat die Lehre der objektiven Zurechnung auf das Teilnahmeunrecht?
Jura 2008, 265ff

Krey, Volker
Deutsches Strafrecht - Allgemeiner Teil, Band 2
2. Auflage, Stuttgart 2005
(zitiert als *Krey*, Allgemeiner Teil)

Kudlich, Hans
Aus der Praxis: Die in der Hauptverhandlung festgestellte Wahlfeststellung
JuS 2005, 236f

ders.
Die Abstiftung
JuS 2005, 592ff

Kudlich, Hans/ Pragal, Oliver
Übungsklausur - Strafrecht: Der Anstifter als Opfer des Angestifteten
JuS 2004, 791

Kühl, Kristian
Strafrecht – Allgemeiner Teil
6. Auflage, München 2008
(zitiert als *Kühl*, Allgemeiner Teil)

Küpper, Georg
Besondere Erscheinungsformen der Anstiftung
JuS 1996, 23ff

Lackner, Karl/ Kühl, Kristian
Kommentar zum Strafgesetzbuch
26. Auflage, München 2007
(zitiert als *Lackner/Kühl*, StGB)

Lampe, Ernst-Joachim
Über den Begriff und die Formen der Teilnahme am Verbrechen
ZStW 77 (1965), 262ff

Lange, Richard
Der moderne Täterbegriff und der deutsche Strafgesetzentwurf
Berlin 1935
(zitiert als *Richard Lange*, Täterbegriff)

Langer, Winrich
Strafrechtsdogmatik als Wissenschaft
GA 1990, 435ff

Larenz, Karl
Methodenlehre der Rechtswissenschaft
5. Auflage, Berlin 1983
(zitiert als *Larenz*, Methodenlehre)

Laubenthal, Klaus
Zur Abgrenzung zwischen Begünstigung und Beihilfe zur Vortat
Jura 1985, 630ff

Leipziger Kommentar zum Strafgesetzbuch
herausgegeben von Jähnke, Burkhard/ Laufhütte, Heinrich Wilhelm/ Odersky, Walter
Erster Band, 11. Auflage, Berlin 2003
(zitiert als LK-*Bearbeiter*, 11. Aufl.)

Leipziger Kommentar zum Strafgesetzbuch
herausgegeben von Laufhütte, Heinrich Wilhelm/ Rissing-van Saan, Ruth/ Tiedemann, Klaus
Erster Band, 12. Auflage, Berlin 2007
(zitiert als LK-*Bearbeiter*)

Lesch, Heiko
Das Problem der sukzessiven Beihilfe
Frankfurt am Main 1992
(zitiert als *Lesch*, Sukzessive Beihilfe)

ders.
Dolus directus, indirectus und eventualis
JA 1997, 802ff

Less, Günter
Der Unrechtscharakter der Anstiftung
ZStW 69 (1957), 43ff

Letzgus, Klaus
Vorstufen der Beteiligung
Berlin 1972
(zitiert als *Letzgus*, Vorstufen der Beteiligung)

Löhr, Holle Eva
„In dubio pro reo“ und Wahlfeststellung – BGHSt 23, 203
JuS 1976, 715ff

Lüderssen, Klaus
Der Typus des Teilnehmertatbestandes
Festschrift für Koichi Miyazawa, herausgegeben von Kühne, Hans-Heiner, Baden-Baden 1995, Seite 449ff
(zitiert als *Lüderssen*, Miyazawa-Festschrift)

ders.
Die V-Leute-Problematik . . . oder: Zynismus, Borniertheit oder „Sachzwang"?
Jura 1985, 113ff

ders.
Zum Strafgrund der Teilnahme
Baden-Baden 1967
(zitiert als Lüderssen, Strafgrund der Teilnahme)

Maihofer, Werner
Die Reform des Besonderen Teils des Strafrechts
Die deutsche Strafrechtsreform – Zehn Beiträge
München 1967
(zitiert als *Maihofer*, Reform)

Maiwald, Manfred
Kausalität und Strafrecht
Göttingen 1980
(zitiert als *Maiwald*, Kausalität)

ders.
Täterschaft, Anstiftung und Beihilfe – Zur Entstehung der Teilnahmeformen in Deutschland
Festschrift für Friedrich-Christian Schroeder, herausgegeben von Hoyer, Andreas/ Müller, Henning Ernst/ u.a., Heidelberg 2006, Seite 283ff
(zitiert als *Maiwald*, F.-C. Schroeder-Festschrift, Seite)

Marxen, Klaus
Kompaktkurs Strafrecht – Allgemeiner Teil
München 2003
(zitiert als *Marxen*, Allgemeiner Teil)

Maurach, Reinhart/ Zipf, Heinz
Strafrecht – Allgemeiner Teil, Teilband I
8. Auflage, Heidelberg 1992
(zitiert als *Maurach/Zipf*, Allgemeiner Teil)

Maurach, Reinhart/ Schroeder, Friedrich-Christian/ Maiwald, Manfred
Strafrecht – Besonderer Teil, Teilband 1
9. Auflage, Heidelberg 2003
(zitiert als *Maurach/Schroeder/Maiwald*, Besonderer Teil I)

Maurach, Reinhart/ Schroeder, Friedrich-Christian/ Maiwald, Manfred
Strafrecht – Besonderer Teil, Teilband 2
9. Auflage, Heidelberg 2005
(zitiert als *Maurach/Schroeder/Maiwald*, Besonderer Teil II)

Mayer, Hellmuth
Das Strafrecht des Deutschen Volkes
Stuttgart 1936
(zitiert als *H. Mayer*, Strafrecht des Deutschen Volkes)

ders.
Täterschaft, Teilnahme, Urheberschaft
Festschrift für Theodor Rittler, herausgegeben von Hohenleitner, Siegfried/Lindner, Ludwig/ u.a., Aalen 1957, Seite 243ff
(zitiert als *H. Mayer*, Rittler-Festschrift)

ders.
Strafrecht - Allgemeiner Teil
Stuttgart 1967
(zitiert als *H. Mayer*, Strafrecht AT)

Meyer, Maria-Katharina
Tatbegriff und Teilnehmerdelikt
GA 1979, 252ff

Meyer, Dieter
Nochmals: Der mißverständliche Bestechungsversuch
JuS 1970, 529ff

Mezger, Edmund
Strafrecht - Ein Lehrbuch
3. Auflage, Berlin 1949
(zitiert als *Mezger*, Lehrbuch)

Mitsch, Wolfgang
Strafrecht – Besonderer Teil 2
Vermögensdelikte, Teilband 1
2. Auflage, Heidelberg 2003
(zitiert als *Mitsch*, BT 2)

Mittermaier, Carl Joseph Anton
Ueber Begriff, Arten und Strafbarkeit des Urhebers
Neues Archiv des Criminalrechts, Dritter Band, Halle 1820, Seite 125ff
(zitiert als *Mittermaier*, Strafbarkeit des Urhebers)

Montenbruck, Axel
Abweichung der Teilnehmervorstellung von der verwirklichten Tat
ZStW 84 (1972), 323ff

ders.
„Wahlfeststellung" - und kein Ende?
GA 1988, 531ff

Morkel, Dan
Abgrenzung zwischen vorsätzlicher und fahrlässiger Straftat
NStZ 1981, 176ff

Münchener Kommentar zum Strafgesetzbuch
herausgegeben von Heintschel-Heinegg, Bernd/ u.a.
München 2003
(zitiert als MüKo-Bearbeiter)

Murmann, Uwe
Zum Tatbestand der Beihilfe
JuS 1999, 548ff

Neidlinger, Hans-Joachim
Zur Abgrenzung von Anstiftung und Beihilfe; Insbesondere: Der bedingt Tatentschlossene und Tatgeneigte, 1989
(zitiert als *Neidlinger*, Abgrenzung)

Nepomuck, Lutz
Anstiftung und Tatinteresse
Berlin 2008
(zitiert als *Nepomuck*, Anstiftung)

Nikolidakis, Marios
Grundfragen der Anstiftung
Berlin 2004
(zitiert als *Nikolidakis*, Anstiftung)

Noak, Torsten
Tatsächlich unklare Sachverhalte im Strafrecht: Zu „in dubio pro reo“ sowie eindeutigen und wahldeutigen Straffeststellungen
Jura 2004, 539ff

Norouzi, Ali
Grundfälle zur Wahlfeststellung, Präpendenz und Postpendenz
JuS 2008, 17ff, 113ff

Nowak, Carsten
Der Tatteilnehmer als sein eigenes Opfer – Zugleich Überlegungen zum Strafzweck der Anstiftung
JuS 2004, 197ff

Nüse, Karl-Heinz
Die Zulässigkeit von wahlweisen Feststellungen
GA 1953, 33ff

Oppenhoff, Friedrich
Das Strafgesetzbuch für den Norddeutschen Bund – Kommentar
Berlin 1871
(zitiert als *Oppenhoff*, StGB für den Norddeutschen Bund)

Osnabrügge, Stephan
Die Beihilfe und ihr Erfolg
Berlin 2002
(zitiert als *Osnabrügge*, Beihilfe)

Otto, Harro
Anstiftung und Beihilfe
JuS 1982, 557ff

ders.
„Vorgeleistete Strafvereitelung“ durch berufstypische oder alltägliche Verhaltensweisen als Beihilfe
Festschrift für Theodor Lenckner, herausgegeben von Eser, Albin/ Schittenhelm, Ulrike/ u.a., München 1998, Seite 193ff
(zitiert als *Otto*, Lenckner-Festschrift)

ders.
Straflose Teilnahme?
Festschrift für Richard Lange, herausgegeben von Warda, Günter/ Waider, Heribert/u.a., Berlin 1976, Seite 197ff
(zitiert als *Otto*, Lange-Festschrift, Seite)

Perten, Paul
Die Beihilfe zum Verbrechen
Breslau 1918
(zitiert als *Perten*, Beihilfe)

Philipps, Lothar
An der Grenze von Vorsatz und Fahrlässigkeit – Ein Modell mutlikriterieller computergestützter Entscheidungen
Festschrift für Claus Roxin, herausgegeben von Schünemann, Bernd/ Achenbach, Hans/ u.a., Berlin 2001, Seite 365ff
(zitiert als *Philipps*, Roxin-Festschrift)

Platzgummer, Winfried
Die Bewußtseinsform des Vorsatzes – Eine strafrechtsdogmatische Untersuchung auf psychologischer Grundlage
Wien 1964
(zitiert als *Platzgummer*, Vorsatz)

Puppe, Ingeborg
Der objektive Tatbestand der Anstiftung
GA 1984, 101ff

dies.
Strafrecht Allgemeiner Teil im Spiegel der Rechtsprechung - Band 1
Baden-Baden 2002
(zitiert als *Puppe*, Allgemeiner Teil im Spiegel der Rechtsprechung)

dies.
Was ist Anstiftung? Zugleich eine Besprechung vom BGH-Urteil vom 11. Oktober 2005 - 1 StR 250/05, NStZ 2006, 424ff

Radbruch, Gustav
Strafrechtsgeschichte
Gesamtausgabe Band 11, bearbeitet von Ulfried Neumann
Heidelberg 2001
(zitiert als *Radbruch*, Gesamtausgabe Band 11)

Ranft, Otfried
Garantiepflichtwidriges Unterlassen der Deliktshinderung
ZStW 94 (1982), 815ff

Renzikowski, Joachim
Restriktiver Täterbegriff und fahrlässige Beteiligung
Tübingen 1997
(zitiert als *Renzikowski*, Täterbegriff)

Robles Planas, Ricardo
Zwischen Beihilfe zur Tat und unterlassener Hilfeleistung – Zugleich ein Beitrag über die Verletzung der Solidarisierungspflichten im Strafrecht
GA 2008, 18ff

Rogall, Klaus
Die verschiedenen Formen des Veranlassens fremder Straftaten
GA 1979, 11ff

Rogat, Stefan
Die Zurechnung bei der Beihilfe – zugleich eine Untersuchung zur Strafbarkeit von Rechtsanwälten nach § 27 StGB
Frankfurt am Main 1997
(zitiert als *Rogat*, Beihilfe)

Roxin, Claus
An der Grenze von Begehung und Unterlassung
Festschrift für Karl Engisch, herausgegeben von Bockelmann, Paul/ Kaufmann, Arthur/ u.a., Frankfurt am Main 1969, Seite 380ff
(zitiert als *Roxin*, Engisch-Festschrift)

ders.
Bemerkungen zum „Täter hinter dem Täter"
Festschrift für Richard Lange, herausgegeben von Warda, Günter/ Waider, Heribert/u.a., Berlin 1976, Seite 173ff
(zitiert als Roxin, Lange-Festschrift)

ders.
Pflichtwidrigkeit und Erfolg bei fahrlässigen Delikten
ZStW 74 (1962), 411ff

ders.
Strafrecht Allgemeiner Teil
Band I – Grundlagen Aufbau der Verbrechenslehre
4. Auflage, München 2006
(zitiert als: *Roxin*, AT 1)

ders.
Strafrecht Allgemeiner Teil
Band II – Besondere Erscheinungsformen der Straftat
München 2003
(zitiert als: *Roxin*, AT 2, §, Randnummer)

ders.
Täterschaft und Tatherrschaft
8. Auflage, Berlin 2006
(zitiert als *Roxin*, Täterschaft und Tatherrschaft)

ders.
Was ist Beihilfe?
Festschrift für Koichi Miyazawa, herausgegeben von Kühne, Hans-Heiner, Baden-Baden 1995, Seite 501ff
(zitiert als *Roxin*, Miyazawa-Festschrift)

ders.
Zum Strafgrund der Teilnahme
Festschrift für Walter Stree und Johannes Wessels, herausgegeben von Küper, Wilfried/ Welp, Jürgen, Heidelberg 1993, Seite 365ff
(zitiert als: Roxin, Stree/Wessels-Festschrift)

Rüping, Hinrich/ Jerouschek,Günter
Grundriß der Strafrechtsgeschichte
4. Auflage, München 2002
(zitiert als *Rüping/Jerouschek*, Strafrechtsgeschichte)

Rüthers, Bernd
Rechtstheorie
3. Auflage, München 2007
(zitiert als *Rüthers*, Rechtstheorie)

Salamon, Jochen
Vollendete und versuchte Beihilfe
Göttingen 1968
(zitiert als *Salamon*, Beihilfe)

Samson, Erich
Absicht und direkter Vorsatz im Strafrecht
JA 1989, 449ff

ders.
Die Kausalität der Beihilfe
Festschrift für Karl Peters, herausgegeben von Baumann, Jürgen/ Tiedemann, Klaus, Tübingen 1974, Seite 121ff
(zitiert als *Samson*, Peters-Festschrift, Seite)

ders.
Hypothetische Kausalverläufe im Strafrecht
Frankfurt am Main 1972
(zitiert als *Samson*, Hypothetische Kausalverläufe)

Sánchez Lázaro, Fernando
Was ist Täterschaft?
GA 2008, 299ff

Satzger, Helmut
Teilnehmerstrafbarkeit und „Doppelvorsatz"
Jura 2008, 514ff

Sauer, Wilhelm
Allgemeine Strafrechtslehre
3. Auflage, Berlin 1955
(zitiert als *Sauer*, Allgemeine Strafrechtslehre)

Schaffstein, Friedrich
Die Riskoerhöhung als objektives Zurechnungsprinzip im Strafrecht, insbesondere bei der Beihilfe
Festschrift für Richard Honig, herausgegeben von der Juristischen Fakultät der Georg-August-Universität Göttingen, Göttingen 1970, Seite 169ff
(zitiert als *Schaffstein*, Honig-Festschrift)

Schmidhäuser, Eberhard
Die Grenze zwischen vorsätzlicher und fahrlässiger Straftat („dolus eventualis" und „bewußte Fahrlässigkeit")
JuS 1980, 241ff

ders.
Strafrecht – Allgemeiner Teil
2. Auflage, Tübingen 1975
(zitiert als *Schmidhäuser*, Allgemeiner Teil, Kapitel/Randnummer)

Schmidt, Eberhard
Einführung in die Geschichte der deutschen Strafrechtspflege
3. Auflage, Göttingen 1956
(zitiert als *Eberhard Schmidt*, Einführung)

Schnell, Rainer/ Paul Hill/ Elke Esser
Methoden der empirischen Sozialforschung
6. Auflage, München 1999
(zitiert als *Schnell/Hill/Esser*)

Schöberl, Wolfgang
Die Einheitstäterschaft als europäisches Modell - Die strafrechtliche Beteiligungsregelung in Österreich und den nordischen Ländern, Berlin 2006
(zitiert als *Schöberl*, Einheitstäterschaft)

Schönke, Adolf/ Schröder, Horst
Kommentar zum Strafgesetzbuch
27. Auflage, München 2007
(zitiert als Sch/Sch-*Bearbeiter*)

Schröder, Claus
Wahlfeststellung und Anklageprinzip
NJW 1985, 780ff

Schünemann, Bernd
Die deutschsprachige Strafrechtswissenschaft nach der Strafrechtsreform im Spiegel des Leipziger Kommentars und des Wiener Kommentars
GA 1985, 341ff

Schulz, Joachim
Die Bestrafung des Ratgebers – Zur Abgrenzung von Anstiftung und Beihilfe
Berlin 1980
(zitiert als *Joachim Schulz*, Bestrafung des Ratgebers)

ders.
Anstiftung oder Beihilfe?
JuS 1986, 933ff

Schulz, Jochen
Wahlfeststellung und Tatbestandsreduktion, BGHSt 25, 182
JuS 1974, 635ff

Schumann, Heribert
Strafrechtliches Handlungsunrecht und das Prinzip der
Selbstverantwortung der Anderen
Tübingen 1986
(zitiert als *Schumann*, Selbstverantwortung)

Schwalm, Georg
Zu einigen ungelösten Strafrechtsproblemen
Festschrift für Karl Engisch, herausgegeben von Bockelmann, Paul/ Kaufmann, Arthur/ u.a., Frankfurt am Main 1969, Seite 548ff
(zitiert als *Schwalm*, Engisch-Festschrift)

Seelmann, Kurt
Grundfälle zu den Straftaten gegen das Vermögen als Ganzes
JuS 1983, 32ff

Seher, Gerhard
Zur strafrechtlichen Konkurrenzlehre – Dogmatische Strukturen und Grundfälle
JuS 2004, 482ff

Sering, Christian
Beihilfe durch Unterlassen
Münster 2000
(zitiert als *Sering*, Beihilfe)

Sieber, Ulrich
Die Abgrenzung von Tun und Unterlassen bei der „passiven" Gesprächsteilnahme
JZ 1983, 431ff

Siever, Ernst
Das Verhältnis der wahldeutigen Feststellung zu dem Grundsatz „in dubio pro reo"
Krefeld 1950
(zitiert als *Siever*, Wahldeutige Feststellung)

Sippel, Kurt
Zur Strafbarkeit der „Kettenanstiftung"
Marburg 1989
(zitiert als *Sippel*, Kettenanstiftung)

Spendel, Günter
Beihilfe und Kausalität
Festschrift für Eduard Dreher, herausgegeben von Jescheck, Hans-Heinrich/ Lüttger, Hans, Berlin 1977, Seite 167ff
(zitiert als *Spendel*, Dreher-Festschrift)

Stein, Ulrich
Die strafrechtliche Beteiligungsformenlehre
Berlin 1988
(zitiert als *Stein*, Beteiligungsformenlehre)

Stenglein, Melchior
Sammlung der deutschen Strafgesetzbücher
in 3 Bänden, München 1858
(zitiert als *Stenglein*, Band, StGB des Landes)

Stoffers, Kristian
Die vorrechtlich-ontologische Unterscheidung der Verhaltensformen positives Tun und Unterlassen
GA 1993, 262ff

ders.
„Schwerpunkt der Vorwerfbarkeit" und die Abgrenzung von Tun und Unterlassen
JuS 1993, 23ff

ders.
Streitige Fragen der psychischen Beihilfe im Strafrecht
Jura 1993,11ff

Stork, Erika
Anstiftung eines Tatentschlossenen zu einer vom ursprünglichen Tatplan abweichenden Tat, 1969
(zitiert als *Stork*, Anstiftung)

Stratenwerth, Günter/ Kuhlen, Lothar
Strafrecht - Allgemeiner Teil I
5. Auflage, Köln 2004
(zitiert als *Stratenwerth/Kuhlen*, Allgemeiner Teil Band I)

Stree, Walter
Bestimmung eines Tatentschlossenen zur Tatänderung
Festschrift für Ernst Heinitz, herausgegeben von Lüttger, Hans, Berlin 1972, Seite 277ff
(zitiert als *Stree*, Heinitz-Festschrift)

Struensee, Eberhard
Handeln und Unterlassen, Begehungs- und Unterlassungsdelikt
Festschrift für Walter Stree und Johannes Wessels, herausgegeben von Küper, Wilfried/ Welp, Jürgen, Heidelberg 1993, Seite 133ff
(zitiert als Struensee, Stree/Wessels-Festschrift)

Sturm, Richard
Grundlinien der neueren Strafrechtsreform
Festschrift für Eduard Dreher, herausgegeben von Jescheck, Hans-Heinrich/ Lüttger, Hans, Berlin 1977, Seite 513ff
(zitiert als *Sturm*, Dreher-Festschrift)

Syrrothanassi, Olga
Die Regelung der Anstiftung in einem europäischen Modellstrafgesetzbuch
Frankfurt am Main 2008
(zitiert als *Syrrothanassi*, Anstiftung)

Systematischer Kommentar zum Strafgesetzbuch in mehreren Bänden
herausgegeben von Rudolphi, Hans-Joachim/ Horn, Eckhard/
Samson, Erich/u.a.
8. Auflage, München 2007
(SK-*Bearbeiter*)

Trechsel, Stefan
Der Strafgrund der Teilnahme
Bern 1967
(zitiert als: *Trechsel*, Strafgrund der Teilnahme)

Tröndle, Herbert
Zur Begründung der „Wahlfeststellung“
JR 1974, 133ff

Trück, Thomas
Die Problematik der Rechtsprechung des BGH zum bedingten Tötungsvorsatz
NStZ 2005, 233ff

Vogler, Theo
Zur Ursächlichkeit der Beihilfe für die Haupttat
Festschrift für Ernst Heinitz, herausgegeben von Lüttger, Hans, Berlin 1972, Seite 295ff
(zitiert als *Vogler*, *Heinitz*-Festschrift, Seite)

von Buri, Maximilian
Beiträge zur Theorie des Strafrechts und zum Strafgesetzbuche
Leipzig 1894
(zitiert als *Buri*, Beiträge)

von Heintschel-Heinegg, Bernd
Beck'scher Online-Kommentar
5. Edition, 2008
(zitiert als BeckOK-*Bearbeiter*)

von Hippel, Eike
Zum Problem der Wahlfeststellung
NJW 1963, 1533ff

von Liszt, Franz
Lehrbuch des Deutschen Strafrechts
21. und 22. Auflage, Berlin 1919
(zitiert als *Liszt*, Lehrbuch)

von Münch, Ingo/ Kunig, Philip
Grundgesetzkommentar
Band 1 – Präambel bis Art. 19
5. Auflage, München 2000
(zitiert als Münch/Kunig-*Bearbeiter*)

von Savigny, Friedrich Karl
Juristische Methodenlehre (nach der Ausarbeitung des Jakob Grimm)
Stuttgart 1951
(zitiert als *Savigny*, Methodenlehre)

ders.
System des heutigen römischen Rechts
Erster Band, Berlin 1840
(zitiert als *Savigny*, Römisches Recht Band I)

Warda, Günter
Grundfragen der strafrechtlichen Konkurrenzlehre
JuS 1964, 81ff

Welp, Jürgen
Vorangeganges Tun als Grundlage einer Handlungsäquivalenz der Unterlassung
Berlin 1968
(zitiert als *Welp*, Vorangeganges Tun)

Welzel, Hans
Das Deutsche Strafrecht
11. Auflage, Berlin 1969
(zitiert als *Welzel*, Lehrbuch)

Werle, Gerhard
Justiz-Strafrecht und polizeiliche Verbrechensbekämpfung im Dritten Reich
Berlin 1989
(zitiert als *Werle*, Justiz-Strafrecht)

Wessels, Johannes/Beulke, Werner
Strafrecht – Allgemeiner Teil
37. Auflage, Heidelberg 2007
(zitiert als *Wessels/Beulke*, Allgemeiner Teil)

Widmaier, Gunter
Strafrecht: Der mißverständliche Bestechungsversuch
JuS 1970, 241ff

Wolter, Jürgen
Wahlfeststellung und in dubio pro reo
Berlin 1987
(zitiert als *Wolter*, Wahlfeststellung)

Zeiler, Alois
Verurteilung auf wahldeutiger Tatsachengrundlage
ZStW 64 (1952), 156ff

ders.
Zur Frage der Verurteilung auf wahldeutiger Tatsachengrundlage
ZStW 72 (1960), 4ff

Zimmerl, Leopold
Grundsätzliches zur Teilnahmelehre
ZStW 49 (1929), 39ff

Zippelius, Reinhold
Jurisitische Methodenlehre
9. Auflage, München 2005
(zitiert als *Zippelius*, Methodenlehre)

Zweigert, Konrad
Juristische Interpretation
Studium Generale, 7. Jahrgang, 1954, 380ff

Strafrecht und Rechtsphilosophie in Geschichte und Gegenwart

Herausgegeben von Wolfgang Schild

Band 1 Michael Prüßner: Die von mehreren versuchte Tat. Gefährdung und Risiko bei versuchter mittelbarer Täterschaft und versuchter Mittäterschaft. 2004.

Band 2 Yi-fen Shaw: Entwicklung und Reform zur *Vergewaltigung in der Ehe* gemäß § 177 StGB. Der *Kampf um Anerkennung* aus rechtshistorischer und rechtsphilosophischer Sicht. 2005.

Band 3 Lutz Hähle: Die strafrechtliche Relevanz von Sportverletzungen. Zur Problematik des Schutzes der körperlichen Unversehrtheit, insbesondere im Fußballsport. 2008.

Band 4 Satu Lidman: Zum Spektakel und Abscheu. Schand- und Ehrenstrafen als Mittel öffentlicher Disziplinierung in München um 1600. 2008.

Band 5 Wolfgang Schild: Tatherrschaftslehren. 2009.

Band 6 Markus Welz: Zum Verhältnis von Anstiftung und Beihilfe. Überlegungen insbesondere zur Abgrenzung von Anstiftung und psychischer Beihilfe sowie zur Durchführung einer Wahlfeststellung zwischen den Teilnahmeformen. 2010.

www.peterlang.de

Printed by
CPI books GmbH, Leck

FSC
www.fsc.org
MIX
Papier | Fördert
gute Waldnutzung
FSC® C083411

Kolibri 360 GmbH
Ferdinand-Jühlke-Straße 7
99095 Erfurt, Deutschland
produktsicherheit@kolibri360.de